新时代
物流管理与发展研究

高见 高明◎著

中国原子能出版社

图书在版编目 (CIP) 数据

新时代物流管理与发展研究 / 高见 , 高明著 . -- 北
京 : 中国原子能出版社 , 2018.7
ISBN 978-7-5022-9268-3

Ⅰ . ①新… Ⅱ . ①高… ②高… Ⅲ . ①物流管理—研
究 Ⅳ . ① F252.1

中国版本图书馆 CIP 数据核字（2018）第 178318 号

内 容 简 介

我国全面建成小康社会进入决胜阶段、中国特色社会主义进入新时代。本书在对物流与物流管理基础理论研究的基础上，分别对物流组织管理、物流成本管理、物流质量管理、物流战略管理、物流风险管理、物流园区的规划与开发运营、物流的发展趋势、大数据与智慧物流进行专题研究。本书适于物流管理人员参阅。

新时代物流管理与发展研究

出版发行　中国原子能出版社（北京市海淀区阜成路 43 号 100048）
责仼编辑　张　琳
责任校对　冯莲凤
印　　刷　北京亚吉飞数码科技有限公司
经　　销　全国新华书店
开　　本　787mm×1092mm　1/16
印　　张　18
字　　数　323 千字
版　　次　2019 年 3 月第 1 版　2024 年 9 月第 2 次印刷
书　　号　ISBN 978-7-5022-9268-3　定　价　72.00 元

网　　址：http://www.aep.com.cn　E-mail:atomep123@126.com
发行电话：010-68452845

前　言

当前我国全面建成小康社会进入决胜阶段、中国特色社会主义进入新时代。"十三五"及未来更长时期,中国的工业化、信息化、市场化、城镇化、全球化、绿色化进程将深入推进,物流业发展的需求、技术供给、制度、资源环境以及国际格局会发生重大变化。市场体制更加完善,政府职能进一步转变,市场将在更广领域配置物流资源。

企业物流是企业生产经营活动的组成部分,是物流理论与物流技术发展的基础和重要载体。现代企业物流管理水平的高低直接影响着企业的经营效益,并可能间接影响到社会物流的运作水平。由于高新技术和现代管理方法的应用,我国传统的物流活动在管理理念、产业组织、企业制度、业务流程、信息处理手段及作业方式等各个方面,都无法适应当前现代物流的发展。由此引发了对物流专业人才、现代管理思维及组织方式、现代技术手段等的迫切需求。

为了提高物流系统的运作与管理水平,本书对新时代物流管理与发展进行研究。第一章为物流与物流管理,内容包括物流概念的产生与发展、物流的主要分类和作用、物流管理的主要内容和特点等。第二章为物流组织管理,分析物流组织的基本类型、物流组织设计、物流组织管理与创新等。第三章为物流成本管理,从物流成本、物流成本计算和 物流成本的控制与管理等方面进行研究。第四章为物流质量管理,主要包括物流质量、物流质量管理的主要内容、物流全面质量管理等。第五章为物流战略管理,分析研究物流战略与物流战略管理、物流服务战略、物流标准化战略等方面内容。第六章为物流风险管理,对物流风险管理的基本理论与方法、物流风险的主要类别、企业物流与供应链风险管理等方面进行研究。第七章为物流园区的规划与开发运营,内容主要有物流园区的作用和发展、物流园区的规划、开发和运营等方面。第八章为物流的发展趋势,分析第三方物流与第四方物流、绿色物流与逆向物流、供应链管理等内容。第九章为大数据与智慧物流,研究智慧物流的发展现状、大数据技术的发展现状与应用、大数据背景下智慧物流的运营与服务模式等方面。

　　本书在写作过程中,吸收了大量国内外物流管理理论和技术的最新成果,在此表示诚挚的感谢。由于作者水平有限,在写作过程中难免出现疏漏,恳请广大读者积极给予指正,以便使本书不断完善。

作　者

2018 年 5 月

目　录

第一章 物流与物流管理

物流是指物品从供应地向接收地的实体流通过程,这一过程是根据需要,将运输、储存、装卸、搬运、流通加工、配送、信息处理等基本功能实施有机结合。而对这一流通过程进行的计划、组织、智慧、协调与控制就构成了物流管理。

第一节 物流概念的产生与发展

物流科学自产生以来已显示出它的强大生命力,成为当代最活跃、最有影响的新学科之一。物流科学是以物的动态流转过程为主要研究对象,揭示了物流活动(运输、储存、包装、装卸搬运、配送、流通加工、物流信息等)之间存在相互关联、相互制约的内在联系,认定这些物流活动都是物流系统的组成部分,是物流系统的子系统。它界定了物流系统的边界,使其在经济活动中从潜隐状态显现出来,成为独立的研究领域和学科范围。物流科学把管理工程与技术工程相结合,实现了物流的时间效益和空间效益。物流科学的产生和应用给国民经济和企业的生产经营带来难以估量的经济效益,因此,引起了人们的重视并给予高度评价,从而得到了迅速的发展和普及。

一、商物分离

人们对物流的最早认识是从流通领域开始的。我们知道,社会分工使社会发展到生产与消费相分离的商品经济,产生了连接生产与消费的流通功能,从而使社会经济活动由生产领域、消费领域和联结两者的流通领域组成,如图 1-1 所示。在生产和消费之间存在着社会间隔(生产者和消费者不同)、场所间隔(生产地和消费地不同)、时间间隔(生产时间和消费时间不同),是流通将生产和消费之间的这些间隔联系起来,以保证经济活动顺畅进行。

图 1-1 社会三大经济领域

（一）生产领域

将生产资料进行物理变化或化学变化,制成各种产品满足社会消费需求的经济活动领域,生产的结果为有形产品。在经济不发达的社会,生产产品基本上在原地消费。但在今天,某地所生产的各种产品几乎被全国,甚至全世界消费。

（二）消费领域

消耗产品或商品的使用价值,满足社会的某种需求,消费的结果为废弃物。随着消费领域与生产领域的间隔逐渐变大,联结二者的流通领域的作用逐渐突出。

（三）流通领域

流通领域是指将生产和消费联结起来的领域,流通的结果是产品或商品的所有权转移和产品或商品在时间空间上的转移。

通过经济手段取得产品的所有权指的就是产品或商品的所有权转移,如人们在购买某种商品时,交款取得发票后,即获此商品的所有权。产品或商品的所有权转移称为商流,其表现形式为代表所有权的凭证在时间和空间上的转移。商流的特征是所有权凭证交易。

产品的所有权转移完成之后,紧接着的是产品本身在时间和空间上的转移,以克服生产和消费领域的"间隔",达到产品实现其价值的最终目的。产品或商品在时间空间上的流动全过程简称"物流"。其表现形式是物品本身在时间和空间上的转移。物流的特征是物品运动和停滞。比如,在生产钢铁时,把铁矿石从矿山运到钢铁厂所克服的"间隔"主要是距离,在物流中称为运输;再比如,农民生产的粮食当年不会全部消费,其大部分要储藏起来以备来年消费,这时所克服的"间隔"主要是时间,在物流中称为仓储。

在物流概念产生以前,产品本身流动和停滞的全过程是由各个不同的运作独立完成,这些不同的运作称为物流环节。物流环节包括运输、仓储、保管、搬运、配送及对产品的简单包装等。各个不同的物流环节由不同的企业完成,从事上述各个环节的企业有着不同的名称,如从事运输环节的称为运输公司,又细分为海运公司、空运公司及铁路、公路等运输公司。

　　社会进步致使流通从生产中分化出来,然而其并没有结束分化及分工的深入和继续,现代化大生产的分工和专业化是向一切经济领域中延伸的。分工的升级和细化促使流通领域中的主要职能商流和物流进一步分离。

　　在第二次世界大战之后,流通过程的这两种形式出现了更加明显的分离,从不同形式逐渐转变成了两个有一定独立运动能力的不同运动过程,这就是所称的"商物分离",即流通中两个组成部分商业流通和实物流通各自按照自己的规律和渠道独立运动,如图1-2所示。社会化的独立形态物流,进一步系统化,使专业的物流职能向专业的物流经营方向发展,形成物流行业。再进一步,物流行业也由初期的承运向货代方向发展,乃至发展到今天高水平的第三方物流、第四方物流和供应链。时至今日,这些独立的企业和物流行业,已经可以构筑成一个完整的物流业。

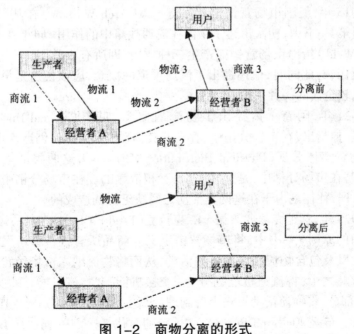

图1-2　商物分离的形式

　　商物分离是物流科学赖以存在的先决条件,物流科学正是在商物分离基础上才得以对物流进行独立的考察,进而形成一门科学。

二、物流概念的产生

物流作为被研究对象,最早要追溯到 1901 年,约翰·格鲁威尔 (J.F.Growell) 在美国政府报告《关于农产品的配送》中,第一次论述了对农产品配送成本产生影响的各种因素,从而拉开了人们对物流活动认识的序幕。现代物流概念的形成经过了一个漫长而曲折的过程,归纳起来大致经过以下三个发展阶段。

(一)物流概念的孕育阶段

从 20 世纪初到 20 世纪 50 年代,这个阶段是物流概念的孕育阶段。这一阶段的特点:一是局部范围,主要是在美国;二是少数几个人提出物流的概念;三是 Physical Distribution 和 Logistics 两种概念并存。

1. 营销学派的 Physical Distribution 概念

1915 年,美国市场营销学者阿奇·萧(Arch W.Shaw)在其《经营问题的对策》一书中,初次论述了物流在流通战略中的作用。同年,L.D.H. 威尔德(Weld)指出市场营销能产生三种效用,即所有权效用、空间效用和时间效用,与此同时,他还提出了流通渠道的概念,应该说这是早期对物流活动较全面的一种认识。

1921 年,阿奇·萧提出了物流的概念,叫作 Physical Distribution (P.D)。他指出,在市场分销中,存在两类活动:一类叫作创造需求,一类叫作物资实体分配(Physical Distribution of Goods),这两类活动是不同的,但是在市场分销中,是互相平衡、互相依赖的。在市场分销中发生的重大失误,往往是由于在这两类活动之间缺乏协调造成的。

1929 年,营销专家弗莱德·E. 克拉克(Fred E.Clark)在其所著的《市场营销的原则》一书中,将市场营销定义为商品所有权转移所发生的各种活动以及包含物流在内的各种活动,从而将物流纳入市场经营行为的研究范畴之中,将流通机能划分为"交换机能""物流机能"和"辅助机能"三部分,将物流活动真正上升到理论高度加以研究和分析。1927 年,拉尔夫·布素迪(Ralph Borsodi)在《流通时代》一书中,初次用 Logistics 来称呼物流,为物流的概念化奠定了基础。

1946 年,美国正式成立了全美输送物流协会(American Society of Traffic Logistics),这是美国第一个关于对专业输送者进行考查和认证的组织。

这一时期可以说是美国物流的萌芽和初始阶段。总的来看,在这一时期,尽管物流已经开始得到人们的普遍重视,但是在地位上,物流仍然被作为流通的附属机能看待,也就是说,物流是流通机能的一部分。

2.军事后勤学派的 Logistics 概念

1905 年,美国少校琼西·贝克(Chauncey B.Baker)在其所著《军队和军需品运输》一书中提出了物流的概念,叫作 Logistics。他是从军事后勤的角度提出的,称 Logistics 是"与军备的移动与供应有关的战争的艺术的分支"。在第二次世界大战中,美国的反法西斯战线拉得很长、很宽,在某种意义上说,美国庞大的军事后勤补给决定了战争的胜负。美军方邀请著名的管理学家、运筹学家、军事专家共同组成课题组,研究军事物资采购、运输、储存、分配、保养以及废弃后处理的一体化方案,并把此方案称为 Logistics,即"后勤学"。其基本思想是把战争物资从供应地到作战前线的整个流通过程作为一个系统,把各个环节,如军用物资仓储、运输、保养、运送到各个战区等作为子系统,研究如何提高效率、降低成本,并且能及时而准确地发挥军用物资在战争中的作用。他们提出的 Logistics 的基本原则、运行的规律、许多措施和方法形成了物流的基本思想和理论框架。美国军事兵站后勤活动的开展,以及英国在战争中对军需物资的调运的实践都大大充实和发展了军事后勤学的理论、方法和技术,因此,支持了 Logistics 说的发展。

这两个不同意义的概念,之所以都分别存续下来,是因为各自都在各自的专业领域中独立运用,二者之间没有发生冲突,也没有一个统一的物流学派来进行统一规范,社会上在绝大多数的范围内还基本上没有物流的概念。

(二)分销物流(Physical Distribution)概念阶段

20 世纪 50 年代中期到 20 世纪 80 年代中期,可以称为分销物流概念阶段。这个阶段的基本特征是:分销物流概念得到发展而占据了统治地位,从美国走向了全世界,形成了一个比较统一的物流概念;形成和发展了物流管理学;并且也形成了物流学派、物流产业和物流领域。

1.Physical Distribution 概念继续在美国得到发展和完善,基本形成了比较完整的物流管理学

第二次世界大战后,美国的经济迅速发展,先进生产理论和观念不断引入,新技术不断出现,管理水平不断提高,促进了生产力水平的大幅度

提高。产品的极大丰富和激烈的市场竞争迫使产品必须降低成本、提高质量。物流逐渐为管理学界所重视,企业界也开始注意到物流在经济发展中的作用,将改进物流管理作为激发企业活力的重要手段。这一阶段是物流快速发展的重要时期。

1954年,在美国波士顿工商会议所召开的第26次波士顿流通会议上,鲍尔·D·康柏斯发表了题为《市场营销的另一半》的演讲,他指出无论是学术界还是实业界都应该重视认识、研究市场营销中的物流,真正从战略的高度来管理、发展物流,应该讲,这是物流管理发展的一个里程碑。

1956年,霍华德·T·莱维斯(Howard T.Lewis)、吉姆斯·W·克里顿(James W.Culliton)和杰克·D·斯蒂勒(Jack D.Steele)三人撰写了《物流中航空货运的作用》一书,在书中他们指出航空货运尽管运费比较高,但是由于它能直接向顾客进行商品配送,因而节约了货物的在库维持费和仓库管理费,因此,应当从物流费用总体上来评价运输手段的优缺点,霍华德等学者的研究第一次在物流管理中导入了整体成本的分析概念,深化了物流活动分析的内容。

由于现代市场营销观念的形成,使企业意识到顾客满意是实现企业利润的唯一手段,顾客服务成为经营管理的核心要素,物流在为顾客提供服务上起到了重要的作用。物流,特别是配送得到了快速发展。1960年,美国的 Raytheon 公司建立了最早的配送中心,结合航空运输系统为美国市场提供物流服务。

1961年,爱德华·W·斯马凯伊(Edward W.Smykay)、唐纳德·J·鲍尔索克斯(Donald J.Bowersox)和弗兰克·H·莫斯曼(Frank H.Mossman)撰写了《物流管理》一书,这是世界上第一本介绍物流管理的教科书,在该书中他们详细论述了物流系统以及整体成本的概念,为物流管理成为一门学科奠定了基础。20世纪60年代初期,密西根州立大学以及俄亥俄州立大学分别在大学部和研究生院开设了物流课程,成为世界上最早把物流管理教育纳入到大学学科体系中的学校。

1962年,美国著名经营学家德鲁克在《财富》杂志发表了题为《经济的黑暗大陆》的文章,提出了物流是降低成本的最后领域。强调应当高度重视物流管理,从而对实业界和理论界又产生了一次重大的推动作用,使他们逐渐认识到物流是"第三利润源泉"。

1963年,美国物流管理协会(Council of Physical Distribution Management)成立,该协会集中了物流实业界及教育界的专家,通过对话和讨论,促进了对物流过程的研究和理解及物流管理理论的发展,以及物流界与其他组织的联系与合作。

1969年，唐纳德·J.鲍尔索克斯在《市场营销杂志》上刊登了《物流的发展——现状与可能》，对综合物流概念的过去、现状以及未来发展做出了全面分析。

1976年，道格拉斯·M.兰伯特（Douglas M.Lambert）对在库评价的会计方法进行了卓有成效的研究，并撰写了《在库会计方法论的开发：在库维持费用研究》一文，指出在整个物流活动所发生的费用中，在库费用是最大的一个部分，并对费用测定进行了研究，对物流管理学的发展做出了重大贡献。

在这一时期，很多有关物流的论文、著作、杂志开始大量涌现，有关物流管理研讨的会议也开始频繁召开，这些都推动了物流管理学的形成以及物流管理实践的广泛推广。

2.Physical Distribution概念从美国走向世界，成为世界公认的物流概念，在世界范围内形成了物流管理学的理论体系

20世纪50年代中期，日本派了一个12人的"流通技术专业考察团"从1956年10月下旬到11月末，在美国各地进行了实地考察，首次接触到了物流这个新事物。日本考察团在详细了解了"物流"这一新鲜事物后，于1958年第一次提及了Physical Distribution。这个概念马上被产业界接受，并加以研究和不断创新，在日本掀起了流通领域的一场革命，配送中心、物流中心相继产生，企业中的物流部形成，一些零散的、规模较小的运输和仓储企业联合起来，组成了许多大型的物流企业，如至今在世界上著名的日本通运公司、佐川急便等。随着分销物流业逐渐扩大，逐渐形成了物流产业和物流管理学，20世纪70年代达到了高潮，大有后来居上之势，出现了一批如阿保荣司、宇野正雄等物流学家。

同样，这样的物流概念也逐渐流行到西欧、北美和其他许多国家和地区。20世纪70年代末也传到了中国。这样，基本上全世界各个国家都接受了这样的物流概念和物流管理学。

分销物流主要把物流看成是运输、储存、包装、装卸、加工（包括生产加工和流通加工）、物流信息等各种物流活动的总和。在分销物流学中，主要研究这些物流活动在分销领域的优化问题。在各个物流专业理论和应用发展上取得了很大的进展，例如，系统理论、运输理论、配送理论、仓储理论、库存理论、包装理论、网点布局理论、信息化理论以及其应用技术等。

3. 在分销领域各专业物流理论竞相发展的同时，企业内部物流理论异军突起

当人们正在专注地研究分销领域中的物流问题、发展各种专业物流理论和技术的时候，企业内部生产物流也在悄悄地发展起来。1965 年美国 J.A. 奥列基博士提出"独立需求"和"相关需求"的概念，并指出订货点法的物资资源配置技术只适用于独立需求物资。而企业内部的生产过程相互之间的需求则是一种相关需求。相关需求应当用相关需求的物资资源配置技术。20 世纪 60 年代随着计算机应用的普及和推广，人们逐渐把计算机应用到制定生产计划上来，美国生产管理和计算机应用专家 Oliver W.Wight 和 George W.Plosh 首先提出了物料需求计划（Material Requirement Planning, MRP）的概念，而 IBM 公司则首先在计算机上实现了 MRP 处理，从此产生了 MRP 技术，并且在企业中得到了应用和发展，到了 20 世纪 80 年代，MRP 发展到了 MRPII。

在 MRP 发展的基础上，受 MRP 思想原理的启发，20 世纪 80 年代又产生了应用于分销领域的分销资源计划（Distribution Requirement Planning, DRP），并且相应又发展出 DRPII。在 MRP 和 DRP 发展的基础上，为了把二者结合起来运用，20 世纪 90 年代又出现了 LRP（Logistics Resources Planning）技术和 ERP（Enterprise Resources Planning）。

这一时期日本丰田汽车公司创造的准时化生产技术（Just In Time, JIT）以及相应的看板技术是生产领域物流技术的另外一朵奇葩。它不光在生产领域创造了一种革命性的哲学和技术，而且为整个物流管理学提供一种理想的物流思想理论和技术，现在已经应用到物流的各个领域。

企业内部另一个重要的物流领域是设施规划与工厂设计，包括工厂选址、厂区布局、生产线布置、物流搬运系统设计等，也都成为物流学应用和发展的领域，形成了物流管理学一个非常重要的分支学科。

所有这些企业内部物流理论和技术的强劲发展，逐渐引起了人们的关注。分销物流的概念显然不能包含它们，使原来只关注分销物流的人们自然想到，仅使用分销物流的概念已经不太合适了。特别是到 20 世纪 80 年代中期，随着物流活动进一步集成化、一体化、信息化的发展，改换物流概念的想法就更加强烈了，于是就进入了物流概念发展的第三个阶段。

（三）现代物流（Logistics）概念阶段

从 20 世纪 80 年代中期开始一直到现在，为现代物流概念阶段。这个阶段的特点是：随着物流业的发展，物流已经不仅仅限于分销领域，而已经涉及包括企业物资供应、企业生产、企业分销以及企业废弃物再生等全范围和全领域。人们已经意识到，原来的分销物流（Physical Distribution）概念，已经不适应这种形势，显得太狭窄了，应该扩大概念的内涵，因此决定采用 Logistics 作为物流的概念。值得指出的是，这个时候的 Logistics 概念和第一阶段的军事后勤学上的 Logistics 概念，虽然字面相同，但是意义已经不完全相同了：第一阶段军事后勤学上的 Logistics 概念主要是指军队物资供应调度上的物流问题，而新时期的 Logistics 概念则是在各个专业物流全面高度发展的基础上基于企业供、产、销等全范围、全方位物流问题，无论是广度、深度以及涵盖的领域、档次都有不可比拟的差别，因此这个阶段的 Logistics 应当译为现代物流学，它是一种适应新时期所有组织（包括企业、军队、事业单位）的集成化、信息化、一体化的物流学。

20 世纪 80 年代中期以后，在理论上，人们越来越清楚地认识到物流与经营、生产紧密相连，它已成为支撑企业竞争力的三大支柱之一。1985 年，威廉姆·哈里斯（Harris William D.）和斯托克·吉姆斯（James R.Stock）在密歇根州立大学发表了题为《市场营销与物流的再结合——历史与未来的展望》的演讲，他们指出，从历史上看，物流近代化的标志之一是商物的分离，但是随着 1965 年以西蒙（Simon Leonard S.）为代表的顾客服务研究的兴起，在近 20 年的顾客服务研究中，人们逐渐从理论和实证上认识到现代物流活动对于创造需求具有相当大的作用，因此，在这一认识条件下，如果再像原来那样在制定营销组合特别是产品、价格、促销等战略过程中，仍然将物流排除在外，显然不适应时代的发展。因此，非常有必要强调营销与物流的再结合。这一理论对现代物流的本质给予了高度总结，也推动了物流顾客服务战略以及供应链管理战略的研究。

从物流实践来看，20 世纪 80 年代后期电子计算机技术和物流软件的发展日益加快，进而更加推动了现代物流实践的发展，这其中的代表是 EDI 的运用与专家系统的利用。EDI 技术的应用为物流纵深化发展带来了契机，而专家系统的推广为物流管理提高了整体效果。现代物流为了保障效率和效果，一方面通过 POS 系统、条形码、EDI 等收集、传递信息，另一方面利用专家系统使物流战略决策实现最优化，从而共同实现商品附加价值。

物流外包和第三方物流的产生，进一步导致物流专业化、技术化和集成化，实现了生产和物流的分工合作，提高了各自的核心竞争力。

20 世纪 90 年代供应链管理理论的诞生，供应链管理系统的形成进一步导致物流管理的联合化、共同化、集约化和协调化。20世纪90年代以来,随着新经济和现代信息技术的迅速发展,现代物流的内容仍在不断地丰富和发展着,信息技术的进步,使人们更加认识到物流体系的重要,现代物流的发展被提到重要日程上来。同时,信息技术特别是网络技术的发展,也为物流发展提供了强有力的支撑,使物流向信息化、网络化、智能化方向发展。这不仅使物流企业和工商企业建立了更为密切的关系,同时物流企业也为各客户提供了更高质量的物流服务、特别是对电子商务的发展,将像杠杆一样撬起传统产业和新兴产业,成为企业决胜未来市场的重要工具。而在这一过程中,现代物流将成为这个杠杆的支点。

最具有历史意义的是1985年美国物流管理协会正式将名称从National Council of Physical Distribution Management 改为 National Council of Logistics Management,从而标志着现代物流观念的确立,以及对物流战略管理的统一化。

三、物流的基本概念

中华人民共和国国家标准《物流术语》(GB/T 18354—2006)将物流定义为:"物品从供应地向接收地的实体流动过程。根据实际需要,将运输、储存、采购、装卸搬运、包装、流通加工、配送、信息处理等基本功能进行有机结合。"

（一）"物"的概念

物流中的"物"指一切可以进行物理性位置移动的物资资料和物流服务。物资资料包括物资、物料和货物,物流服务包括货物代理和物流网络服务。

（二）"流"的概念

物流中的"流"是物的实体位移,包括短距离的搬运、长距离的运输和全球物流。

（三）物流的价值

1. 物流的经济价值

物流主要创造时间价值和场所价值,有时也创造流通加工的附加价值。

（1）时间价值

"物"从供应者到需求者之间有一段时间差,通过改变这一时间差所创造的价值是时间价值。通过物流活动获取时间价值的方式有三种。

①缩短时间创造价值。从全社会物流的总体来看,加快物流速度,缩短物流时间,可起到减少物流损失、降低物流消耗、增加物的周转、节约资金等积极作用,这是物流必须遵循的一条经济规律。

②弥补时间差创造价值。经济社会中,供给与需求之间普遍存在时间差,物流以科学、系统的方法弥补和改变这种时间差,以实现其"时间价值"。

③延长时间差创造价值。在某些具体的物流活动中,存在着人为地、能动地延长物流时间创造价值的现象,如常说的陈年美酒就是通过延长物流时间差而提高酒的价值。

（2）场所价值

"物"从供应者到需求者之间有一段空间差,改变这一场所的差别而创造的价值称为"场所价值"。物流创造的场所价值是由现代社会产业结构、社会分工决定的,主要原因是供给和需求之间存在空间差。商品在不同地理位置上有不同的价值,通过物流将商品由低价值区转到高价值区,便可获得价值差,即"场所价值"。场所价值有以下三种形式:

①从集中生产场所流入分散需求场所创造价值。产品通过物流活动实现从集中生产场所流入分散需求场所,从而实现价值的提高。例如:山西省大量生产的煤炭,通过物流活动运到京津等煤炭需求大于生产的城市,价格就会提升。

②从分散生产场所流入集中需求场所创造价值。产品通过物流活动实现从分散生产场所流入集中需求场所,也会创造价值。例如:飞机、汽车等的零配件来自世界各地,在集中地组装后实现其使用价值,创造了价值。

③从低价值地生产流入高价值地需求创造场所价值。在经济全球化的浪潮中,国际分工和全球供应链的构筑,一个基本选择是在成本最低的地区进行生产,通过有效的物流系统和全球供应链,在价值最高的地区销售,使物流得以创造价值,得以增值。

（3）流通加工附加价值

有时,物流也可以创造流通加工附加价值。加工是生产领域常用的手段,并不是物流的本来职能。但是,现代物流的一个重要特点就是根据自己的优势从事一定的补充性加工活动,也称为流通加工活动。这种加工活动不是创造商品的主要实体,形成商品的主要功能和使用价值,而是带有完善、补充、增加的性质,这种活动必然会形成劳动对象的流通加工附加价值。

2. 物流是"第三方利润源泉"

(1)"第一方利润源泉"——自然资源的开发

最初靠对廉价原材料、燃料的掠夺性开采和利用获得利润,其后是依靠科技进步,减少物资资源消耗,综合利用乃至大量人工合成资源获得高额利润。这种降低物资资源消耗获得利润的方式以先进的科学技术为条件,受科学技术发展程度的限制。

(2)"第二方利润源泉"——技术资源的开发

依靠科技进步提高劳动生产率,降低人力资源消耗,或采用机械化、自动化等技术革新降低劳动耗用,从而降低成本,增加利润,形成"第二方利润源泉"。随着生产的机械化、自动化程度不断提高,生产工艺过程不断程序化、规范化,"第二方利润源泉"的空间越来越小。

(3)"第三方利润源泉"——物流活动的开发

在前两个利润源泉潜力越来越小的情况下,物流领域的潜力逐渐被人重视。当今大多数产品的制造成本已不足总成本的 10%,产品的加工时间只占总时间的 5%,储存、搬运、运输、销售、包装等物流作业占了 95% 的时间。继降低物资消耗、提高劳动生产率之后,物流成为使企业获得利润的"第三方利润源泉"。通过物流的合理化降低物流成本,已经成为企业提高竞争力的重要手段。

四、物流的发展

物流经过了几十年的发展,各国物流发展的水平和阶段不尽一致。

(一)美国物流的发展

美国物流发展较早,据理论界人士研究,至今世界最大的物流巨头 UPS 在美国的发展大约经历以下四个阶段。

1. 以仓储业为主的物流阶段(1945—1960 年)

这个时期的卖方市场中,企业生产的产品有很好的销路,大量生产的产品放在仓库中,仓储管理水平不断提高和缩短仓储时间是当时物流的主要特征。

2. 转为流通型为主的物流阶段（1960—1980 年）

这个时期市场由推动型即卖方市场，转为拉动型即买方市场。产品竞争异常激烈，物流在降低成本中的作用呈现出来。高架仓库的兴建，各种物流大通道的形成降低了物流成本，提高了流通效率。

3. 综合物流阶段（1980—1990 年）

这个时期，美国的信息水平提高很快，物流开始利用高新技术武装起来。IT 技术的发展和互联网技术的成熟使美国的物流建立在现代化物流信息平台上，形成了现代物流，并且把商流、物流、信息流结合起来，形成了三流合一，又进一步提高流通效率，促进了物流的发展。

4. 物流一体化阶段（1990 年至今）

供应链管理理论的产生和应用使美国的物流企业与产品供应链上的各个企业联合起来，协调产品供应链上各企业之间的关系，使产品在供应链中达到最低成本，最优效益，在提高产品竞争力中使供应链上的各企业达到共赢。现今美国的物流企业向集约化、协同化、全球化方向发展。

（二）日本物流的发展

日本的物流发展紧随美国之后，进展速度快而且又有许多新的举措，如准时生产方式（Just In Time，JIT）等。学者们将其分为四个阶段。

1. 前物流时期（1953—1963 年）

战后日本经济迅速恢复，并从美国引入物流理论并付诸实施，在日本物流需求者的推动下，孕育了许多物流企业，此阶段的物流企业主要为日本的制造企业服务。

2. 物流系统时期（1963—1973 年）

此时期日本经济的飞速发展推动了日本物流的大发展，对物流的基础设施和设备提出更高的要求，日本政府投资于国内的物流基础设施，如码头、桥梁、高速公路等的建设，物流公司又致力于各种物流设备研制，如铲车、堆垛机、高层货架、自动传送带等。他们从建立物流系统的观点出发，使物流公司和生产企业密切结合，共同发展。

3. 物流管理时期（1973—1983 年）

由于社会物流的需要，日本加强了商业流通领域的物流建设，如配送中心、物流中心等,并且优化管理,建立以信息技术为支撑的物流网络体系,使日本的物流迈向现代物流行列。

4. 物流社会系统时期(1983 年至今)

物流与信息流结合以后进入了物流一体化阶段,即物流和商流的结合。许多日本物流企业买断产品,把产品销售和物流结合起来,既担负起商流的职责,又充分发挥物流的作用,从而大幅度降低成本、提高服务水平。日本物流现正在向物流全球化迈进。

(三)欧洲物流的发展

欧洲是引进"物流"概念较早的地区之一,而且也是较早地将现代技术用于物流管理的先锋。欧洲物流的发展有着鲜明的阶段特点。

1. 初级的单个工厂物流阶段(20 世纪初至 20 世纪 50 年代)

早在 20 世纪中期,欧洲各国为了降低产品成本,便开始重视企业范围内物流过程的信息传递,对传统的物料搬运进行变革,对企业内的物流进行必要的规划,以寻求物流合理化的途径。当时制造业(工厂)还处于加工车间模式,工厂内的物资由厂内设置的仓库提供。企业为了实现客户当月供货的服务要求,在内部实行严密的流程管理。这一时期的管理技术还相对落后:信息交换通过邮件,产品跟踪采用贴标签的方式,信息处理的软硬件平台是纸带穿孔式的计算机及相应的软件。这一阶段储存与运输是分离的,各自独立经营,可以说是欧洲物流的初级阶段。

2. 多个工厂或集团的综合物流阶段(20 世纪六七十年代)

这是欧洲经济快速发展时期。随着商品生产和销售的进一步扩大,多个工厂联合的企业集团和大公司的出现,成组技术被广泛采用,物流需求增多,客户期望同一周内供货或服务,工厂内部的物流已不能满足企业集团对物流的要求,因而形成了基于工厂集成的物流。仓库不再是静止封闭的储存式设施,而是动态的物流配送中心。需求信息不只是凭订单,而主要是从配送中心的装运情况获取。这个时期信息交换采用电话方式,通过产品本身的标记(product tags)实现产品跟踪,信息处理的硬件平台是小型计算机,企业(工厂)一般使用自己开发的软件。

3. 供应链物流阶段(20 世纪八九十年代)

随着经济和流通的发展,欧洲各国许多不同类型的企业(厂商、批发业者、零售业者)也在进行物流革新,建立相应的物流系统,目的是追求通过供应链实现物流服务的差别化,发挥各自的优势与特色。由于流通渠道中各经济主体拥有不同的物流系统,必然会在经济主体的接点处产生矛盾。为了解决这个问题,20 世纪 80 年代,欧洲开始探索一种新的联盟型或合作式的物流体系,即综合物流的供应链管理,目的是实现最终消费者和最初供应商之间的物流与信息流的综合,即在商品流通过程中加强企业间的合作,改变原来各企业分散的物流管理方式,通过合作形式来实现原来不可能达到的物流效率,创造的成果由参与的企业共同分享。这一时期,制造业采用准时制生产模式,客户的物流服务需求发展到同一天供货或服务,综合物流的供应链管理进一步得到加强,如组织好港站库的交叉与衔接、零售商管理控制总库存量、产品物流总量的分配、实现供应的合理化等。这一时期,物流需求的信息直接从仓库出货获取,通过传真方式进行信息交换;产品跟踪采用条形码扫描,信息处理的软硬件平台是客户/服务器模式和购买商品化的软件包。这一时期欧洲第三方物流开始兴起。

4. 全球物流和电子物流的阶段（20 世纪 90 年代以后至今）

20 世纪 90 年代以来,全球经济一体化的发展趋势十分强劲,欧洲企业纷纷在国外建立生产零部件的基地,甚至根据市场预测和区位的优势分析在国外建立总装厂,这一趋势大大增加了国与国之间的商品流通量,又由于国际贸易的快速增长,全球物流应运而生。此时欧洲的供应链着眼于整体提供产品和物流服务的能力,因此物流中心的建设迅速发展,在供应链管理上采用供应链集成的模式,供应方与运输方通过交易寻求合作伙伴。20 世纪 90 年代,欧洲提出设立首席物流主管作为供应链管理的主导者,这一时期物流企业的需求信息直接从顾客消费地获取;采用在运输链上实现组装的方式,使库存量实现极小化,信息交换采用 EDI 系统,产品跟踪应用射频标识技术,信息处理广泛应用互联网和物流服务方提供的软件。目前,基于互联网和电子商务的电子物流正在欧洲兴起。

欧洲重视发展社会化、专业化的物流,始终强调综合的观念,提倡第三方物流服务的理念。欧洲的供应链理论和技术应用相当出色,许多企业通过直接控制供应链降低物流成本,提高物流效益,供应链管理很盛行。欧洲物流发展的重点是提高采购、生产、销售各个环节之间的效率,物流一体化程度很高。

（四）我国物流的发展

1979 年,我国物资工作者代表团赴日,在考察报告中第一次引用"物流"这一术语。在计划经济年代，国家就组织过物流试点，如产供销一条龙、储运公司等形式。但由于经济体制的问题，没有显示出物流的特有优点，试点也是流于形式。改革开放后，1989年在北京召开了第八届国际物流会议，"物流"一词在我国推广，理论界开始对物流进行较深入的讨论。随着中国经济体制改革、企业产权关系明晰，企业界开始认识物流在企业发展中的作用，我国对物流的研究也从理论范畴走向生产领域。20世纪90年代中期以后，我国政府和企业逐渐认识到作为"第三利润源"的物流的价值和战略地位，广泛开展物流的理论研讨和实践。但我国物流与发达国家比较，在基础设施、经营管理、理论研究、物流技术方面都还比较落后。新中国成立以来，我国物流的发展可分为以下四个阶段。

1. 物流初期发展阶段（1949—1965年）

1949—1952年是我国经济的恢复时期，工业生产和交通运输逐步在恢复和建设。为了配合物流业务的需要，开始修建和购置一些基本的物流设施。在企业内部建立储运部、汽车队。在各大区或省、市建立了少数仓储公司或储运公司，但这些物流企业大多从属于各专业公司。1952年，工业生产和交通运输基本上已全面恢复，进入正常生产阶段。当年，我国开始了第一个"五年计划"，工农业生产如火如荼，全国经济呈现一片欣欣向荣的景象。随着社会商品物资的增多，流通部门相继在一些大中城市建立了储运公司、仓储公司、外运公司等"商物分离型"的专业化大中型物流企业，以及附属于各专业公司、批发站的储运部、中转站、仓库等"商物合一型"的小型物流企业，形成了覆盖全国的物流网络，出现了最早的物流企业。

2. 物流停滞阶段（1966—1976年）

1966年，受社会不稳定因素的影响，经济出现停滞和倒退，物流业和其他行业一样，陷于停滞状态。

3. 物流较快发展阶段（1978—1992年）

1978年，我国开始实行改革开放政策，经济建设加快了步伐。随着国内商品流通和国际贸易的不断扩大，物流业取得长足的发展。专业物流公司数量不断增加；企业内部也开始重视物流问题，设置了物流研究室、物流技术部等，还发展了集体和个体物流企业；交通基础设施建设取得显著成果，新建了铁路、公路、港口、码头；物流技术得到了改进，开展了集装箱运输、散装运输和联合运输等业务。物流已逐步打破部门、地区的界限，向社会化、专业化、现代化方向发展。

4. 现代物流起步阶段（1993 年至今）

1992 年，我国正式确立建设社会主义市场经济的目标。20 世纪 90 年代中期，在建设社会主义市场经济的大潮中，物流概念又一次被实业界和政府所关注。1996 年，为满足宝洁公司物流配送的需要而成立的宝供物流公司，标志我国物流企业——第三方物流的诞生。20 世纪 90 年代末海尔物流应运而生，标志着我国第一方物流的诞生。此后，中远物流、中外运物流、中海物流、华润物流、招商局物流等中国的物流"巨人"纷纷亮相，海外的物流企业如马士基物流、TNT 物流、UPS 物流、FedEx 物流也竞相登陆，许多运输和仓储公司都挂上物流公司的牌子，此时理论界对物流的功能和作用达成了共识。进入 21 世纪，我国各级政府也全力推进物流，在中国物流的发展出现一片欣欣向荣的景象。

随着我国经济持续、稳定的发展，国家对物流基础设施的大投入，以及各级政府对物流事业的大力支持，加上我国工业企业和商业企业对物流认识的逐渐深入以及物流理论界、实业界的推动，目前，我国物流正迎来一个大发展的时机。

五、现代物流呈现的特点

随着物流的发展，传统物流开始向现代物流转变。现代物流包括运输合理化、仓储自动化、包装标准化、装卸机械化、加工配送一体化、信息管理网络化等，主要是利用现代信息化技术和网络手段，通过在计算机网络上的自动采集、处理、储存、传输和交换，实现物流信息资源的充分开发和普遍共享，以降低物流成本、提高物流效益。现代物流采用的信息技术主要是条码技术（Bar Code）、电子数据交换（Electronic Data Interchange，EDI）、全球卫星定位跟踪系统（Global Positioning System，GPS）及智能交通管理系统（Intelligent Traffic System，ITS）。现代物流的主要特点表现在以下几个方面。

（一）反应快速化

物流服务提供者对上游、下游的物流、配送需求的反应速度越来越快，前置时间越来越短，配送间隔越来越短，物流配送速度越来越快，商品周转次数越来越多。

（二）功能集成化

现代物流侧重于将物流与供应链的其他环节进行集成,包括物流渠道与商流渠道的集成、物流渠道之间的集成、物流功能的集成、物流环节与制造环节的集成等。

（三）作业规范化

现代物流强调功能、作业流程、作业、动作的标准化与程式化,使复杂的作业变成简单的易于推广与考核的动作。物流规范化可方便物流信息的实时采集与追踪,提高整个物流系统的管理和监控水平。

（四）目标系统化

现代物流从系统的角度统筹规划一个企业的各种物流活动,处理好物流活动与商流活动及企业目标之间、物流活动与物流活动之间的关系,不求单个活动的最优化,但求整体活动的最优化。

（五）手段现代化

现代物流使用先进的技术、设备与管理手段为销售提供服务,生产、流通、销售规模越大、范围越广,物流技术、设备及管理越现代化。计算机技术、通信技术、机电一体化技术、语音识别技术等得到普遍应用。

（六）服务系列化

现代物流强调物流服务功能的恰当定位与完善、系列化。除了传统的储存、运输、包装、流通加工等服务外,现代物流服务在外延上向上扩展至市场调查与预测、采购及订单处理,向下延伸至配送、物流咨询、物流方案的选择与规划、库存控制策略建议、货款回收与结算、教育培训等增值服务;在内涵上则提高了以上服务对决策的支持作用。

（七）组织网络化

为了保证对产品促销提供快速、全方位的物流支持,现代物流需要有完善、健全的物流网络体系,网络上点与点之间的物流活动保持系统性、一致性,这样可以保证整个物流网络有最优的库存总水平及库存分布,运输与配送快速、机动,既能铺开,又能收拢。

第二节　物流的主要分类和作用

一、物流的主要分类

（一）按照物流在社会再生产中的作用分类

1. 宏观物流

宏观物流指社会再生产总体的物流活动，是从社会再生产总体角度认识和研究的物流活动。这种物流活动的参与者是构成社会总体的大产业、大领域。宏观物流的主要研究内容是物流的总体构成、物流与社会之间的关系及在社会中的地位、物流与经济发展的关系、社会物流系统和国际物流系统的建立与运作等。

2. 微观物流

在一个小地域空间范围内发生的具体物流活动属于微观物流，在整个物流活动中，其中一个局部、一个环节的具体物流活动属于微观物流。微观物流的特点是具体性和局部性，更贴近具体企业。

宏观物流和微观物流的联系表现在：宏观物流为微观物流的计划管理提供基础和环境，微观物流的管理对宏观物流的发展形成需求。

（二）按照物流活动的空间范围分类

1. 国际物流

国际物流是伴随着国际经济交往、贸易活动和其他国际交流所发生的物流活动。由于近年来国际贸易的急剧扩大，国际分工日益明显，世界经济逐步走向一体化，国际物流正成为现代物流的研究重点之一。

2. 区域物流

相对于国际物流而言，一个国家范围内的物流、一个城市间的物流、一个经济区域内的物流处于同一法律、规章、制度之下，受相同文化和社会因素的影响，处于基本相同的科技水平和装备水平之中，因而都有其独特的区域特点。区域物流研究的重点是城市物流。城市经济区域的发展有赖于物流系统的建立和运行。

（三）按照物流系统的性质分类

1. 社会物流

社会物流指超越企业物流，以社会为范畴的物流活动。这种社会性质很强的物流是由专门的物流服务供应商承担的。社会物流的研究对象包括：社会再生产过程中随之发生的物流活动，国民经济中的物流活动，如何形成服务于社会、面向社会又在社会环境中运行的物流，以及社会中物流体系的结构和运行规律，因此具有综合性和广泛性。

2. 行业物流

行业物流指同一行业中物流企业的物流活动。同行业中的企业是市场竞争的对手，但在物流领域中常常相互协作，共同促进行业物流系统的合理化。以日本的建设机械行业为例，它提出的行业物流系统化的具体内容包括：各种运输手段的有效利用；建设共同的零部件仓库，实行共同配送；建立新旧设备及零部件的共同流通中心；建立技术中心，共同培训操作和维修人员；统一建设机械的规格等。

3. 企业物流

企业物流指在企业经营范围内由生产或服务活动所形成的物流系统，运用生产要素，为各类客户从事各种后勤保障活动（即流通和服务活动），依法自主经营、自负盈亏、自我发展，并具有独立法人资格的经济实体。例如：一个制造企业要购进原材料，经过若干道工序的加工、装配，形成产品销售出去；一个物流企业要按照客户要求将货物输送到指定地点。

（四）按照物流过程分类

1. 供应物流

供应物流指为生产企业提供原材料、零部件或其他物品时，物品在供应者与需求者之间的实体流动，即从物资生产者、持有者至使用者之间的物流。对于生产领域而言，它指生产活动所需要的原材料、备品备件等物资的采购、供应活动产生的物流；对于流动领域而言，它指交易活动中从买方角度出发的交易行为中发生的物流。供应物流不仅要实现保证供应的目标,而且要在低成本、少消耗、高可靠性的限制条件下组织其活动。为保证良好的供应物流,必须有效地解决供应网格问题、供应方式问题、零库存问题等。供应物流的严格管理及合理化对于企业的成本有着重要影响。

2. 生产物流

生产物流指生产过程中,原材料、在制品、半成品、产成品等在企业内部的实体流动。生产物流是制造产品的工厂企业所特有的,它和生产流程同步;原材料、半成品等按照工艺流程在各个加工点之间不停顿地移动、流转形成了生产物流。生产物流合理化对工厂的生产秩序、生产成本有很大的影响。生产物流均衡稳定,可以保证在制品的顺畅流转,缩短生产周期。在制品库存的压缩、设备负荷的均衡化,也都与生产物流的管理和控制有关。

3. 销售物流

销售物流指生产企业、流通企业出售商品时,物品在供应方和需求方之间的实体流动。对于生产领域而言,销售物流指售出产品;而对于流通领域而言销售物流指交易活动中,从卖方角度出发的交易行为中的物流。通过销售物流,企业得以回收资金,进行再生产的活动。销售物流的效果关系到企业的存在价值是否被社会承认,销售物流活动的成本在商品的最终价值中占有一定的比例,因此,为了增强企业的竞争力,必须重视销售物流的合理化。

4. 回收物流

回收物流指不合格物品的返修、退货以及周转使用的包装容器从需求方返回到供应方所形成的物品实体流动。企业在生产、供应、销售的活动中总会产生各种边角余料和废料,这些东西的回收通常伴随着物流活动。如果回收物品处理不当,往往会影响整个生产环境,甚至影响产品的质量。

5. 废弃物物流

废弃物物流指将经济活动中失去原有使用价值的物品,根据实际需要进行搜集、分类、加工、包装、搬运、储存等,并分送到专门处理场所时所形成的物品实体流动。

二、物流的贡献和作用

（一）物流在国民经济中的贡献

2006 年 3 月,第十届全国人民代表大会第四次会议通过了《中华人民共和国国民经济和社会发展第十一个五年规划纲要》,"大力发展现代物流业"单独列为一节,使现代物流的产业地位得以确立。2009 年,物流业被国家进一步列为十大振兴产业,足见物流业在国民经济中的地位之重。物流业是重要的服务业,融合了运输业、仓储业、货代业和信息业等,是国民经济的重要组成部分。物流产业涉及的领域非常宽泛,吸纳了大量就业人口,在国民经济中起到促进生产和拉动消费的重要作用,在促进产业结构调整、转变经济发展方式和增强国民经济竞争力等方面也发挥了重要作用,其发展水平成为衡量一个国家现代化程度和综合国力的重要标志之一。

1. 物流产业对国民生产总值的贡献

物流在国民经济中的价值可以体现在物流产业对国民生产总值的贡献上。物流产业对国民生产总值的贡献程度,可通过物流产业创造的产值占国民生产总值的比例来衡量。从国外物流产业实现的产值来看,这一比例越大,该产业的贡献就越大。一个国家或地区物流产业的产值占国民生产总值比重的高低,与该国的商品与服务的市场化程度以及中间需求率有关。商品与服务的市场化程度越高,中间需求率越高,物流产业对国民生产总值的贡献率越大。

2. 物流产业对调节和平衡市场供需方面的贡献

在市场经济条件下,商品流通将成为国民经济健康正常运行的调节器,物流产业促使经济运行和商品流通的调节与平衡更加合理化,它不仅对生产及国民经济的运行具有调节作用,而且还加速了商品流通领域中相关产业如金融业、交通运输业、商品零售和批发业等行业的增长方式的转变,同时也是国家赖以进行经济调控的重要领域。物流产业的社会职能正在悄然改变着生产、流通、消费领域的发展格局,市场供需正由粗放型发展模式向集约型发展模式转变。国民经济运行过程中政府的宏观调控,一方面通过财政、税收和货币等政策手段对市场供求进行总量控制;另一方面以流通部门为载体对流通领域的市场物价水平进行调控。物流产业在加速商品流通、降低商品流通费用、减少流通环节、调节市场供求等方面有着显著效果。

3. 物流产业对市场发育和完善的贡献

物流产业的市场贡献表现在推动市场范围扩张、促进市场体系发展和完善等方面。物流产业的发展,尤其是物流活动中出现的技术创新、各环节职能的整合(仓储、保管、流通加工、装卸、包装、运输及信息服务等)、组织形式与运作方式的创新(社会化与产业化物流组织的产生),大大地降低了商品交易费用。物流产业的触角延伸至国民经济发展的各个产业部门,不仅提高了国民经济发展的总体效益和效率,促使商品交换的市场逐步扩大,同时也促进了国民经济各产业部门间产业链和价值链的建立及进一步的加固。物流活动表现出的这种强劲的增长势头,有效地满足了经济发展过程中生产领域、流通领域及消费领域迅速增长的物流服务需求。更为重要的是,物流产业的扩张导致交换与贸易活动的地域范围越来越广,规模日趋扩大,加速了地区之间、企业之间在更为广阔的区域中进行分工与协作,同时也促进了全球统一市场的形成和世界经济全球化的进程。

4. 物流产业对满足社会消费需求的贡献

为满足社会的整体需求,一方面,生产部门按照消费需求进行生产,以流通领域的引导和消费需求信息的反馈组织生产;另一方面,将生产转变为社会的实际消费必须通过生产资料和生活资料的顺利流通实现。传统的商品流通中,商流、物流、信息流及资金流四位一体,由批发或零售商业组织独立完成。随着现代物流产业的诞生,商流和物流的职能分离,提高了流通领域的运作效率,突出了专业化的物流地位和职能,同时借助于现代科技,加速了信息流和资金流的流转速度。不仅如此,物流活动还可以作为生产领域和流通领域中的企业组织开展市场营销活动的有效工具与手段,对消费结构、消费方式及消费倾向产生积极影响,可不断满足社会对商品品种范围、商品购销便利等方面的需求,并进一步引导需求、改变需求理念甚至创造需求。

(二)物流的作用

在商品流通中,物流是商品交换过程中要解决的物质变换过程的具体体现。物流能力的大小,包括运输、包装、装卸、储存、配送等能力的大小,直接决定着商品流通的规模和速度。商品流通状况直接影响着市场的商品供应状况,并且直接制约着人民群众消费需求的满足程度。商品流通的效率和成本还决定了一个企业的市场竞争能力和国家的商品竞争能力。在当前市场经济条件下,用于物流的费用支出已越来越大,越来越成为决定生产成本和流通成本高低的主要因素。

1.有利于促进生产力的发展

物流直接制约着生产力要素能否合理流动,直接制约着资源的利用程度和利用水平,影响着资源的配置。如果物流不畅,即便拥有资源优势,也会由于物流条件的限制而无法转化为商品优势进入流通过程,最终成为制约生产发展和产品商品化程度的因素之一。物流服务需求集中于家电、日用化工、烟草、医药、汽车、连锁零售等行业,是这些产业取得高速发展的保障因素之一。国内钢材、煤炭、矿石等大宗物资物流发展相对滞后,是这些产业发展的制约瓶颈之一。

2.有利于优化生产力布局和资源配置,促进经济结构调整

物流业是国民经济各个产业门类中的重要组成,与经济总体发展息息相关。中国经济的增长离不开物流规模持续增长的经济条件。随着工业化推进带动的产业结构升级,物流外包的规模越来越大。随着中国工业化从中期向中后期推进,大宗能源、原材料和主要商品的大规模运输方式在逐步朝小批量、多频次、灵活多变的物流需求转变,物流产业的外在需求也在不断变化。从微观上来看,发展现代综合物流,还可以使千千万万家企业节省在物流上的人力、运力、财力等巨大投入,使物流资源向专业化、规模化方向配置,杜绝"家家建仓库、户户搞运输"的物流市场各自分割的低效浪费现象。

3.有利于改善投资环境

扩大开放是我国的基本国策。顺应世界经济一体化的趋势,与国际经济接轨,开放国内市场,大力改善投资环境,吸引国外资本,是扩大开放的重要举措。经济发达国家,特别是美国、日本、新加坡等国的投资者在选择投资区域时,会把物流的整体发展状况作为一个十分重要的考核条件,以判断资源获得和商品销售的成本与效率,判断项目投资的效益。

4.现代综合物流是提高企业经济效益的主要途径

在传统的物流运作方式下,企业自行采购、自行运输、自行储存、自行管理,人力、物力、财力大量投入,而物流批次多、数量少且单向运输,无法形成经济规模;回程运力放空,造成采购成本高,人员和运力利用率较

低,导致我国物流成本占GDP的比重高达20%,而美国、日本仅占10%和14%。企业物流费用平均占商品价格的40%,最高达60%~70%,物流过程占用的时间几乎占整个生产过程的90%;而美国的物流费用平均只占商品价格的10%~20%,最高为32%;英国平均为14.8%,最高为25%。现代综合物流通过集中采购、集中运输、集中储存、集中管理等专业化、规模化服务,可以有效地降低采购成本,极大地提高人员和车辆、仓库等物流设备与设施的利用率,从而减少企业物流支出,提高经济效益。

第三节　物流管理的主要内容和特点

一、物流管理的基本概念

中华人民共和国国家标准《物流术语》(GB/T 18354—2006)对物流管理的定义为:"为了以最低的物流成本达到客户所满意的服务水平,对物流活动进行的计划、组织、协调与控制。"换句话说,物流管理是对原材料、半成品和成品等物资资料在企业内外流动的全过程所进行的计划、实施、控制等活动。这个全过程指物资资料经过的包装、装卸、搬运、运输、储存、流通加工、物流信息等物流运动的全部过程。

从宏观上来讲,物流管理指在社会再生产过程中,根据物资资料实体流动的规律,应用管理的基本原理和科学方法,对物流活动进行计划、组织、指挥、协调、控制和监督,使各项物流活动实现最佳的协调与配合,以降低物流成本,提高物流效率和经济效益。现代物流管理建立在系统论、信息论和控制论的基础上。

从企业经营的角度讲,物流管理是以企业的物流活动为研究对象,以最低的成本向客户提供令其满意的物流服务,对物流活动进行的计划、组织、协调和控制。

二、物流管理的主要目标和内容

(一)物流管理的主要目标

1.服务目标

物流系统是"桥梁、纽带"作用的流通系统的一部分,它连接着生产与再生产、生产与消费,因此要求有很强的服务性。物流系统采取送货、配送等形式,就是其服务性的体现。在技术方面,近年来出现的准时供货方式、柔性供货方式等,也是其服务性的表现。

2. 快捷目标

快捷不但是服务性的延伸,也是流通对物流提出的要求。快速、及时既是一个传统目标,更是一个现代目标。随着社会大生产的发展,这一要求更加强烈。在物流领域采取的诸如直达物流、联合一贯运输等管理和技术,就是这一目标的体现。

3. 节约目标

节约是经济领域的重要规律。在物流领域中,由于流通过程消耗大而又基本上不增加或提高商品使用价值,所以,通过节约降低投入,是提高相对产出的重要手段。

4. 规模优化目标

以物流规模作为物流系统的目标,即追求"规模效益"。生产领域的规模生产早已为社会所承认。由于物流系统比生产系统的稳定性差,因而难以形成标准的规模化格式。在物流领域,以分散或集中等不同方式建立物流系统,研究物流集约化的程度,就是规模优化这一目标的体现。

5. 安全性目标

物流系统的各环节都应坚持"安全第一,预防为主"的方针,以避免货运事故给企业和客户带来损失。

(二)物流管理的主要内容

1. 物流基本活动管理

(1)运输管理

运输管理指产品从生产者到中间商再到消费者的运送过程的管理,包括运输方式选择、时间与路线的确定及费用的节约。其实质是对铁路、公路、水运、空运、管道等5种运输方式的运行、发展和变化进行有目的、有意识的控制与协调,实现运输目标的过程。

(2)仓储管理

仓储管理指对仓储货物的收发、结存等活动的有效控制,其目的是保证仓储货物的完好无损,确保企业生产经营活动的正常进行,并在此基础上对各类货物的活动状况进行分类记录,以明确的图表方式表达仓储货物在数量、质量方面的状况,以及目前所在的地理位置、部门、订单归属和仓储分散程度等情况的综合管理。

（3）装卸搬运管理

装卸搬运管理指对在同一地域范围内进行的,以改变物品的存放状态和空间位置为主要内容和目的的活动的管理。装卸是改变"物"的存放、支撑状态的活动,主要指物体上下方向的移动;而搬运是改变"物"的空间位置的活动,主要指物体横向或斜向的移动。

（4）包装管理

包装管理指对产品的包装进行计划、组织、指挥、监督和协调的工作。包装管理必须根据企业的具体情况,用最经济的方法保证产品的包装质量,降低包装成本,促进产品销售。

（5）流通加工管理

从本质上讲,流通加工管理同生产领域的生产管理一样,是在流通领域中的生产加工作业管理。两者之间不同的是,流通加工管理既要重视生产的一面,更要着眼于销售的一面,后者是其加工的主要目的。

（6）配送管理

配送指在经济合理区域范围内,根据客户要求,对物品进行拣选、加工、包装、分割、组配等作业,并按时送达指定地点的物流活动。配送管理是物流中一种特殊的、综合的活动形式,是商流与物流的紧密结合,既包含了商流活动和物流活动,也包含了物流中的若干功能要素。

（7）物流信息管理

物流信息管理指运用计划、组织、指挥、协调、控制等基本职能对物流信息搜集、检索、研究、报道、交流和提供服务的过程,并有效地运用人力、物力和财力等基本要素以期达到物流管理的总体目标的活动。

2. 物流基本职能管理

（1）物流战略管理

物流战略管理指通过物流战略设计、战略实施、战略评价与控制等环节,调节物流资源、组织结构等最终实现物流系统宗旨和战略目标的一系列动态过程的总和。

（2）物流计划管理

物流计划管理就是物流计划的编制、执行、调整、考核的过程。它是用物流计划组织、指导和调节物流企业的一系列经营管理活动的总称。

（3）物流组织管理

物流组织指专门从事物流经营和管理活动的组织机构。物流组织管理包括物流组织的构建、物流组织形式的选择、物流组织结构的设计等，可有效保证组织的效率。

（4）物流运作监控

物流运作监控是物流管理者根据物流实际运作情况与预期目标之间的差异，通过信息反馈进行实时调整。物流运作监控的对象包括客户服务、运作质量和运作成本，在物流运作监控中，可以根据客户需求和企业经营需要设计、选择可测量的有关指标进行统计、分析，并借助综合物流信息网络进行实时监控，为决策和运营提供依据。

3. 物流基本要素管理

（1）物流人力资源管理

物流人力资源管理指在管理学"人本思想"的指导下，通过招聘、甄选、培训等管理形式对物流企业人力资源进行有效的运用，满足企业当前及未来发展的需要，保证企业目标实现的一系列活动的总称。

（2）物流技术管理

物流技术管理指对物流活动中的技术问题进行科学有效的管理。物流技术在发展过程中形成了物流硬技术和物流软技术这两个既相互关联又相互区别的技术领域。

（3）物流设施管理

物流设施管理指随着科学技术的进步，对物流设施的规划、新建、改建、扩建、维修和运用，以及对各类物流设施的协调、配套管理，以提高物流设施利用率的一系列管理活动的总称。

（4）物流成本管理

物流成本管理是对物流相关费用进行的计划、协调与控制。物流成本管理是通过成本去管理物流，即管理的对象是物流而不是成本。物流成本管理可以说是以成本为手段的物流管理方法。

三、物流管理的主要特点

从物流的定义可以看到，物流是实现从原材料市场到消费市场价值增值的重要环节。正是在增值市场的驱动下，物流才变得越来越紧凑、稳定和高效。物流管理的主要特点表现在以下几方面。

（一）以实现客户满意为第一目标

现代物流是基于企业经营战略,从客户服务目标的设定开始,进而追求客户服务的差别化。其通过物流中心、信息系统、作业系统和组织构成等综合运作,提供客户期望的服务,在追求客户满意度最大化的同时,寻求自身的不断发展。

（二）以信息为中心

信息技术的发展带来了物流管理的变革,无论是条码、电子数据交换(Electronic Data Interchange, EDI)等物流信息技术的运用,还是快速反应(Quick Response, QR)、有效客户反应(Efficient Customer Response, ECR)等供应链物流管理方法的实践,都建立在信息基础上,信息已经成为现代物流管理的中心。

（三）以整体最优为目的

物流企业既不能单纯追求单个物流功能的量优,也不能片面追求各局部物流的最优,而应实现企业整体最优。

（四）重效率,更重效果

现代物流不仅重视效率方面的因素,更强调整个物流过程的效果,即若从成果角度看,有的活动虽然使成本上升,但它有利于整个企业战略目标的实现,这种活动仍然可取。

第二章 物流组织管理

物流组织指专门从事物流经营和管理活动的组织机构,物流组织管理既包括企业内部的物流管理和运作部门、企业间的物流联盟组织,也包括从事物流和中介服务的部门、企业以及政府物流管理机构。

第一节 物流组织的基本类型

物流部门要有明确的经营目标和任务,物流目标和任务经分解形成各种子目标和子任务,这些子目标和子任务分别由相应的子部门负责履行和实现。物流部门内部子部门的设立方式、子部门与物流总部、子部门之间的权责关系构成了物流组织结构。

由于受环境背景、行业特征、信息化水平、企业规模等各种因素的影响,企业物流组织结构形式多样,不尽一致,实际物流活动的规模和水平也相差很大。按物流管理组织所处的领域划分,可分为生产领域的物流管理组织和流通领域的物流管理组织。按物流管理组织在物流管理中的任务划分,可分为物流管理的决策组织、物流管理执行组织和物流现场作业组织。按物流组织的管理系统划分,可分为国家物流管理机构、地区物流管理机构和企业物流管理机构。按物流管理组织在企业中的地位划分,可分为非专业性的物流管理组织、直线型物流管理组织、直线—职能型物流管理组织、事业部型物流管理组织、超事业部型物流管理组织、物流子公司、专业物流公司等组织类型。

一、典型的物流组织结构

(一)顾问式

顾问式结构是一种过渡型、物流整体功能最弱的物流组织结构。在顾问式结构下,物流部门在企业中只是作为一种顾问的角色,它只是负责整体物流的规划、分析、协调和物流工程,并形成对决策的建议,对各部门的物流活动起指导作用,但物流活动的具体运作管理仍由各自所属的原部门负责,物流部门无权管理。顾问式组织结构如图 2-1 所示。

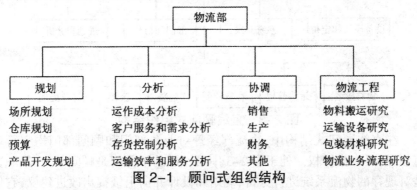

图 2-1 顾问式组织结构

顾问式结构带来的问题是:物流部门对具体的物流活动没有管理权和指挥权,物流活动仍分散在各个部门,所以仍会出现物流效率低下、资源浪费以及职权不明等弊病。

(二)直线式

直线式结构是指物流部门对所有物流活动具有管理权和指挥权的物流组织结构,是一种较为简单的组织结构形式。直线式结构如图 2-2所示。

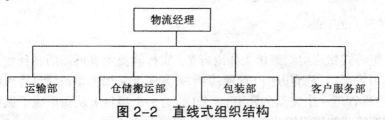

图 2-2 直线式组织结构

在直线式物流组织结构下,物流总经理一方面管理下属各部门日常业务的运作,另一方面又兼顾物流系统的分析、设计和规划,这对物流经理的业务水平提出了较高的要求。直线式物流组织结构的优点是:物流经理全权负责所有的物流活动,互相牵制、互相推诿的现象不再出现,物流活动效率较高、职责明晰。缺点是物流总经理的决策风险较大。

(三)直线顾问式

单纯的直线式或顾问式物流组织结构都存在一定的缺陷,逻辑上的解决办法是将这两种组织结构形式合二为一，变成直线顾问式的物流组织结构。直线顾问式结构如图 2-3 所示。

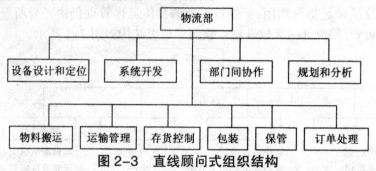

图 2-3　直线顾问式组织结构

在直线顾问式结构中，物流部经理对业务部门和顾问部门均实行垂直领导，具有指挥权。处于图 2-3 中第一层的子部门是顾问部门，其职责是对现存的物流系统进行分析、规划和设计并向上级提出改进建议，它们对图 2-3 中下层的业务部门没有管理权和指挥权，只起到指挥和监督的作用。图 2-3 中第二层的子部门是业务部门，负责物流业务的日常运作并受物流总部的领导。

这种组织结构方式消除了物流在企业中的从属地位，恢复了物流部门功能上的独立性。当然，这并不意味着物流部可以与企业其他部门隔绝而独立运作。物流部门中诸如规划、协调等顾问性功能仍有必要与其他部门紧密配合，才能使企业作为一个整体存在，而非仅仅是执行企业的物流功能。

（四）矩阵式

矩阵式物流组织结构大体内容是：履行物流业务所需的各种物流活动仍由原部门（垂直方向）管理，但水平方向上又加入类似项目管理的部门，负责管理一个完整的物流、业务（作为一个项目），从而形成了纵横交错的矩阵式物流组织结构。矩阵式结构如图 2-4 所示。

在矩阵式组织结构下，物流"项目"经理在一定的时间、成本、数量和质量约束下，负责整个"项目"的实施（水平方向），传统部门（垂直方向）对物流"项目"起着支持的作用。

矩阵式物流组织结构具有以下优点：①物流部门作为一个责任中心，允许其基于目标进行管理，可以提高物流运作效率；②这种形式比较灵活，适合于任何企业的各种需求；③它可以允许物流经理对物流进行一体化的规划和设计，提高物流的整合效应。矩阵式组织结构的缺点是：

由于采取双轨制管理,职权关系受"纵横"两个方向上的控制,可能会导致某些冲突和不协调。

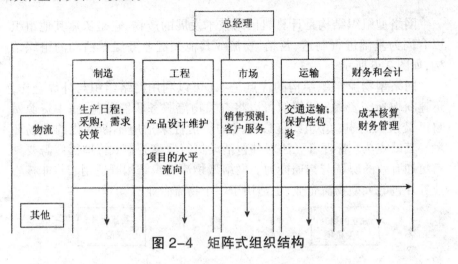

图 2-4 矩阵式组织结构

（五）功能型

在功能型物流组织结构中,通常将传统企业分散在各个部门内的关键物流业务集中成"部"和"科"的工作,具体如图 2-5 所示。一般情形是企业将核心的物资配送和物料管理的功能独立出来,形成与财务、制造以及市场营销等平等的专业部门。因此,物流的经营职能能在一定的范畴内明确下来,以适应企业物流经营比重的扩大和整个企业物流活动的增加,保证生产和营销的充分协调。但是,这种结构下的物流职能管理和物流现场作业还不能完全统一,因为许多物流具体作业是分散在生产和营销活动之中的,物流同生产和营销的关系,有时是被动地执行职能,这就会产生对变化迅速的交易和生产的诸多不适应,而且会产生组织职能与组织之间的协调问题。

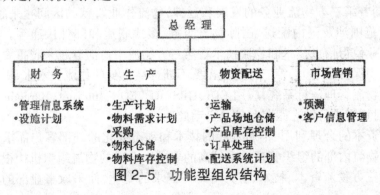

图 2-5 功能型组织结构

（六）网络型

网络型组织结构是计算机网络技术发展的产物,它是依靠其他组织以合同为基础进行制造、营销、物流或其他关键业务经营活动的组织结构,如图 2-6 所示。

网络型物流组织结构的优点是:①可以利用网络组织与外界合作,迅速获取所需资源;②组织可以将有关物流服务职能外包,集中资源做自己最擅长的事;③组织能以高度的灵活性来适应不断变化的市场环境。其缺点为:管理者无法对外包活动进行紧密控制;管理部门需要具有更加有效的协调与沟通能力。网络型物流组织结构既适用于将非核心业务外包的大型物流企业,也适用于中小物流企业。

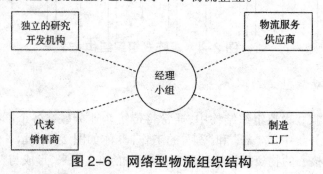

图 2-6 网络型物流组织结构

二、第三方物流组织结构

第三方物流是资本密集型和技术密集型兼顾的企业,一般规模较大、资金雄厚,并且有着良好的物流服务信誉。它的宗旨是利用自身专业、高效的物流信息平台和先进的物流设备,为客户提供各种个性化的物流服务。多样化的客户需求是第三方物流所面对的一个特殊的市场环境;另外,随着第三方物流业务的发展和延伸,物流作业跨越的区间越来越大,营业范围涉及国内配送、国际物流服务、多式联运和邮件快递等。跨区域作业使得信息技术和物流技术在第三方物流中扮演着越来越重要的角色。为保持竞争力,第三方物流需要不断提高自身的物流技术水平,开发建设物流管理信息系统,应用 EDI、GPS、RF、EOS、Internet、Barcode 等技术,对货物进行动态跟踪和信息自动处理。

资本的合理利用、不断发展的技术和动态变化的外部客户需求对第三方物流内部的组织管理提出较高的要求。上述的物流组织机构很难适应第三方物流资本、技术、客户等动态需求的变化,而采取事业部的组织结构能较好地对第三方物流进行有效的管理和运作。

所谓事业部,是按产品或服务类别划分成多个类似分公司的事业部单位,实行独立核算。事业部实际上是一种分权式的管理制度,即分权核算盈亏、分级管理。第三方物流的事业部相当于多个物流子公司,负责不同类型的物流业务。其组织结构如图 2-7 所示。

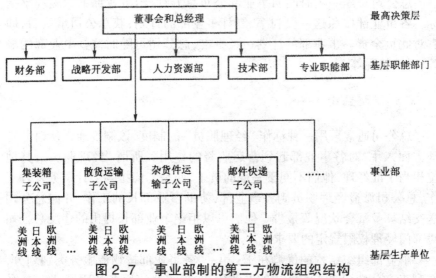

图 2-7　事业部制的第三方物流组织结构

在事业部制的第三方物流组织中,事业部长为事业部的最高负责人,其地位相当于独立公司的经理,事业部长全权处理该事业部的一切事务,可根据市场变化情况,自主采取对策;总公司的职能部门不要求事业部的职能部门上报材料,不实行垂直领导,而是为事业部的职能部门提供服务。事业部的职能部门只对事业部长负责,从而保证了事业部长的决策能得以切实履行。各事业部严格采取独立核算制,绝不用赢利的事业部去弥补亏损的事业部。各事业部必须靠自身的力量实现利润增长。各事业部之间的关系是市场竞争的关系,通常按市场竞争的原则建立合同关系。

事业部制是一种集权—分权—集权的管理方式,分权主要体现在各事业部拥有计划制订、自主决策和指挥领导的权力,集权表现为总公司对各事业部在资金管理、利润管理和营运监督方面实现集权式管理。

（一）资金管理

由总公司向事业部提供"内部资金",作为事业部的总资本。这个内部资金的额度根据一定的标准计算。总公司对内部资金的限度控制极严,尽可能压低标准,且内部资金不是无偿提供,总公司收取利息,不管赢利与否,各事业部都必须支付"资本利息"。

(二)利润管理

总公司每隔一定时间向事业部公布总方针,给事业部下达赢利率指标。各事业部按照这一赢利率,制订事业部的计划,获总公司承认后,即需对此负全责。事业部的计划一经批准,总公司可随时监督事业部的账务、财务状况等。

(三)营运监督

总公司通常采用一种称作"经理职员"的制度,该制度通常从财务管理方面入手,对各事业部起到营运监督的作用。所谓"经理职员",其地位相当于准经理,他们不同于一般的员工,而是专门担当会计财务管理工作,总公司派遣经理职员到各事业部,协助事业部长的工作,并向总公司送交结算及资金状况等报告。他们可以拒绝事业部长提出的违反总公司对部门经理权限规定的要求。

事业部组织结构的优势在于:第一,各事业部按物流服务类别划分,有利于充分发挥第三方物流的专业优势,提高物流服务的质量;第二,各事业部采取独立核算制,使得各部门的经营情况一目了然,便于互相比较、互相促进;第三,各事业部由于权力下放,分工明确,形成一种责任经营制,有利于锻炼和培养出精通物流经营管理的人员,有利于发挥个人的才能和创造性。而事业部组织结构的不足则主要表现为:存在诸如管理费用高和综合能力差等问题,容易产生本位主义和分散倾向。

第二节　物流组织设计

一、企业物流组织结构设计的依据

什么因素导致不同行业、不同企业在物流组织结构方面的差别呢?由于企业物流管理配置和控制着完成物流使命所必需的资源,物流管理活动发生在跨越多个时区的广阔地区,并且包括了许多厂商功能,因而物流组织要受到若干重要因素的影响,如企业战略、物流环境、物流规模和物流技术的发展等。企业管理者必须明了这些因素与不同组织结构之间的关系，从而合理地设计物流组织结构。

（一）物流的战略体系

不是每个企业都会把物流当作战略决策中的重中之重，物流组织设计是服从企业整体战略需要而进行的。在现代企业中，物流战略对物流组织的影响包含以下几个层次。

1. 全局性战略

物流管理的最终目标是把企业的产品和服务以最快的方式、最低的成本交付给用户，因此，用户服务应该成为物流管理的最终目标，即全局性的战略目标。要实现用户服务的战略目标，就需要企业建立基于平均响应时间、订货满足率、平均缺货时间、供应率等服务评价指标的、符合企业自身实际情况的物流组织管理体系。

2. 结构性战略

这是物流管理战略的第二层次，包括渠道设计和网络分析。通过优化渠道，提高物流系统的敏捷性和响应性，能大大降低物流成本；而通过库存状况分析、用户服务的调查分析、运输方式和交货状况的分析以及物流信息及信息系统的传递状况分析等不断减少物流环节，能消除不增加价值的活动，提高物流系统的效率。结构性战略直接对物流组织设计提出了实实在在的要求。

3. 功能性战略

这是物流具体业务战略，包括运输工具的使用与调度、采购供应与库存控制的方法与策略、仓库作业管理等功能确定，它是物流业务部门设计的基础和依据。

4. 基础性战略

包括组织系统管理、信息系统管理、政策与策略和基础设施管理等，它为物流系统的运行提供基础性的保障。要健全物流系统的组织管理结构和人员配备，就要重视对企业有关人员的培训，提高他们的业务素质。例如，采购与销售部门是企业的两个对外业务协调部门，他们工作的好坏直接关系到企业与合作伙伴的关系和企业的形象，因此必须加强对这两个部门的领导和组织工作。

（二）物流规模大小

物流的规模对物流组织结构的影响是不言而喻的,对于一个生产活动比较简单的企业来说,对企业的物流活动就会存在经营量小、费用少,不影响企业经营,不是制约经营活动的因素的认识。因此,对物流的管理最多只是针对个别的、单项活动的改善,不需要复杂的组织结构、严密的规章制度和分权决策。而随着企业的不断发展,企业的销售扩大,产品流通渠道、销售方法趋于多样化,产量不断增加,所需原材料、零部件的供应范围扩散,商品配送日益分流,导致库存、运输、装卸作业等的复杂化与物流流量的膨胀,如果没有一个良好的组织结构来组织这些物流活动,企业的生产经营活动肯定会失败的。物流规模对组织结构的影响具体体现在以下三方面。

1. 组织结构的复杂性或差异性

物流规模越大,参与物流活动过程的人员数量越多,各成员在受教育程度、专业方向和技能以及个人价值观、发展目标上存在差异,这种差异必然导致或影响组织内物流专业化与部门机构的设置以及它们之间的协调。同时,物流活动的空间分布差异性十分明显,一般地,规模越大,空间分布越广,组织中横向和纵向的沟通与协调就越困难,因而导致组织结构更为复杂。

2. 组织结构的规范性

一个规范程度高的企业,其指导和限制各类人员活动的方针政策、规章制度、工作程序、工作过程的标准化程度就高,对每一项工作程序都有严格而详细的说明。实行标准化的好处是可以减少许多不确定因素,提高组织的效益。就物流活动而言,随着物流经营量的扩大,为适应迅速、高效处理大量物流的要求,管理者或者采取加强直接控制的方法,即增加管理人员和减少管理幅度,但这样会导致管理成本的增加,或者采用正规化的、规范性的方法,用严密的规章制度来规范有关人员的行为,提高组织结构规范化程度。

3. 组织结构的管理方式

物流规模的大小,对企业物流部门是采取集权式管理还是分权式管理有着直接的影响。一般说来,规模小,集权管理较为妥当;规模大,分权管理能使物流活动更为合理化。

（三）物流的技术环境

企业物流组织面临两大技术环境，其一是物流技术，其二是生产组织技术。企业物流过程是一个包括生产资料供应到产品或服务参与社会循环的范围非常广泛的大系统，而物流技术是与实现这个物流活动的全过程紧密相关的、必需的技术工具、设施与手段。它既包括在物品流动过程中，物品处于移动、停顿(或存储)等状态下所需要的材料、机具及各项设施等"硬技术"，也包括为实现物流活动所需要进行的管理、计划与组织等"软技术"。随着科学技术的进步，物品流动过程的硬、软技术也在不断地提高，一方面，技术的改进与创新是物流量剧增的客观要求；另一方面，技术的发展又是组织结构变迁和管理模式变化的主导因素之一。而企业的生产组织技术是企业面对日益竞争的、消费需求个性化的时代如何更合理有效地利用资源，适应竞争环境变化的技术措施。从成组技术（GT）、柔性制造系统（FMC）、减少零件变化（VRP）到计算机集成制造系统（CIM），从基于虚拟企业或动态联盟为基础的敏捷制造模式（AM）到供应链管理（Supply Chain Management，SCM），生产组织技术的发展无不对企业的内外部物流活动提出了更高的要求。物流的组织更加精细、协调更为密切、控制更为严密，企业物流组织结构形式相应地也要随之改造或重构。

二、物流组织设计的基本原则

（一）合作分工原则

物流组织的设计要做到分工合理、协作明确，对于每位员工的具体工作内容、工作范围、工作关系和合作方法等都要有明确而具体的规定。

在物流分工中要注意的要点有：①按照专业化的要求来设计物流组织；②严格区分每项工作，每位员工在从事本职工作时都应达到专业水平；③注意分工所带来的经济效益。在物流合作中要注意的要点有：①明确物流部门与其他部门以及物流组织各部门之间的相互关系，找出容易发生冲突之处，并进行妥善的协调处理；②对于组织内的各项关系，应逐步规范化、程序化，确立具体可行的协调配合方法以及违反规范后的惩罚措施。

（二）目标导向原则

任何一个组织及其组成部分都有其特定的任务与目标。组织的调整、增加、合并或取消都应以对实现目标有利为出发点。

在运用目标导向原则进行物流组织设计时，要注意以下几点：首先，要确定企业的物流经营战略；其次，要进行认真的筹划分析，为了保证任务与目标的顺利实现，要明确物流组织的组织构建、职务设置及人员配置；最后，物流组织的设计要符合实际工作的需要，避免不必要的职位设置。

（三）精简高效原则

精简高效既是物流组织设计的原则，又是物流组织联系和运转的要求。精简能够保证需要的最少；效能包括工作效率和工作质量，队伍精简是提高效能的前提。精简高效原则要求人人有事干、事事有人管、保质又保量、负荷都饱满。

（四）有效管理原则

有效管理原则指管理人员能够直接而有效地领导与指挥下属。当直接指挥的下属人数呈算术级数增长时，上一级的管理人员数量也需要相应地增加。影响管理人员管理幅度的基本因素有职能的相似性、地区的相近性、职能的复杂性、指导与控制的工作量、协调的工作量和计划的工作量。

三、企业物流组织结构设计方法

随着物流的作用及企业对其重视程度的提高，企业物流发展中组织结构的完善与对各种变化的适应能力已显得日益重要。对一个企业来说，究竟如何设计好既能符合企业现实的具体情况又具有良好的可调性与可变革能力的物流组织结构，需要全面综合地考虑问题，有许多工作要做。物流组织结构设计的主要内容和方法包括：物流组织职能分析、职权设计以及结构设计的其他因素分析等。

（一）物流组织职能的分析与整理

　　企业物流活动的分散性是其他各类活动所难以比拟的。物流组织无论如何进行一体化工作，企图用一个简单的部门承担其全部的管理和运作职能是不切实际的。因此，组织设计的第一要求就是对物流职能进行分析整理，以便为物流组织的层次、部门、职权设计和岗位的分工协作提供客观依据。

　　组织职能分析的主要作用，一是将企业物流战略转化为具体的物流业务管理，从而在战略与组织结构之间建立一种联系，只有做到把企业物流的总体目标部署和规划分解并赋予其具体的物流职能，企业才会真正清楚应该建立何种组织结构去执行这些职能；二是物流部门的设置以职能分析为基础，物流部门应做些什么，物流业务活动与管理活动的职责归属是否清楚、分配是否合理、如何评价，这些问题都需要进行详细的职能分析。否则，即使建立了各种名称的物流部门，也可能流于形式而无实际的职能效力。对物流组织职能进行分析整理，一般来说需做以下几个方面的工作。

　　1. 列出组织职能清单

　　具体来说，就是先将企业中的全部物流作业归并为由若干不同的管理岗位承担的工作项目，再将若干工作项目归并为若干基本职能。企业物流组织职能一般有八项，分别是采购、运输、生产进度日程安排、库存控制、仓储、配送、订单处理以及顾客服务。对这些职能的组织安排既与组织战略相关，也受企业规模大小的影响。每个企业可以从企业实际出发，对这些基本职能进行必要的调整和修改，明确究竟需要建立和健全哪些基本职能。

　　2. 关键职能的确立

　　企业各项基本职能虽然都是实现企业目标所不可缺少的，但由于重要性不同，区分为关键职能和非关键职能。职能分析就是要在各项基本职能中找出关键职能，以便确定企业物流的中心任务，避免平均使用力量，或者互相争当主角，造成摩擦与内耗。每个企业都需要考虑两个基本问题，即企业的经营宗旨是什么，对体现这一宗旨具有重要价值的物流活动是哪些。

　　3. 职能分解

　　职能分解是将已确定的基本职能和关键职能逐步分解、细化为独立的、可操作的具体业务活动。企业中的各项物流职能,如顾客服务、采购、库存、运输等都包括许多具体的工作内容,需要许多人员以至几个部门来共同承担。通过职能分解,列出各项基本职能的具体业务工作内容,既可以作为分派工作、指定专人或某个部门负责执行的依据,又能够为部门的划分和组合、协调方式的选择、岗位职责的制定提供前提条件。

4.落实各种职能的职责

尽管在开列职能清单的过程当中对各种职能的具体职责会有一个大致的考虑,但是,作为规范的职能设计,还必须在最后进一步对不同职能的应负职责作出详细规定,进行全面落实,以便指导组织结构设计中的其他操作(如部门设计、职权设计等)。

(二)职权设计

企业组织的职权有多种类型。决策权、指挥权、监督权和咨询权在企业物流活动的配置中应保持责权一致。同时特别值得注意的是,作为企业物流的综合管理部门的物流部到底应摆在什么位置,分配什么职权。实践中有的企业把物流部门放在咨询部门的地位上来推行企业的合理化,具体的物流决策、指挥权却是由生产、销售部门执行。这种情况常常引起物流咨询部门的软弱无力,从而使物流合理化难以推进。有的企业得出为了推进物流合理化,物流部门掌握整个物流业务系统是绝对条件的结论。他们认为,企业首脑和生产、销售部门对物流部门的理解和协作,虽然是物流工作不可缺少的,但协作部门即使承认物流的重要,却并不见得付诸行动,只是抽象肯定、具体否定。在这种情况下,如果想要认真地搞好物流,由专职物流部抓住下面的物流业务系统这一点很重要。

企业里不只是一个部门对物流责任和权限进行体系化的组织,其中,物流部门显然应是这个组织的中坚,对分散的物流业务系统拥有指挥、命令权。也就是说,物流部门设定的管理标准和制订的计划等要一直渗透到物流业务系统的末端,使它能够切实达到控制作用。

物流决策的影响面的大小决定着决策权的配置,涉及多项工作乃至整个企业管理。有些决策的影响面较小,例如,只影响一个或少数几个职能;有的影响面则很大,涉及多项工作乃至整个企业管理。根据决策影响面的大小来配置决策活动与决策权的原则是:决策的影响面越小,越属于较低层次的决策;反之,就应该由较高的层次来承担。这样做的目的,是保证决策者全面考虑所有受其影响的各种职能的要求,避免只从自身工作出发,片面追求局部工作最优化,结果有损于其他管理工作,降低企业整体效益。

例如,如果允许采购人员拥有充分的权力大量购进廉价原材料,单从物资供应角度看,这可以节省许多费用支出。但从全局看,大量资金将被占用在物资储备上,而价格低廉的好处有相当部分要被支付的利息和其他库存保管费用所抵消;产品销售一旦遇到困难,还可能发生资金周转不灵的危险。也就是说,物资储备以多少为宜这项决策,需要在廉价原料、资金成本和资金周转之间进行平衡才能作出。因此,为了防止物资采购局部优化有损于企业整体效益,物资储备定额的决定权就应该由能够通盘考虑销售、生产、财务、采购等有关职能的、高于采购部门的层次去行使。当新的物资储备定额确定下来之后,日常采购的决策便完全是采购人员的任务了,上级不应干预。

（三）组织结构设计的其他考虑因素

企业组织结构设计存在多种影响因素,哪一种组织结构使企业物流合理化和更为有效率?我们需要从管理控制的条件出发作出合适的选择。对物流的有效组织和管理,要求组织结构设计必须考虑以下三个主要因素。

1. 集权与分权

集权式结构的一个最大优点是组织所作决策往往是权衡各种利弊和互为消长的因素而作出的最优决策,并且可以保证这些决策能切实得到执行。当企业生产的产品品种较少、市场需求稳定的情况下,物流作业部门所处的外部环境变化较少,碰到的各种紧急情况也不多,物流活动较简单,物流作业较为规范,物流作业部门无须拥有自主决策权,也就没有分权的必要。所以宜采用集权式的物流组织结构。

当企业规模较大、产品品种较多、产品特性差异明显时,由于不确定因素增大,物流作业部门一直处于不断变化的外部环境之中,可能还会碰到各种紧急场面。在这种情况下,适当地授予底层物流业务部门以一定范围内的自主权和决策权,调动它们的积极性和主观能动性就显得十分必要。因此,宜采用分权式的组织结构形式,但分权式的结构也有一定的缺点:一是物流业务部门基层人员素质必须高,须具备一定的决策能力,要符合这种条件,企业可能需要对其进行培训,需要一笔培训费用支出;二是由于权力下放,各部门人员作决策的时候,如不具备系统的观点,而只求局部效益的最优,则往往会违背物流作为一个系统须达到整体最优的初衷,结果反而导致了物流整体效益的下降。

企业采用集权式或分权式的物流组织结构形式,需要企业高层管理人士综合考虑企业内部的人员状况、物流技术水平、产品特性、产品品种差异、产品的市场环境、客户服务目标水平等内外部因素,并进行仔细深入的调查和分析,再综合分权式组织结构与集权式组织结构各自的优缺点,方可得出结论。

2. 纵向协调与横向协调

物流业务是一个整体性的业务,物流业务的目标和任务经分解落实到各个岗位,形成目标明确、职权清晰的各种不同的物流活动。一般说来,物流业务规模越大,专业化要求越高、分工越细,物流活动也就越多,从而越有必要加强物流活动之间的协调。纵向协调是通过上下级之间的有效沟通,本着权责对等和系统最优的原则,实现有效协作。横向协调是在明确各岗位的职责,在规范物流活动流程的基础上,再通过某种横向沟通的渠道,实现横向协作,一般是设立全局性或项目性的管理机构,如全面质量管理机构、全面计划管理机构或是矩阵式的物流组织结构等。企业可视其物流活动的繁简和物流活动间依赖关系的强弱,决定应采取强化纵向协调的物流组织结构还是强化横向协调的物流组织结构。一般说来,物流活动简单、依赖关系较弱的企业宜采用强化纵向协调的物流组织结构;反之,则采用强化横向协调的物流组织结构。

3. 管理幅度

物流组织结构每个节点上的管理者直接有效管理其下属的人数在客观上是有限度的。企业在一定的物流组织结构下,安排具体人员时,应结合木企业物流活动的特点、物流人员的素质和物流信息化的水平,决定每个管理职位上的管理幅度。企业物流信息化程度越高,管理幅度越大;反之,管理幅度越小。

第三节　物流组织管理与创新

一、物流组织的管理

设计物流组织首先要有系统观念。根据系统理论原理可知,物流系统基本组织要素至少应包括人员、职位、职责、关系和信息。物流管理组织的系统观念,就是要立足于物流任务的整体,综合考虑各要素、各部门的关系。围绕共同的目的建立组织机构,对组织机构中的全体成员指定职位、明确职责、交流信息,并协调其工作,达到物流管理组织的合理化,使该组织在实现既定目标中获得最大效率。具体来说,建立健全物流管理组织还必须遵循以下基本原则。

（一）集权与分权相协调的原则

集权是指组织结构层次中决策权所处的位置。如果决策权集中于高层管理者,高层管理者拥有绝对的指挥权,可以责成下层管理人员执行决策,这便是一种高度集权的组织结构形式。如果企业决策权下放到最底层,使最底层管理人员在一定的范围内可以自行决策,这便是一种高度分权的组织结构形式。集权和分权组织结构有各自适用的条件。

1. 集权组织结构适用的条件

集权式组织结构的一个最大优点是:集权式组织结构所作决策往往是权衡各种利弊和互为消长的因素而作出的最优决策,采用集权式组织结构可以保证这些决策能切实得到执行,而且不出现互相牵制和目标冲突的现象,从而使组织业务作为一个整体得以管理和运作,使业务效益达到最优。所以,在生产的产品较少、市场需求稳定的企业中适宜采用集权式的物流组织结构。因为在产品较少、市场需求稳定的情况下,物流作业部门所处的外部环境变化较小,遇到的各种突变事件也不多,物流活动较简单、物流作业较规范,物流作业部门无须自主决策权,也就没有分权的必要。

2. 分权组织结构适用的条件

当企业规模较大、产品品种较多、产品差异明显时,宜采用分权式组织结构。理由如下:由于产品特性不同而且销量又大,这些产品面对的市场环境、竞争对手、消费者状况存在一定的差异,从而不确定性因素较大,物流部门一直处于不断变化的环境中,可能还会遇到各种突发情况。此时,如采用简单的集权式组织结构,面对变幻莫测的市场,往往会缺乏一定的灵活性、反应能力较差、应对措施滞后,结果是使组织的实际功能受限,无法实现最初设立的组织目标。所以在这种情况下,宜采用分权式组织结构,适当地授予低层物流业务部门以一定范围内的自主权和决策权,调动他们的积极性和主观能动性,使他们可以针对这些紧急状况和变化的外部环境采取有效应对措施,主动予以回应,从而不断调整自身以适应外部环境的变化。

从集权和分权的角度,对四种典型物流组织结构进行分类,按物流部门对物流活动的决策权、指挥权的强弱以及两种权力的合二为一程度等三种分类标准,大致可得到以下结论。如表 2-1 所示。

表 2-1　四种典型物流组织结构的集权程度

	顾问式	直线式	直线顾问式	矩阵式
决策权	强	弱	强	强
指挥权	无	强	强	弱
决策权与指挥权是否合一	否	是	否	是
结论	高度集权	高度集权	集权	分权

企业采用集权式还是分权式的物流组织结构形式,需要企业高层管理者综合考虑企业内部的人员状况、物流技术水平、产品特性、产品品种差异、产品的市场环境、客户服务水平目标等内外因素,并作仔细深入的调查分析,再综合分权式组织结构与集权式组织结构各自的优缺点,方可得出结论。

一般认为对于小型、单(少)品种的企业,宜采用集权式物流组织,而对于多品种、大销量、外部市场环境变化迅速的大型厂商宜采用分权式的物流组织。

具体采用顾问式、直线式、直线顾问式还是矩阵式物流组织结构,还要从多个不同角度考察。不能仅局限在这四种典型的物流组织中作选择,企业也可结合自身特点,在这四种物流组织结构形式上作适当调整,形成适合自身特点的企业物流组织结构。

（二）有效性原则

有效性原则是物流组织管理的基本原则,是衡量组织结构是否合理的基础。有效性原则要求物流组织管理必须是有效率的。这里的效率,包括管理效率、工作效率和信息传递效率。物流组织管理的效率表现为组织内部各部门均有明确的职责范围,节约人力、节约时间,有利于发挥管理人员和业务人员的积极性,使物流企业能以最少的费用支出,实现组织目标,使每个物流从业人员都能在实现目标过程中做出贡献。

物流组织管理的成效最终表现在实现物流目标的总体成果上,所以,有效性原则要贯穿在物流管理的动态过程中。在物流组织的运行中,组织机构要反映物流管理的目标和规划,要能适应企业内外部环境的变化,并随之选择最有利的策略,保证目标实现。物流组织的结构形式、机构的设置及其改变,都要以是否有利于推进物流合理化这一目标为衡量标准。

（三）统一指挥的原则

统一指挥的原则是建立物流管理指挥系统的原则。其实质在于建立物流管理的合理纵向分工,设计合理的垂直机构。

物流管理机构是企业及社会的物流管理部门,是负有不同范围的物流合理化使命的部门。为了使物流部门内部协调一致,更好地完成物流管理任务,必须遵循统一指挥的原则,实现"一体化"、责任和权限的体系化,使物流管理组织成为有指挥命令权的组织。

在统一指挥原则下,一般形成三级物流管理层次,即最高决策层、执行监督层和物流作业层。高层领导的任务是根据企业或社会经济的总体发展决策,制订长期物流规划,决定物流组织机构的设置及变更,进行财务监督,决定物流管理人员的调配等;中层领导的任务是组织和保证实现最高决策的目标,包括订制各项业务计划、预测物流量、分析设计和改善物流体系、检查服务水平、编制物流预算草案、分析物流费用、实施管理等;基层领导的主要任务是合理组织物流作业,对物流作业者进行管理,协调人的矛盾和业务联系的矛盾等。

物流管理组织层次的合理划分,是形成强有力的物流管理指挥体系的前提,而物流管理指挥体系的建立对于实现物流管理组织化、改变人们轻视物流的传统观念具有重要意义。

（四）合理管理幅度原则

管理幅度是指一名管理者能够直接而有效地管理其下属的可能人数及业务范围,它表现为管理组织的水平状态和组织体系内部各层次的横向分工。管理幅度和管理层次密切相关,管理幅度大就可以减少管理层次;反之,则要增加管理层次。

管理幅度的合理性是一个十分复杂的问题,因为管理幅度大小涉及许多因素,例如管理者及下属人员素质、管理活动的复杂程度、管理机构各部门在空间上的分散程度等。管理幅度过大,会造成管理者顾此失彼,同时因为管理层次少而事无巨细;反之,必然会增加管理层次,造成机构繁杂,增加管理上人力、财力支出,并会导致部门之间的沟通及协调复杂化。因此,合理管理幅度原则一方面要求适当划分物流管理层次,精简机构;另一方面要求适当确定每一层次管理者的管辖范围,保证管理的直接有效性。

（五）职责与职权对等原则

无论是管理的纵向环节还是横向环节，都必须贯彻职责与职权对等原则。职责即职位的责任。职位是组织机构中的位置，是组织体纵向分工和横向分工的结合点。职位的工作责任是职务。在组织内职责是单位之间的连接环，而把组织机构的职责连接起来，就是组织的责任体系。如果一个组织没有明确的职责，这个组织就不牢固。

职权是指在一定的职位上，在职务范围内为完成其责任所应具有的权力。职责与职权是相对应的。高层领导担负决策责任，就必须有较大的物流决策权；中层管理者承担执行任务的监督责任，就要有执行和监督的权力。职责与职权的相适应叫权限，即权力限定在责任范围内，权力的授予要受职务和职责的限制。不能有职无权，无职也不能授权，这两种情况都不利于调动积极性，反而会影响工作责任心，降低工作效率。要贯彻权责对等原则，就应在分配任务时，授予相应的职权，以便有效率、有效益的实现目标。

二、物流组织和管理创新

物流组织要解决的一个主要问题就是安排负责物流活动的人员，以鼓励他们更好地相互协调、相互合作。而这些组织活动要通过推动在物流系统规划和运作过程中频繁出现的成本平衡来提高货物和服务的供应、分拨效率。

物流组织创新的途径主要是业务流程再造。业务流程再造是一个非常重要的组织学概念。采纳流程观念的组织发现在业务处理的过程中，有许多步骤与所需要的输出根本无关。取消这些不必要的步骤可以大大节约成本，同时还能为顾客提供更快的服务，这样做无疑很好，但必须打破职能部门的界限。传统组织结构建立在职能和等级的基础上，虽然这种模式在过去曾很好地服务于企业，但已不适应现代竞争的环境。业务流程再造对许多传统的组织结构原则提出了挑战，促使企业重新设计流程，以便在绩效上取得迅速的提高。

任何组织机构经过合理的设计并实施后，都不是一成不变的。组织变革是不以人的意志为转移的客观过程。引起组织变革的因素包括外部环境的改变、组织自身成长的需要以及组织内部生产、技术、管理条件的变化等。

（一）影响和推动物流组织创新的因素

影响和推动物流组织创新的因素主要包括物流组织内部因素和物流组织外部因素。物流组织内部因素主要包括物流组织结构与资源因素、物流组织文化因素和人才资源因素，而物流组织外部因素主要包括产品与服务的市场变化、政治经济环境和社会文化因素。

1. 物流组织内部因素

物流组织结构与资源因素对物流组织创新的作用十分显著。

（1）灵活的有机式物流组织结构对物流组织创新有着正面的影响。在有机式物流组织结构下，其专业化、正规化和集权化程度比较低，有利于提高物流组织的应变能力和跨职能工作能力，从而更易于推动和实施物流组织创新。

（2）富足的物流组织资源是实现物流组织创新的重要基础。物流组织资源充裕，使管理部门有能力开发创新成果，推行整体性物流组织创新。

（3）多向的物流组织沟通有利于克服物流组织创新的潜在障碍，如委员会、项目任务小组及其他组织机构等，都有利于促进部门间交流，达成共识，采用物流组织创新的解决方案。创新型的物流组织需要具有独特的组织文化，而人才资源是物流组织创新的基本保证。

2. 物流组织外部因素

产品与服务的市场变化是物流组织创新的首要外部因素，其中，最重要的是需求变化。物流组织作为物流市场中的供给方是为满足需求而存在的。另一个重要的市场变化是竞争变化，激烈的竞争往往使物流组织更倾向于成为适应市场的创新型物流组织，并通过更低的成本和更高的质量赢得竞争优势。

政治经济环境与社会文化因素是推动物流组织创新的重要外部因素。企业经营规模的不断扩大和技术层次的不断提高，使得管理理念与文化价值观的更新日趋急迫，这成为物流组织创新的必要条件。而管理理念与文化价值观在很大程度上受到政治经济环境与社会文化因素变化的制约，如政府的政策、法令、法律、规划、战略等都对物流组织的创新行为具有直接的指导意义和约束力。

（二）物流组织创新的发展趋势

物流在全球市场化的激烈竞争中，呈现出信息化、网络化、智能化、柔性化、标准化和社会化的特征，物流组织也必须适应环境的变化，向更科学、合理的方向发展。从欧美国家物流演进的过程来看，企业物流组织的发展呈现出以下趋势。

1. 由职能垂直化向过程扁平化转变

传统的企业组织之所以机械、僵化、失灵，很重要的原因在于拥有庞大的中层；扁平化就是精简中间管理层，压缩组织结构；尽量缩短指挥链，改善沟通；消除机构臃肿和人浮于事的现象。现代管理理论如学习型组织理论、企业再造理论等都提出了建立扁平式企业组织的主张，实现物流组织结构由垂直化到扁平化的转变，具体措施如下。

首先，注重企业物流信息系统的建设，用以取代原来中层人员的上通下达及搜集整理材料信息的功能，为扁平化组织结构的高效运行提供功能支持。

其次，注重提高组织成员独立工作的能力，为扁平化组织结构的高效运行提供能力保障。

最后，构建物流组织要强调以"物流过程"为核心取代原来的以"物流职能"为核心的组织方式，如以流程为基础构建矩阵式的组织结构。

我国的一些大型生产、流通企业（含物流企业）虽然规模远小于跨国公司，但是物流组织也有三层之多，这严重影响了企业的物流效率和竞争力，扁平化将是其物流组织创新的一个重要方向。

2. 由固定刚性化向临时柔性化转变

组织柔性化的目的在于充分利用组织资源，增强企业对复杂多变的动态环境的适应能力，柔性化也将是物流组织发展的必然趋势。其一，物流组织的柔性化与企业物流的集权、分权度有较大的关系，要适时调整权责结构，适当扩大物流授权度，正确处理好集权与分权的关系；其二，建立动态性较大的"二元化组织"是当前物流组织柔性化的有效方法，即一方面为完成组织的经常性任务设立比较稳定的物流组织部门，另一方面为完成某个特定的、临时的项目或任务设立动态的物流组织，如物流工作团队就是为了实现某一物流目标，而把在不同领域工作的具有不同知识和技能的人集中于特定的团体之中，从而形成组织结构灵活便捷、动态的、柔性的物流组织形式。对于一些大型企业或企业集团、国际物流企业、跨国公司等,这种柔性组织将表现出较大的优越性。

3. 由内部一体化向虚拟化、网络化发展

从整个企业而不是特定部门优化物流的理念已被企业广泛接受,但企业往往强调的是内部物流职能的整合,总是希望建立内部一体化的实体性物流组织,实行集权化管理,而对企业内外部物流资源的共享利用关注较少。在经济全球化、网络化和市场化日益加剧的背景下,企业为了有效地提高其竞争力,必然会利用外部资源以快速响应市场需求,这将促进物流组织向虚拟化、网络化发展。企业物流组织要实现由内部一体化向虚拟化、网络化发展,应做到以下两点。

第一,企业应强化内部信息网络化和标准化建设,构建基于 Internet (互联网)的管理信息系统(MIS)等,并能够通过 Internet、EDI、Intranet(内联网)等实现消费者与企业、企业与企业以及企业内部信息的有效交换,这是物流组织虚拟化、网络化的基础。

第二,要以现代企业组织理论为指导,梳理物流业务,确定物流业务是采取自营、外包还是联盟的方式,并以培育企业的核心竞争力和重塑业务流程为主导构建物流组织,这是实现虚拟化和网络化的前提。经济学中的交易费用理论将企业组织视为规制交易的结构,由此看来,物流组织创新就是物流组织规制交易的方式、手段或程序的变化,其驱动力是节省企业内部管理交易和外部市场交易的物流费用。从发展趋势来看,矩阵型、团队型、联盟型、虚拟型、网络型等物流组织将越来越多地出现在未来的企业中。

(三)物流组织结构的重组

业务流程再造区别于传统职能分工的地方,就是不仅要求在企业物流组织结构中减少甚至消除那些降低工作效率、不产生附加值的中间环节,以使一个经营流程整体化、一体化,更要求以经营流程为企业物流组织的核心,彻底改造企业物流组织结构模式。

基于业务流程再造的物流企业组织结构包括:流程组织的整合作用;物流业务主管的统领作用;相应职能部门的激励作用;人力资源部门的控制作用;信息技术的支持作用。

对组织设置改革创新应主要遵循组织机构的设置与作业流程相结合和与信息技术相结合的两个原则。

由于物流作业包括运输、装卸搬运、库存与补充、包装、流通加工、配送、信息处理等,单纯以一个客户为中心的作业流程设计并不复杂,而对

多家用户的物流作业流程设计和改造,就是一个比较复杂的问题,因此,作业流程将改变原有企业组织机构中的许多理念,影响企业的物流部门设置和职能的划分。

又由于信息技术革命给物流系统带来了很大变化,一方面通过信息技术的运用,可以实现物流的效率化、最优化;另一方面随着电子商务的发展,增加了物流业务的新需求。电子商务的实施,将影响或改变企业物流组织机构及其物流业务部门的地位和权力,因此,物流组织机构的设置必须考虑与实施信息技术或电子商务结合起来。

用好企业物流部门中人员的关键在于对其的了解。新的组织机构需要的角色可能会与现在的员工所承担的角色完全不同。因此,关键问题就是人才的选聘及调动他们的积极性。对全体员工或部分员工进行培训,使其掌握所需的新技能和行为方式。

评估新流程设计对技术的要求是极为重要的,对组织现有的技术结构必须进行深入的考查,包括通信网络、计算机技术、设备与机器等,以便确定它们支持新流程设计的能力。而对构建流程要求、充分考查组织的人力资源与技术要素之后,就可以设计新的组织形式了。

至于管理层次、规章制度、组织角色和责任等都可能需要调整,对新方案必须取得一致意见,从而使得新的流程设计能够实施。对于指导和培训员工,作为新的组织形式的一部分,角色的确切定义必须明确。对员工应该进行执行这些工作职权的指导和培训。新工作职权,同时也要强调执行绩效提高的工作职权。

与人员基础结构一样,新流程对技术的要求也必须在这一阶段给予考虑,特别是在所要求的技术同现有技术的差别较大的情况下。要努力克服传统体制带来的一系列问题,建立以计算机信息系统为架构的新的技术平台,并从企业整体角度而不是从正在改造的单个物流业务流程的角度来考虑技术的需求。

(四)物流组织创新的对策

由于我国现代物流发展起步较晚,在企业组织创新中物流组织创新相对落后,多数企业仍然采取直线职能制甚至分散式的物流组织结构,保持着计划经济体制下的物流管理方式,物流成本高、反应灵敏度差、物流效益低下,严重削弱了企业市场竞争能力,物流组织创新势在必行。针对我国企业现状提出以下几点建议。

1. 树立现代物流和组织创新的理念

从实物分配(PD)、后勤保障(Logistics)到强调客户服务和供应链一体化,物流理念不断升华,企业对物流的认识应跟上经济的发展,彻底抛弃物流就是传统的分离的仓储和运输的观念,将物流上升到企业管理的高度;要更新企业组织的观念,从强调正式组织、非正式组织向注重二者的有机结合转变,与现代物流观念融合,树立从物流角度对组织创新的理念。

2. 要与企业制度、技术、管理、市场等的创新相结合

企业制度如企业产权、人事和分配等制度直接影响物流组织的变革,这一方面在大型企业特别是铁路货运、邮政快递等垄断型物流企业中表现更为突出,是物流组织创新的主要制约因素。对于生产企业特别是制造型企业,物流组织创新与企业的生产及管理技术有很大的关系,没有MIS、MRP、JIT、ERP等生产、物流、信息技术的应用,企业就很难建立一体化、扁平化、柔性化、网络化的物流组织。对于流通型企业特别是物流企业,其物流组织创新必须紧紧围绕着市场和客户,不可能脱离企业服务、营销方式等方面的变化与创新。

3. 不能简单地模仿或照搬

由于物流工作地理位置上分散的性质,以及通常跨越一个行业运作的事实,可以说更是没有彻底的对或错的物流组织结构,物流组织创新因时、因地、因企业而异,类同的组织结构,在不同企业中的运行效率可能相差很大,企业在借鉴先进的物流组织模式时,要考虑适用性。

4. 正确处理好创新与稳定发展的关系

企业依据自身情况和所处的外部环境,物流组织的创新可以是增量式的较小变化,也可以是组织结构的彻底变革。物流活动的跨度大,组织的变更往往涉及采购、生产、销售等众多环节,波及企业的内外,必须充分考虑创新的条件和对企业正常生产经营活动的影响,渐进式和彻底式的创新各有利弊,关键要看创新的成本大小。

5. 重视物流组织创新的科学论证与系统设计

企业在进行物流组织创新时,要善于利用企业"外部人"的作用,聘请经济、管理、物流等有关专家调查研究和论证设计是必要的,如海尔的组织创新专门聘请了国外 SAP 公司著名专家。

应正确认识分工、职权、统一指挥、管理跨度、部门化等经典组织设计原则的优点和局限性,对贯穿整个生产经营过程甚至跨地区、跨企业的物流活动,其组织设计更多的要强调以人为本和以物流过程为中心的思想,注重实物流和信息流的融合,并按照分析组织存在问题、设计物流及信息流流程、进行组织结构设计、试运转、反馈、改进等一定的程序进行。

6.加快物流管理体制改革

企业物流组织的创新不仅受企业规模、企业生命周期、人员素质等内部因素的影响,还受着物流产业特征、竞争状况、环境变动性等外部因素的影响,比如只有当企业物流的外部平台建设(政策平台、信息平台和技术设施平台等)以及物流企业的发展具有一定水平,形成社会化物流体系,企业采取物流外包和物流联盟组织形式才更加有效。在我国,由于物流管理条块分割、部门分散,导致物流产业发展得缓慢,要改变这种面貌,只有从体制上进行改革,建立综合物流管理体系,才能为企业物流组织创新提供良好的外部环境。

(五)物流组织管理创新

现代社会的一个趋势是走向综合化。分工虽然使效率空前提高,但分工过细也使协调空前复杂。因此,当前管理领域正经历着一场世界范围内对传统层级式管理的根本变革,这种变革在组织管理上表现为流程型组织、网络型组织、虚拟型组织、学习型组织和面向供应链的组织等新型组织形式的发展,其对物流管理的影响已日益凸显。

1.流程型物流组织

在传统的以职能为核心的企业组织里,一个业务流程是被分割成独立的任务,按照工序分配不同的部门完成。在这样的组织中,流程是隐含的,没有人专职对具体的流程负责,流程成为片段式的任务流,任务和任务间的脱节和冲突司空见惯。在以流程为中心的企业里,企业的基本组成单位是不同的流程,不存在刚性的部门,每个流程都由专门的流程主持人负责控制,由各类专业人员组成的团队负责实施,流程成为一种可以真实地观察、控制和调整的过程。

流程型物流组织模式围绕着企业关键业务流程来组织员工、进行指标评估和系统评价,将属于同一企业流程内的物流工作合并为一个整体,使流程内的步骤按自然的顺序进行,工作连续而不间断。比如,一个物流组织围绕关键的客户服务、物料供应、分销物流和物流成本控制四个关键流程来整合企业物流管理,在首席物流执行官下设立副总,分别负责管理客户反应(客户服务和订单处理业务)、供应管理(库存周转、订单满足和采购业务)、分销(运输和仓储)、物流计划及最优化工作。一般来说,流程型物流组织的创建可以从以下几个方面进行。

（1）设置流程经理

所谓流程经理就是管理一个完整物流流程的最高负责人。对流程经理而言,不仅要起激励、协调的作用,而且应有实际的工作安排、人员调动、奖惩的权力。这是有别于矩阵式组织结构中的项目经理的地方。项目经理的组织方式虽然也是基于流程管理、由各个部门的人组成一个完整的流程,但他们只是这个项目的召集人,或者是一个协调者,没有实权,难以保证这个流程不受本位主义的干扰。

（2）新型职能部门的存在

虽说在同一流程中,不同领域的人相互沟通与了解能创造出新的机会,可同一领域的人之间的交流也很重要。而新型职能部门正好为同一职能、不同流程的人员提供了交流的机会。当然,在新的组织结构中,职能部门的重要性已退位于流程之后,不再占有主导地位,它更多地转变为激励、协调和培训等。

（3）注重人力资源的开发

基于流程的企业组织结构中,在信息技术的支持下,执行人员被授予更多的决策权,并且使多个工作汇总为一个,以提高效率。这对于人员的素质要求更高。因而人力资源的开发和应用更显得重要。

这种以流程为基础的物流组织结构,强调把物流活动作为增值链来管理,强调物流作为一个综合系统,强调物流效率,而且,物流组织是以"流"来定位,更容易实施所需要的物流重组。

2. 虚拟型物流组织

虚拟组织指两个以上的独立的实体,为迅速向市场提供产品和服务,在一定时间内结成的动态联盟。它不具有法人资格,也没有固定的组织层次和内部命令系统,而是一种开放的组织结构,因此可以在拥有充分信息的条件下,从众多的组织中通过竞争招标或自由选择等方式精选出合作伙伴,迅速形成各专业领域中的独特优势,实现对外部资源的整合利用,从而以强大的结构成本优势和机动性完成单个企业难以承担的市场功能。

虚拟型物流组织的形成是由于信息技术的发展,企业内和企业间的通信十分便利,传统上在企业内部执行的物流活动更容易外包,因此,物流的一体化发展和物流活动的完成不再需要将功能归组或集合进一个正式的组织单位,那些需要运输、仓储、库存以及其他物流服务的企业只需要对自身的物流需求进行恰当的定位,然后利用电子网络,把物流工作交给精选的合作伙伴和专业公司来完成。企业物流组织管理可以只集中于工作流而不是结构,在没有命令和控制的组织结构的情况下,反而能更好地抓住整合物流的利益。物流功能不需要组织下达一个特定的命令,也不需要控制结构来有效地协调任务的完成,其中的关键在于电子网络能提高物流活动的协调性和灵活性,从而比形式上的组织结构更便于协调物流活动。虚拟型组织的主要特征有以下几个。

(1)具有较大的适应性,在内部组织结构、规章制度等方面具有灵捷性

虚拟组织是一个以机会为基础的各种核心能力的统一体,这些核心能力分散在许多实际组织中,它被用来使各种类型的组织部分或全部结合起来以抓住机会。当机会消失后,虚拟组织就解散。

(2)虚拟组织共享各成员的核心能力

虚拟组织是通过整合各成员的资源、技术、市场机会而形成的。它的价值就在于能够整合各成员的核心能力和资源,从而缩短物流、降低费用和风险、提高服务能力。对于顾客而言,整合的特征是无形的、无边界的。

(3)虚拟组织中的成员必须以相互信任的方式行动

合作是虚拟组织存在的基础。但由于虚拟组织突破了以内部组织制度为基础的传统的管理方法,各成员又保持着自己原有的风格,势必在成员的协调合作中出现问题。但各个成员为了获取一个共同的市场机会结合在一起,他们在合作中必须彼此信任,当信任成为分享成功的必要条件时,就会在各成员中形成一种强烈的依赖关系。有些企业通过拥有突出的能力处于虚拟组织的中心,并对其他成员产生有力的影响,使虚拟组织的协调变得相对容易。

3. 学习型物流组织

当前,管理领域正经历着一场世界范围内从传统的层次式管理转为全员参与管理的根本变革,这种变革在组织形式上表现为网络型组织、虚拟公司和水平型组织的创建。

管理方式之所以会转变是由于两个原因:第一,全球化竞争愈加激烈,组织结构必须更快地适应现状,应能处理更多的事务;第二,组织技术的变革。传统组织是基于管理大机器生产技术,需要的是稳定、有效地利用可见性资源。而今,信息和网络技术广泛应用于生产和管理,使人们

从繁重的体力劳动中解放出来,可以专门从事创造性的脑力劳动,这意味着新的组织必须处理大量的创意和信息,而且需要员工成为这些概念型任务方面的专家。员工也不再以效率为目标,而是在基于知识的组织内部能持续地学习,并能解决属于其活动领域内的问题,学习型组织正是重新思考当前环境下组织的一种新途径。

在学习型组织中,组织内的每个员工都有责任鉴别和解决问题,使组织能持续不断地改进和增强能力。学习型组织的目标是注重问题的解决,从而区别于以效率为目标的传统型组织。在学习型组织中,成员需对所解决的问题进行鉴别,能理解客户的需求,并通常以组建团队的方式,联合各个领域的专家,形成自助式、智能型的团队,以迎合客户的需求。组织通过定义新的需求并加以解决来为绩效增值,这更多需要的是创意和信息,而非可见性的物品。这里需要澄清的一点是:学习型组织中的学习不是指学习一些现成的、例行化的知识,如会计准则和市场准则等,而是指增强型组织和组织中的每个人处理问题的能力,这种问题往往是未曾接触过的问题。

在学习型组织中,组织机构不再是以往的直线式或矩阵式,而是趋向于一种扁平化的网络组织机构,人员之间信息和命令的传达也不再是层层下达,而是通过网络变得非常直接,权力也更有可能分解,甚至形成员工共同决策的新的决策方式。

传统型物流组织结构,事实上是基于工业大生产的思维逻辑设计的。传统型物流组织结构向学习型组织的跨越,需要克服旧有的惯性思维,树立知识经济时代的思维方式(如尊重和重视普通员工的创造力,重视团队协作、自我组织等新思维方式)。在新的思维方式下,管理人员与员工不再是对立,而是和谐统一,这需要思想和观念的重大转变,这种转变往往非常耗时。

学习型组织的条件非常苛刻,组织内部必须全面实现信息化管理,组织内部人员素质必须较高,并能有独特的组织文化,要有英明的处于核心层的领导,并有紧急决策的能力。

4.面向供应链的物流组织

20世纪90年代以后,物流管理的重点由商品存运管理转到了物流的战略管理方面。企业超越了现有的组织机构界限,将供货商(提供产品或运输服务等)和用户纳税人管理范围,作为物流管理的一项中心内容,利用自身条件建立并发展与供货商和用户的合作关系,形成一种联合力量,以赢得竞争优势。这要求企业物流人员从仅面向公司内部发展为面向企业同供货商以及用户的业务关系上。

在制造全球化出现之后,供应链管理在企业经营集团化和国际化的形势下被提出,它是物流的延伸。从系统的观点出发,物流管理是指通过对从市场到企业的生产作业直到供应商的整个过程中物资流与资金流、信息流的协调管理来满足顾客的需要。供应链包含于一体化物流,又超越了物流本身,它向着物流、商流、信息流和媒介流的方向同时发展,形成了一套相对独立的体系。可见,要获得这种企业内外的广泛合作,需要一种与传统组织观念大不一样的定位。传统的或狭义的物流管理主要涉及实物资源在组织内部最优化的流动,而从供应链管理的角度来看,只有组织内部的合作是不够的。

供应链管理涉及与供应链相连的所有相关企业、部门、人员,即从核心企业中上游供应商直到供应链下游各级分销商、零售商、最终用户的整个过程。传统的供应关系只是制造商与上游供应商或制造商和下游分销商的关系,这只是供应链的一小段。另外,供应链管理是一种纵横一体化的集成化管理模式,强调核心企业与相关企业的协作关系。它通过信息共享、技术扩散(交流与合作)、资源优化配置和有效的价值链激励机制等方法体现经营一体化。其中,以价值链的优化为核心。价值链活动可分为两大类,即基本活动(内部物流、生产作业、外部物流、经销与服务)和辅助活动(基础设施、人力资源管理、技术开发与采购)。辅助活动的功能是把贯穿于企业内部的各种基本活动结合起来。竞争优势来源于企业以价值链来组织进行这些分离的活动。要赢得竞争优势,企业必须通过进行比竞争对手更有效的活动或用创造更大的买方价值的独特方式进行活动,来为顾客创造价值。

第三章　物流成本管理

当前物流活动中,由于实行多批次、小批量配送和适时配送,也由于收货单位过多和过高的服务要求使物流服务水平越来越高,导致运费上升;又由于商品品种增多,寿命缩短,必然出现库存增加,或时多时少,由此导致库存费用上升;由于地价上涨导致物流中心投资费用增加;由于道路拥挤导致运输效率下降。凡此种种都在影响着物流成本,降低物流成本已经成为企业物流管理的首要任务。

第一节　物流成本

一、物流成本概述

(一)物流成本的概念

根据 2001 年 8 月 1 日正式实施的《中国国家标准物流术语》,物流成本可定义为"物流活动中所消耗的物化劳动和活劳动的货币表现",是指物品在时间和空间的位移(含静止)过程中所耗费的各种劳动和资源的货币表现。具体地说,它是物品在实物劳动过程中,如包装、运输、存储、装卸搬运、流通加工等各个活动中所支出的人力、财力和物力的总和。

加强对物流费用的管理,对降低物流成本、提高物流活动的效益具有非常重要的意义。

从不同的角度对物流成本进行观察和分析,角度不同,对物流成本的认识也就不同,物流成本的含义也就不同。按照人们进行物流成本管理和控制的不同角度,把物流成本分成社会物流成本、货主企业物流成本和物流企业物流成本三个方面,如图 3-1 所示。

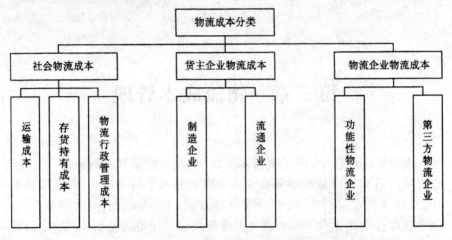

图 3-1 物流成本的分类

其中,社会物流成本是宏观意义上的物流成本,而货主企业物流成本以及物流企业物流成本是微观意义上的物流成本。社会物流成本是核算一个国家在一定时期内发生的物流总成本,是不同性质企业微观物流成本的总和,人们往往用社会物流成本占国内生产总值的比重来衡量一个国家物流管理水平的高低;制造企业物流是物流业发展的源动力,而商品流通企业是连接制造业和最终客户的纽带,货主企业是物流服务的需求主体,同时也是运营管理的主体;物流企业物流成本是指提供功能性物流服务业务的物流企业(如仓储服务企业、运输服务企业等)和提供一体化物流服务的第三方物流企业在运营过程中发生的各项费用。

商品流通企业的物流可以看作制造企业物流的延伸,而物流企业主要是为商品流通企业和制造企业提供服务的,因此,物流企业物流成本可以看作货主企业物流成本的组成部分,而社会物流成本则是企业物流成本的综合。

(二)物流成本的特点和影响因素

物流长期以来一直被认为是企业的第三利润源泉,在不少企业中,物流成本在企业销售成本中占了很大的比例,因而加强对物流活动的管理关键是控制和降低企业各种物流费用。但是要加强物流成本管理,应先明确在当今企业活动中物流成本的特征与影响因素。

1.物流成本的重要特性

从当今企业的物流实践中反映出来的物流成本的特征如下。

(1)在通常的企业财务决算表中,物流成本核算的是企业对外部运输业所支付的运输费用或向仓库支付的商品保管费等传统的物流成本,对于企业内与物流中心相关的人员费、设备折旧费、固定资产税等各种费用则与企业其他经营费用统一计算,因而,从现代物流管理的角度来看,企业难以正确把握实际的企业物流成本。先进国家的实践经验表明,实际发生的物流成本往往要超过外部支付额的 5 倍以上。

（2）在一般的物流成本中,物流部门完全无法掌握的成本很多,例如,保管费中过量进货、过量生产、销售残次品的在库维持以及紧急输送等产品的费用都是纳入其中的,从而增加了物流成本管理的难度。

（3）物流成本削减具有乘数效应,例如,如果销售额为 100 万元,物流成本为 10 万元,那么物流成本削减 1 万元,不仅直接产生了 1 万元的利益,而且因为物流成本占销售额的 10%,所以间接增加了 10 万元的利益,这就是物流成本削减的乘数效应。

（4）从销售关联的角度来看,物流成本中过量服务所产生的成本与标准服务所产生的成本是混同在一起的,例如,很多企业将销售促进费算在物流成本中。

（5）物流在企业会计制度中没有单独的项目,一般所有成本都列在费用一栏中,较难对企业发生的各项物流成本作出明确、全面的计算与分析。

（6）对物流成本的计算与控制,各企业通常是分散进行的,也就是说,各企业根据自己不同的理解和认识来把握物流成本,这样就带来了一个管理上的问题,即企业间无法就物流成本进行比较分析,也无法得出产业平均物流成本值。例如,不同的企业外部委托物流的程度是不一致的,由于缺乏相互比较的基础,无法真正衡量各企业相对的物流绩效。

（7）由于物流成本是以物流活动全体为对象,所以,它是企业唯一的、基本的、共同的管理数据。

（8）各类物流成本之间具有悖反关系,一类物流成本的下降往往以其他物流成本的上升为代价。

综合以上物流成本的特点可以看出,对于企业来讲,要实施现代化的物流管理,首先要全面、正确地把握包括企业内外发生的所有物流成本在内的企业整体物流成本,也就是说,要削减物流成本必须以企业整体成本为对象。另外,物流成本管理应注意不能因为降低物流成本而影响对用户的物流服务质量,特别是流通中多频度、定时进货的要求越来越广泛,这就要求物流企业能够对应流通发展的这种新趋向。例如,为了符合顾客的要求,及时、迅速地配送发货,企业需要进行物流中心等设施的投资,显然,如果仅仅为了减少物流成本而放弃这种投资,就会影响企业对顾客的服务水平。

2.影响物流成本的因素

（1）竞争性因素

企业所处的市场环境充满了竞争,企业之间的竞争除了产品的价格、性能、质量外,从某种意义上来讲,优质的客户服务是决定竞争成败的关键。而高效物流系统是提高客户服务的重要途径。如果企业能够及时可靠地提供产品和服务,则可以有效地提高客户服务水平,这都依赖于物流系统的合理化。而客户的服务水平又直接决定物流成本的高低,因此,物流成本在很大程度上是由于日趋激烈的竞争而不断发生变化的,企业必须对竞争作出反应。影响客户服务水平的主要方面有以下几个因素。

第一,订货周期。企业物流系统的高效必然可以缩短企业的订货周期,降低客户的库存,从而降低客户的库存成本,提高企业的客户服务水平,提高企业的竞争力。

第二,库存水平。存货的成本提高,可以减少缺货的成本,即缺货成本与存货成本成反比。库存水平过低,会导致缺货成本增加;但库存水平过高,虽然会降低缺货成本,但是存货成本会显著增加。因此,合理的库存应保持在总成本最小的水平上。

第三,运输。企业采用更快捷的运输方式,虽然会增加运输成本,却可以缩短运输时间,降低库存成本,提高企业的快速反应能力。

（2）产品因素

产品的特性不同会影响物流成本,主要表现在以下几个方面。

第一,产品价值。产品价值的高低会直接影响物流成本的大小。随着产品价值的增加,每 物流活动的成本都会增加,运费在一定程度上反映货物移动的风险。一般来讲,产品的价值越大,对其所需使用的运输工具要求越高,仓储和库存成本也随着产品的价值的增加而增加。高价值意味着存货中的高成本,以及包装成本的增加。

第二,产品密度。产品密度越大,相同运输单位所装的货物越多,运输成本就越低。同理,仓库中一定空间领域存放的货物越多,库存成本就会越低。

第三,产品废品率。影响物流成本的一个重要方面还在于产品的质量,也即产品废品率的高低。生产高质量的产品可以杜绝因次品、废品等回收、退货而发生的各种物流成本。

第四,产品破损率。产品破损率较高的物品即易损性物品,对物流成本的影响是显而易见的,易损性的产品对物流各环节如运输、包装、仓储等都提出了更高的要求。

第五,特殊搬运。有些物品对搬运提出了特殊的要求。如对长大物品的搬运,需要特殊的装卸工具;有些物品在搬运过程中需要加热或制冷等,这些都会增加物流成本。

（3）环境因素

环境因素包括空间因素、地理位置及交通状况等。空间因素主要指物流系统中企业制造中心或仓库相对于目标市场或供货点的位置关系等。若企业距离目标市场太远,交通状况较差,则必然会增加运输及包装等成本。若在目标市场建立或租用仓库,也会增加库存成本。因此环境因素对物流成本的影响是很大的。

（4）管理因素

管理成本与生产和流通没有直接的数量依存关系,但却直接影响着物流成本的大小,节约办公费、水电费、差旅费等管理成本相应可以降低物流成本总水平。另外,企业利用贷款开展物流活动,必然要支付一定的利息(如果是自有资金,则存在机会成本问题),资金利用率的高低,影响着利息支出的大小,从而也影响着物流成本的高低。

二、物流成本分类

（一）常见的分类方法

中国物流成本的核算范围还没有形成统一的规范。参照日本运输省流通对策本部制定的《物流成本计算统一标准》,适应中国物流管理的需要,物流成本可以从以下三个方面来分类计算。

1. 按物流范围分类

物流成本按照物流范围可以分为供应物流费、生产物流费、销售物流费、回收物流费和废弃物流费等五种。

（1）供应物流费

供应物流费是指从商品(包括容器、包装材料)采购直到批发、零售业者进货为止的物流过程中所产生的费用。

（2）生产物流费

生产物流费是指从购进的商品到货或由本企业提货时开始,直到最终确定销售对象的时刻为止的物流过程中所需要花费的费用,包括运输、包装、保管、配货等费用。

（3）销售物流费

销售物流费是指从确定销售对象开始，直到商品送交客户为止的物流过程中所需要的费用，包括包装、商品出库、配送等方面的费用。

（4）回收物流费

回收物流费是指材料、容器等由销售对象回收到本企业的物流过程中所需要的费用。

（5）废弃物流费

废弃物流费是指在商品、包装材料、运输容器的废弃过程中而产生的物流费用。

2. 按物流支付形态分类

按支付形态的不同进行物流成本的分类，是以财务会计中发生的费用为基础，将物流成本分为本企业支付的物流费和其他企业支付的物流费；本企业支付的物流费又可以分为企业本身的物流费和委托物流费；其中企业本身的物流费又分为材料费、人工费、公益费、维护费、一般经费和特别经费等。

物流成本计算虽然属于管理会计的领域，但是要准确地掌握物流成本，就必须以企业财务会计为基础，从财务会计核算的全部相关项目中抽出其中所包含的物流费用。这虽然是物流成本核算中最困难的工作，却是最为重要的基础工作。如果没有从财务会计中抽出来的物流成本的费用资料，物流成本计算就只是一句空话。将从财务会计核算的项目中抽出来的物流成本分类为材料费、人工费、公益费、维护费、一般经费、特别经费和委托物流费以及其他企业支付的物流费，就是按支付形态不同对物流成本进行的分类。

（1）材料费

材料费是指因物料的消耗而发生的费用。由物料材料费、燃料费、消耗性工具、低值易耗品摊销以及其他物料消耗等费用组成。

（2）人工费

人工费是指因人力劳务的消耗而发生的费用。包括工资、奖金、福利费、医药费、劳动保护费及职工教育培训费和其他一切用于职工的费用。

（3）公益费

公益费是指为公益事业所提供的公益服务而支付的费用。包括水费、电费、煤气费、冬季取暖费、绿化费及其他费用。

（4）维护费

维护费是指土地、建筑物、机械设备、车辆、船舶、搬运工具、器具备件等固定资产的使用、运转和维修保养所产生的费用。包括维修保养费、折旧费、房产税、土地车船使用税、租赁费、保险费等。

（5）一般经费

一般经费是指差旅费、交通费、会议费、书报资料费、文具费、邮电费、零星购进费、城市维护建设税、能源建设税及其他税款，还包括物资及商品损耗费、物流事故处理及其他杂费等一般支出。

（6）特别经费

特别经费是指采用不同于财务会计的计算方法所计算出来的物流费用，包括按实际使用年限计算的折旧费和企业内利息等。

（7）委托物流费

委托物流费是指将物流业务委托给第三方物流企业时向其支付的费用。包括支付的包装费、运费、保管费、出入库手续费、装卸费、特殊服务费等。

（8）其他企业支付的物流费

在物流成本中，还应当包括向其他企业支付的物流费。比如商品购进采用送货制时包含在购买价格中的运费和商品销售采用提货制时从销售价格中扣除的运费等。在这些情况下，虽然表面上看本企业并未发生物流活动，但却发生了物流费用，这些费用也应该计入物流成本之内。

这种分类方法有两个优点：

其一，可以反映企业一定时期内在生产经营中发生了哪些费用，数额是多少，据以分析企业各个时期各种费用的构成和水平，还可以反映物质消耗和非物质消耗的结构和水平，有助于统计工业净产值和国民收入。

其二，这种分类反映了企业生产经营中材料和燃料动力以及职工工资的实际支出，因而可以为企业核定储备资金定额、考核储备资金的周转速度，以及编制材料采购资金计划和劳动工资计划提供材料。

但是，这种分类不能说明各项成本的用途，因而不便于分析各种成本的支出是否节约、合理。

3.按物流功能分类

物流成本按其物流功能分为几下类别。

（1）运输成本

物流企业的运输成本主要包括以下几点。

①人工费用，如工资、福利费、奖金、津贴和补贴等。

②营运费用，如营运车辆的燃料费、轮胎费、折旧费、维修费、租赁费、车辆牌照检查费、车辆清理费、养路费、过路过桥费、保险费、公路运输管

理费等。

③其他费用,如差旅费、事故损失费、相关税金等。

(2)流通加工成本

流通加工成本构成内容主要有:流通加工设备费用、流通加工材料费用、流通加工劳务费用以及流通加工的其他费用。除上述费用外,流通加工中耗用的电力、燃料、油料以及车间经费等费用,也应加到流通加工费用之中去。

(3)配送成本

配送成本是企业的配送中心在进行分货、配货、送货过程中所发生的各项费用的总和,其成本由以下费用构成:配送运输费用、分拣费用、配装费用。

(4)包装成本

包装成本构成一般包括以下几方面:包装材料费用、包装机械费用、包装技术费用、包装辅助费用、包装的人工费用。

(5)装卸与搬运成本

装卸搬运成本构成内容主要有以下几方面:人工费用、固定资产折旧费、维修费、能源消耗费、材料费、装卸搬运合理损耗费用以及其他如办公费、差旅费、保险费、相关税金等。

(6)仓储成本

仓储成本主要包括以下几个方面:仓储持有成本、订货或生产准备成本、缺货成本和在途库存持有成本。

物流成本按功能分类,反映了不同功能的费用,这种分类有利于成本的计划、控制和考核,便于对费用实行分部门管理和进行监督。

(二)物流成本的重新分类

以上狭义的物流成本分类方法,在一定程度上满足了企业统计计算物流成本的需要。但是值得注意的是:客户服务成本是企业在进行物流成本管理时必须要考虑的成本要素;各类物流成本之间具有此消彼长的关系,试图减少单个活动的成本也许会导致总成本增加,管理层必须考虑所有物流成本的总和,才能实现有效的管理和真正的成本节约。由于现有的物流成本分类方法不但忽略了客户物流成本,而且不能清楚地反映各类物流成本之间的悖反关系,因此,为了提升企业物流成本的管理效率,必须将物流成本管理的视角扩展到广义物流成本的范畴,并进行重新分类。

1. 客户服务水平

与不同客户服务水平相关的关键的成本权衡因素,是丧失销售的成本。丧失销售的成本不仅包括失去的现有销售所带来的贡献,还包括未来的潜在销售。企业可能由于以前顾客的反面的口头宣传而丧失未来的销售机会。某一项评估表明,每个不满意的顾客会将他或她对于产品或服务的不满向平均其他九个人诉说。毫无疑问,要衡量客户服务的真实成本是多么困难。

因此,最好的办法是根据客户需要来决定希望达到的客户服务水平,并考虑哪些需求将会如何受营销组合其他方面的开支的影响。正如前面所说的,其思想是在给定客户服务目标的前提下,使总成本最小化。因为其他五个主要的物流成本因素共同作用来支持客户服务,物流经理需要得到有关每个成本类别的开支的正确数据。

2. 运输成本

根据分析个体的不同,可以用多种不同的方法来考察支持运输的支出。运输成本可以按客户、生产线、渠道类型、运输商、方向(进货对发货)等分类。根据发运量、运输的重量、距离以及出发地和目的地不同,成本相应地变化很大。成本和服务还会随着所选择的运输方式的不同而发生大幅度的变动。

3. 仓储成本

仓储成本是由仓储和储存活动以及工厂和仓库的选址过程所造成,包括由于仓库数量和位置的变化而引起的所有成本。

4. 订单处理 / 信息系统成本

订单处理和信息系统的成本与诸如处理客户订单、配送信息和需求预测等活动相关。

5. 批量成本

主要的物流批量成本是由于生产和采购活动所引起的。批量成本是和生产、采购相关的成本,随着生产批量、订单的大小或频率的变化而变化。

6. 库存持有成本

可能影响库存持有成本的物流活动包括库存控制、包装以及废品回收和废物处理。库存持有成本有许多因素组成,除销售的丧失成本之外,库存持有成本是最难确定的。

7. 包装成本

包装作为物流企业的构成要素之一,与运输、保管、搬运、流通加工均有十分密切的关系。包装是生产的终点,同时又是物流的起点,因而包装在物流中有非常重要的作用。

以上对广义物流成本的分类,将物流看成是一个完整的体系,并以给定企业的客户服务目标为前提。这种分类方法从各种物流活动和成本的关系出发,分析成本产生的原因,将总成本最小化,实现有效的物流管理和真正的成本节约。

第二节　物流成本计算

一、物流成本计算的一般方法

(一)会计方式的物流成本核算方法

会计核算方法,就是通过凭证、账户、报表对物流耗费予以连续、系统、全面地记录、计算和报告的方法。会计方式的物流成本核算,包括两种形式。

1. 双轨制

双轨制即把物流成本核算与其他成本核算截然分开,单独建立物流成本核算的凭证、账户、报表体系。在单独核算的形式下,物流成本的内容在传统成本核算和物流成本核算中得到双重反映。

2. 单轨制

单轨制即把物流成本核算与企业现行的其他成本核算如产品成本核算、责任成本核算、变动成本核算等结合进行,建立一套能提供多种成本信息的共同的凭证、账户、报表核算体系。在这种情况下,要对现有的凭证、账户、报表系进行较大的改革,需要对某些凭证、账户、报表的内容进行调整,同时还需要增加一些凭证、账户和报表。这种结合无疑是比较困难的,但并不是不可能的,因为企业物流成本的大部分内容包括在产品成本中,责任物流成本是责任中心成本的一部分,变动物流成本则是企业变动成本的一部分。

运用会计方式进行物流成本核算时,提供的成本信息比较系统、全面、连续,且准确、真实,这是其优点。但这种方法比较复杂,或者需要重新设计新的凭证、账户、报表核算体系,或者需要对现有体系进行较大的甚至可以说是彻底的调整。

企业物流成本会计核算是采用"单轨制"还是采用"双轨制",应根据每个企业的具体情况而定。不过,从发展的观点来看,最好是采用单轨制会计核算方式。当然,采用单轨制会计核算方式还必须具备一定的条件,具体如下。

（1）核算人员必须有较高的业务素质。

（2）企业管理基础工作必须比较健全。

（3）管理人员必须具备综合的现代成本管理意识。

（4）企业的成本工作必须实现标准化和现代化,有基本的组织保证。

（二）统计方式的物流成本核算方法

所谓统计方式,就是说它不要求设置完整的凭证、账户和报表体系,而主要是通过对企业现行成本核算资料的解剖分析,从中抽出物流耗费部分(即物流成本的主体部分),再加上一部分现行成本核算没有包括进去、但要归入物流成本的费用,如物流信息、外企业支付的物流费等,然后再按物流管理的要求对上述费用重新归类、分配、汇总,加工成物流管理所需要的成本信息。具体做法如下。

（1）通过对材料采购、管理费用账户的分析,抽出供应物流成本部分,如材料采购账户中的外地运输费,管理费用账户中的材料市内运杂费,原材料仓库的折旧修理费,保管人员的工资等,并按功能类别、形态类别进行分类核算。

（2）从生产成本、制造费用、辅助生产、管理费用等账户中抽出生产物流成本,并按功能类别和形态类别进行分类核算。例如,人工费部分按物流人员的人数比例或物流活动工时比例确定,折旧修理费用按物流固定资产占用资金比例确定。

（3）从销售费用中抽出销售物流成本部分,包括销售过程发生的运输、包装、装卸、保管、流通加工等费用,委托物流费按直接发生额计算。

（4）外企业支付物流费部分,现有成本核算资料没有反映。其中供应外企业支付的物流费可根据在本企业交货的采购数量,每次以估计单位物流费率进行计算;销售外企业支付的物流费根据在本企业交货的销售数量乘以估计单位物流费率进行计算;单位物流费率的估计可参考企业物资供应、销售给对方企业交货时的实际费用水平。

（5）物流利息的确定可按企业物流资产占用额乘以内部利率进行计算。

（6）从管理费用中抽出退货物流成本。

（7）废弃物物流成本对于企业来说,数额一般较小,可以不单独抽出,而是并入其他物流费用中。

委托物流费的计算比较简单,它等于企业对外支付的物流费用。而企业内部物流耗费及外企业支付物流费用的计算比较复杂,总的原则是单独为物流活动所耗费的部分直接计入;间接为物流活动所耗费的部分,以及物流活动与其他非物流活动共同耗费的部分,则按一定标准或比例,如物流人员的比例、物流工时比例、物流资金数额等分配计算。

与会计方式的物流成本核算比较起来,由于统计方式的物流成本核算没有对物流耗费进行连续、全面、系统的跟踪,所以据此得来的信息,其精确程度受到很大的影响,但正由于它不需要对物流耗费作全面、系统、连续的反映,所以运用起来比较简单、方便。在会计人员素质较差、物流管理意识淡薄、会计电算化尚未普及的情况下,可运用此法,以简化物流成本核算,满足当前物流管理的需要。

（三）统计方式与会计方式相结合的物流成本核算方法

统计方式与会计方式相结合,即物流耗费的一部分内容通过统计方式予以核算,另一部分内容通过会计方式予以核算。运用这种方法,也需要设置一些物流成本账户,但不像第一种方法那么全面、系统,而且,这些物流成本账户不纳入现行成本核算的账户体系,对现行成本核算来说,它是一种账外核算,具有辅助账户记录的性质。具体做法如下:

（1）辅助账户设置。一般说来,企业应设置物流成本总账,核算企业发生的全部物流成本;同时按物流范围设置供应、生产、销售、退货、废弃物流成本二级账;在各二级账下按物流功能设置运输费、保管费、装卸费、包装费、流通加工费、物流管理费三级账,并按费用支付形态设置专栏。

（2）对于现行成本核算已经反映,但分散于各科目的物流费用,如计入管理费用中的对外支付的材料市内运杂费、物流固定资产折旧、本企业运输车队的费用、仓库保管人员的工资、产成品和原材料的盘亏损失、停工待料损失、计入制造费用的物流人员工资及福利费、物流固定资产的折旧修理费、运输费、保险费、在产品盘亏和毁损等等,在按照会计制度的要求编制凭证、登记账簿、进行正常成本核算的同时,据此凭证登记相关的物流成本辅助账户,进行账外的物流成本核算。

（3）对于现行成本核算没有包括,但属于物流成本应该包括的费用,其计算方法与统计方式下的计算方法相同。

（4）月末根据各物流成本辅助账户所提供的资料编制范围类别、功能类别、形态类别等各种形态的物流成本报表。

这种方法的优缺点介于第一种方法和第二种方法之间,即它没有第一种方法复杂,但它也没有第一种方法准确、全面;与第二种方法比较,情形则恰恰相反。

二、物流成本核算的步骤

物流成本计算方法是可以从"按支付形态不同分类"入手,从企业财务会计核算的全部相关科目中抽出所包含的物流成本,然后以表格的形式从不同角度逐步计算出各类物流成本。

（一）分类计算物流成本

按支付形态不同分类将物流成本从各相关科目中抽出,并进行计算。

1. 材料费

材料费是由物流消耗而产生的费用。直接材料费可以通过用各种材料的实际消耗量乘以实际的购进价格来计算。材料的实际消耗量可以按物流成本计算期末统计的材料支出数量计算,在难以通过材料支出单据进行统计时,也可以采用盘存计算法,即

本期消耗量 = 期初结存 + 本期购进 – 期末结存

材料的购进价格应包括材料的购买费、进货运杂费、保险费、关税等。

2. 人工费

人工费是指对物流活动中消耗的劳务所支付的费用。物流人工费的范围包括职工所有报酬(工资、奖金、其他补贴)的总额、职工劳动保护费、保险费、按规定提取的福利基金、职工教育培训费及其他。

在计算人工费的本期实际支付额时,报酬总额按计算期内支付该从事物流活动的人员的报酬总额或按整个企业职工的平均报酬额计算。职工劳动保护费、保险费、按规定提取的福利基金以及职工培训教育费等都需要从企业这些费用项目的总额中把用于物流人员的费用部分抽出来。但当实际费用难以抽出来计算时,也可将这些费用的总额按从事物流活

动的职工人数比例分摊到物流成本中。

3. 公益费

公益费是指对公共事业所提供的公益服务(自来水、电、煤气、取暖、绿化等)支付的费用。严格地讲,每一物流设施都应安装计数表直接计费。但对没有安装计量仪表的企业,此部分费用可以从整个企业支出的公益费中按物流设施的面积和物流人员的比例计算得出。

4. 维护费

维护费根据本期实际发生额计算,对于经过多个期间统一支付的费用(如租赁费、保险费等),可按期间分摊计入本期相应的费用中。对于物流业务中可以按业务量或物流设施来掌握和直接计算的物流费,在可能的限度内直接算出维护费,对于不能直接算出来的,可以根据建筑物面积和设备金额等分摊到物流成本中。

折旧费应根据固定资产原值和经济使用年限,以残值为零,采用使用年限法计算,计算公式为:

固定资产折旧额 = 固定资产原值 / 固定资产预计经济使用年限

对于使用年限长且有价格变动的物流固定资产折旧,可采用重置价格计算。

5. 一般经费

一般经费相当于财务会计中的一般管理费。其中,对于差旅费、交通费、会议费、书报资料费等使用目的明确的费用,直接计入物流成本。对于一般经费中不能直接计入物流成本的,可按职工人数或设备比例分摊到物流成本中。

6. 特别经费

特别经费包括按实际使用年限计算的折旧费和企业内利息等。

企业内利息在物流成本计算中采用与财务会计不同的计算方法。企业内部物流利息实际上是物流活动所占用的全部资金的资金成本。由于这部分资金成本不是以银行利率而是以企业内部利率来计算,所以称为企业内部物流利息。

利息在财务会计中是以有利率负债的金额为基础,根据融资期间和规定的利率来计算的。但在物流成本的计算中,企业内部物流利息却是以对固定资产征收固定资产占用税时的计价额为基础,对存货以账面价值为基础,根据期末余额和企业内利率来计算的。

企业内利息仅仅是以管理会计中资本成本形式加到成本中的,实质上是对物流占用资产的一种以整个企业内部平均利息率来计算的资本成本,因而它与实际支付的利息不同。

企业内部利息的计算,对物流作业中使用的固定资产(土地、建筑物、机械设备、车辆等)以征收固定资产占用税时的评估价格乘以企业内利息率,对存货(商品、包装材料等)以账面价值乘以企业内利息率来计算。

7. 委托物流费

委托物流费根据本期实际发生额计算。包括托运费、市内运输费、包装费、装卸费、保管费和出入库费、委托物流加工费等。除此之外的间接委托的物流费按一定标准分摊到各功能的费用中。

8. 其他企业支付的物流费

其他企业支付的物流费,以本期发生购进对其他企业支付和发生销售对其他企业支付物流费的商品重量或件数为基础,乘以费用估价来计算。

其他企业支付的物流费的计算,必须依靠估价的费用单价,但当本企业也承担与此相当的物流费时,也可以用本企业相当的物流费来代替。

(二)编制各物流功能成本计算表

根据计算物流成本的需要,将以上通过计算得出的数据资料编制各物流功能的成本计算表。企业物流的运输费、保管费等每一种功能分别编制一张物流成本计算表。如果把所有的功能都作为成本计算对象,则要编制七张成本计算表。如果只计算其中某几项功能的费用,可根据实际需要填制。可以汇总编制整个公司的物流成本计算表(形态、范围),如表3-1所示。

表3-1 物流成本计算表

				供应物流费	企业内物流费	销售物流费	退货物流费	废弃物物流费	合计
企业物流费	本企业支付物流费	企业本身物流	材料费						
			人工费						
			维护费						
			一般经费						

续表

			供应物流费	企业内物流费	销售物流费	退货物流费	废弃物物流费	合计
企业物流费	本企业支付物流费	企业本身物流 / 特别经费						
		企业本身物流费						
		委托物流费						
		本企业支付的物流费						
	外企业支付的物流费							
	企业物流费总计							

如果要了解按物流功能、支付形态分类的物流成本,可以编制如表3-2所示的汇总表,明确看出哪种物流功能的成本最大,都发生在哪些物流活动中。

表3-2 物流成本计算表

功能			物品流通				信息流通费	物流管理费	合计
支付形态			包装费	运输费	保管费	装卸费			
企业物流费	本企业支付物流费	企业本身物流 / 材料费							
		人工费							
		维护费							
		一般经费							
		特别经费							
		企业本身物流费							
	委托物流费								
	本企业支付的物流费								
	外企业支付的物流费								
	企业物流费总计								

也可以编制按物流范围、功能分类的物流成本汇总表,如表3-3所示。可以了解哪个范围、哪种功能的物流成本最大,并且还可以计算销售

额与物流成本的比例。

表 3-3　物流成本计算表

功能	物品流通				信息流通费	物流管理费	合计
范围	包装费	运输费	保管费	装卸费			
供应物流费							
企业内部物流费							
销售物流费							
退货物流费							
废弃物物流费							
合计							
销售额							
销售成本							
销售数量							

第三节　物流成本的控制与管理

一、物流成本控制的原则及内容

（一）物流成本控制的原则

为了有效地进行物流成本控制,由于物流成本管理与控制的系统性要求及物流成本自身的二律背反等规律,实际工作中应注意以下几个原则。

1. 物流成本控制与服务质量控制相结合

物流成本控制的目的在于加强物流管理、促进物流合理化。物流是否合理,取决于两个方面:一是对客户的物流服务质量水平,另一个是物流成本的水平。如果只重视物流成本的降低,有可能会影响到客户服务质量,这是行不通的。一般来说,提高物流服务质量水平与降低物流成本之间存在着一种"效益悖反"的矛盾关系。也就是说要想降低物流成本,物流服务水平就有可能会下降;反之,如果提高物流服务质量水平,物流成本又可能会上升。因此,在进行物流成本控制时,必须搞好服务质量控制与物流成本控制的结合。要正确处理降低成本与提高服务质量的关系,从二者的最佳组合上,谋求物流效益的提高。

2. 局部控制与整体控制相结合

这里所说的局部控制是指对某一物流功能或环节所耗成本的控制,而系统控制是指对全部物流成本的整体控制。物流成本控制最重要的原则是对总成本进行控制。物流是以整个系统作为本质的,这就要求将整个系统及各个辅助系统有机地结合起来进行整体控制。比如,航空运输比其他运输手段的运费高,但航空运输可以减少包装费,保管费几乎为零,而且没有时间上的损失。因此,从总成本的角度看,不应单看运输费用的削减与否。从一定意义上说,采用总成本控制比局部物流功能的成本控制更为合适。再比如,采取接受小批量订货、小批量发送的方针,交易额能够增加,销售费用也较便宜。但是,小批量会使发货次数增加,运输费用也会随之增加。因此,总成本的系统控制是决定物流现代化成败的决定性因素,物流成本控制应以降低物流总成本作为目标。

3. 全面控制和重点控制相结合

物流系统是一个多环节、多领域、多功能所构成的全方位的开放体系。物流系统的这一特点也从根本上要求我们进行成本控制时,必须遵循全面控制的原则。首先,无论产品设计、工艺准备、采购供应,还是生产制造、产品销售,抑或售后服务各项工作都会直接或间接地引起物流成本的升降变化。为此,要求对整个生产经营活动实施全过程的控制。其次,物流成本的发生直接受制于企业供、产、销各部门的工作,为此要求实施物流成本的全部门和全员控制。再次,物流成本是各物流功能成本所构成的统一整体,各功能成本的高低直接影响物流总成本的升降。为此,还要求实施全功能的物流成本控制。最后,从构成物流成本的经济内容来看,物流成本主要由材料费、人工费、折旧费、委托物流费等因素构成。为此,要求实施物流成本的全因素控制。

需要指出的是,强调物流成本的全面控制,并非将影响成本升降的所有因素事无巨细、一律平等地控制起来,而应按照例外管理的原则,实施重点控制。即要对物流活动及其经济效果有重要影响的项目或因素,如物流设备投资项目、贵重包装物、能源等或管理上有特殊规定的项目以及物流活动中那些数量大、金额大、连续出现的差异,严加控制。

4.经济控制与技术控制相结合

这一原则要求把物流成本日常控制系统与物流成本经济管理系统结合起来,进行物流成本的综合管理。物流成本是一个经济范畴,实施物流成本管理,必须遵循经济规律,广泛地利用利息、奖金、定额、利润等经济范畴和责任结算、绩效考核等经济手段。同时,物流管理又是一项技术性很强的工作。要降低物流成本,必须从物流技术的改善和物流管理水平的提高上下功夫。通过物流作业的机械化和自动化,以及运输管理、库存管理、配送管理等技术的充分应用,来提高物流效率,降低物流成本。

5.专业控制与全员控制相结合

对于物流成本形成有关的部门(单位)进行物流成本控制是有必要的,这也是这些部门(单位)的基本职责之一。如运输部门对运输费用的控制,仓储部门对保管费用的控制,财会部门对所有费用的控制等。有了专业部门的物流成本控制,就能对物流成本的形成过程进行连续的全面的控制,这也是进行物流成本控制的一项必要工作。有了全员的成本控制,形成严密的物流成本控制网络,从而可以有效地把握物流成本过程的各个环节和各个方面,厉行节约、杜绝浪费、降低物流成本,保证物流合理化措施的顺利进行。

(二)物流成本控制的内容

在实际工作中,物流成本的控制可以按照不同的对象进行。一般来说,物流成本的控制对象可以分为以下形式。

(1)以物流成本的形成过程为控制对象。即从物流系统(或企业)投资建立,产品设计(包括包装设计),材料物资采购和存储,产品制成入库和销售,一直到售后服务,凡是发生物流成本费用的各个环节,都要通过各种物流技术和物流管理方法,实施有效的成本控制。

(2)以包装、运输、储存、装卸、配送等物流功能作为控制对象,也就是通过对构成物流活动的各项功能进行技术改善和有效管理,从而降低其所消耗的物流成本费用。

除了以上两种成本控制对象划分形式之外,物流系统还可以按照各责任中心(运输车队、装卸班组、仓库等)、各成本发生项目(人工费、水电气费、折旧费、利息费、委托物流费等)等进行成本控制,而这些成本控制的方式往往是建立在前面所述的物流成本管理系统的各种方法基础上的,需要与物流成本的经济管理技术有效结合起来运用。

（三）物流成本控制应注意的问题

物流成本控制就是要在物流活动中，不断改善物流技术和物流管理，降低物流成本。现代物流成本意识的贯彻要注意以下几个方面。

1. 企业要从战略布局的高度定位物流成本控制

物流是企业经营战略的一部分，企业生产、经营的战略和策略决定了物流系统的运行模式，产品种类、服务项目和营销策略的改变都将导致物流成本的变化。因此，在进行各项战略决策时，需要将各项决策对物流的要求和对物流成本的影响纳入考虑范围。

2. 以理想物流成本为目标

要打破传统的"成本无法再降低"等观念的束缚，就必须以理想的物流成本为目标，时刻将理想物流成本作为行动指南，树立"物流成本降低无止境"的观念。例如，在库存管理中，以零库存为目标；在运输管理中，不出现空载等。

3. 形成全员式的降低物流成本格局

要最大限度地降低物流成本需要全体从事物流工作的员工的参与，每个员工都要具有降低物流成本的愿望和意识，并进行自我控制。另外，物流成本的发生不仅应有物流部门负责，也涉及企业的其他部门，因此，物流成本的降低还需要各部门的通力合作，以确保从总成本角度来降低物流成本。

4. 持续不断地降低物流成本

降低物流成本不应作为一时的权宜之计，应持续不断地进行。而且随着经济环境的变化，理想的物流成本也会不断变化，因此物流成本管理必须适时调整，才能满足现代成本管理的需要。

二、以物流功能为对象的物流成本控制

（一）运输成本的控制

运输成本的控制是使总运输成本最低，但又不影响运输的可靠性、安全性和快捷性要求。运输成本的组成内容主要包括：人工费、燃油费、运输杂费、运输保险费以及外包运输费等。据日本有关部门的统计,企业为进行运输活动而支付的费用占物流成本总额的53%以上。影响运费的因素很多,主要有商品运输量、运输工具、运输里程、装卸技术改进程度和运输费率等。因此,运输成本控制要根据不同的情况采取不同的措施。

1. 减少运输环节,节约成本

运输是物流过程中的一个主要环节,围绕着运输活动,还要进行装卸、搬运、包装等工作,多一道环节,须花费许多的劳动,增加不少成本。因此,在组织运输时,对有条件直运的,应尽可能采用直运,减少中间环节,使物资不进入中转仓库,越过不必要的环节,由产地直接运到销售地或用户,减少二次运输。同时,更要消除相向运输、迂回运输等不合理现象,以便减少运输里程,节约大量的运费开支。

2. 合理选择运输方式和运输工具

对于不同货物的形状、价格、运输批量、交货日期、到达地点等货物特点,都有与之相对应的适当运输工具。运输工具的经济性与速度性、安全性、便利性之间存在着相互制约的关系。因此,在目前多种运输工具并存的情况下,在控制运输成本时,必须注意根据不同货物的特点及对物流时效的要求,对运输工具具有的特征进行综合评价,以便做出合理选择运输工具的策略。一般来说,空运比较贵,公路运输次之,铁路运输便宜,水运最廉价。因此,在保证物流时效,不使商品损失的情况下,应尽可能选择廉价运输工具。

3. 合理选择运输组织形式

企业可以选择自营运输,也可以选择外包运输业务。而对于不同的产品,由于客户需求特点的不同,以及货物价值量大小的不同,在仓储和运输模式的选择上也会有很大的不同。

4. 通过合理装卸,降低运输成本

在单位运输费用一定时,通过改善装卸方式,提高装卸水平,充分利用运输车辆的容积和额定载重量,可以使单位运输成本降低,最终减少总运输成本。

5. 用现代技术降低运输成本

各种新技术在物流实践中得到推广使用,也可以使运输成本得到降低。如,托盘化运输、集装箱化运输、特殊运输工具和运输技术等。

6. 用线性规划、非线性规划技术制定最优运输计划，实现运输优化

在企业到消费地的单位运费和运输距离，以及各企业的生产能力和消费量都已确定的情况下，可用线性规划技术来解决运输的组织问题；如果企业的生产量发生变化，生产费用函数是非线性的，就应该使用非线性规划来解决。属于线性规划类型的运输问题，常用的方法有单纯形法和表上作业法。

（二）仓储成本的控制

仓库成本控制的目的就是要实行货物的合理库存，不断提高保管质量，加快货物周转，发挥物流系统的整体功能。仓储保管成本控制应抓好如下工作。

（1）优化仓库布局，减少库存点。许多企业通过建立大规模的物流中心，把过去零星的库存集中起来进行管理，对一定范围内的用户进行直接配送，这是优化仓储布局的一个重要表现。仓库的减少和库存的集中，又可能会增加运输成本，因此，要从运输成本、仓储成本和配送成本的总和角度来考虑仓库的布局问题，使总物流成本达到最低。

（2）自有仓库与租用仓库的战略选择。企业需要仓库储存存货，可以自建也可以租用。在这两者中进行选择，才能使制定的仓库战略既经济又合理。

（3）采用现代化库存计划技术来控制合理库存量。例如，采用物料需求计划（MRP）、制造资源计划（MRP Ⅱ）以及及时制（JIT）生产和供应系统等，来合理地确定原材料、在制品、半成品和产成品等每个物流环节最佳的库存量，在现代物流理念下指导物流系统的运行，使库存水平最低、浪费最少、空间占用最小。

（4）运用存储论确定经济合理的库存量，实现货物存储优化。

（5）库存管理中采用 ABC 分类管理法。

（6）加强仓库内部管理，降低日常开支。

（三）配送成本的控制

为了提高对客户的服务水平，越来越多的企业建立配送中心，进行配送作业，但是配送作业的实施往往会带来成本的居高不下，从而使企业的竞争力减低。因此，对配送成本的控制就显得非常重要。对配送成本的控制从配送中心选址、配送中心内部的布局开始，一直到配送运营过程。

配送中心的选址实际上也就是仓库的选址,它涉及配送的范围和配送路线等,对配送成本的影响很大。对配送成本的控制方法还包括以下方面。

（1）配送中心的合理选址;（2）优化配送作业,降低配送成本;（3）运用系统分析技术,选择配送线路,实现货物配送优化;（4）通过自动化技术,提高配送作业效率;（5）建立通畅的配送信息系统。

（四）包装成本的控制

包装成本控制应采取如下几项措施。

（1）所有包装物品购入时,主管部门必须登账掌握,根据领用凭证发料,并严格控制使用数量,以免损失浪费。

（2）各使用部门应按照需要时间提出使用数量计划,交主管部门据以加工、购置,如逾期没计划或数字庞大造成浪费或供应不及时,均应追究责任。

（3）要加强包装用品规格质量的验收和管理,注意搞好包装用品的回收利用。

（4）根据产品的特点、运输的远近,研究包装物的要求,改善包装方法。

（5）了解用户情况,改进不必要的装潢,力求包装简单化、朴素化。

（6）在保证商品运输、装卸、保管、销售过程中质量、数量不受损失的前提下,适当采用一些包装代用品,选择质好价廉的包装材料,节约费用开支。

（7）要加速包装物的周转,延长使用年限和使用次数,克服损失浪费现象。

三、以物流成本形成过程为对象的物流成本控制

（一）投资阶段的物流成本控制

投资阶段的物流成本控制主要是指企业在厂址选择、设备购置、物流系统布局规划等过程中对物流成本所进行的控制。

1.合理选择厂址

厂址选择合理与否,往往从很大程度上决定了以后物流成本的高低。例如,把廉价的土地使用费和人工费作为选择厂址的第一要素,可能会在与远距离原料和消费地的地点选点建厂,这对物流成本的高低会造成很

大的影响。除了运输距离长以外,还需在消费地点设置大型仓库,而且运输工具的选择也受到了限制。如果在消费地附近有同行业的企业存在,在物流成本上就很难竞争,即使考虑到人工费和土地使用费的因素在内,也很难断定是否有利。所以工厂选址时应该重视物流这一因素,事先要搞好可行性研究,谋求物流成本的降低。

2. 合理设计物流系统布局

物流系统布局的设计对于物流成本的影响是非常大的,特别是对于全国性甚至是全球性的物流网络设计而言,如何选择物流中心和配送中心的位置、运输和配送系统的规划、物流运营流程的设计等,对于整个系统投入运营后的成本耗费有着决定性的影响。在物流系统布局规划时,应通过各种可行性论证,比较选择多种方案,确定最佳的物流系统结构和业务流程。

(二)产品设计阶段的物流成本控制

物流过程中发生的成本大小与物流系统中服务产品的形状、大小和重量等密切相关,而且不仅局限于某一种产品的形态,同时还与这些产品的组合、包装形式、重量及大小有关。为此,实施物流成本控制有必要从设计阶段抓起,特别是对于制造企业来说,产品设计对物流成本的重要性尤为明显。

1. 产品形态的多样性

耐用品消费,特别是家用电器制品,在产品的形态设计上可以考虑多样化。例如,如果将电炉和电风扇设计成折叠形式,就易于保管和搬运;如果将机床设计带有把柄,就能为搬运和保管过程中的装卸作业的顺利进行提供方便。

2. 产品体积的小型化

体积的大小从很大程度上决定了物流成本的高低。比如,要把一个体积大的产品装到卡车车厢里,如果这个产品的地面积占整个车厢底面积的51%,一辆卡车只能装一件,其余49%的地面积若不装其他东西,就只能空着。如果要以同样方法运两件这种产品,就需要两辆卡车,花双倍的费用。如果设计时考虑这一点,按照卡车车厢底的50%的大小制造该产品,则一辆卡车可运两件,运输费用就可以得到有效节约。

3. 产品批量的合理化

当把数个产品集合成一个批量保管或发货时，就要考虑到物流过程中比较优化的容器容量。

4. 产品包装的标准化

各种产品的形状是多种多样的、大小不一的，大多数都在工厂进行包装。包装时通常需要结合产品的尺寸等选择包装材料。但是，多种多样的包装形态在卡车装卸和仓库保管时，就容易浪费空间。根据物流管理的系统化观点，应该是包装尺寸规格化、形状统一化，有时即使需要增加包装材料用量，或者另外需要填充物，但总的物流成本可能会降低。

从上述情况可知，产品设计阶段决定着物流的效率、物流成本的高低。这就要求在设计阶段就必须扎实地掌握和分析本企业由上（零部件、原材料的供应商）到下（产品销售对象、最终需要者）的整个流程，弄清产品设计对整个物流过程各个环节所需成本的影响，从整体最优的原则出发，搞好产品设计，实施物流成本的事前控制。

（三）供应阶段的成本控制

供应与销售阶段是物流成本发生的直接阶段，这也是物流成本控制的重要环节。供应阶段的物流成本控制，主要包括以下内容。

1. 优选供应商

企业应该在多个供应商中考虑供货质量、服务水平和供货价格的基础上，充分考虑其供货方式、运输距离等对企业物流成本的综合影响，从多个供货对象中选取综合成本较低的供货厂家，以有效地降低企业的物流成本。

2. 运用现代化的采购管理方式

准时化采购和供应是一种有效降低物流成本的物流管理方式，它可以减少供应库存量，降低库存成本，而库存成本是供应物流成本的一个重要组成部分。另外，MRP 采购（Material Requirement Planning，物料需求计划）、供应链采购、招标采购、全球采购等采购管理方式的运用，也可以有效地加强采购供应管理工作。对集团企业或连锁经营企业来说，集中采购也是一种有效地采购管理模式。这些现代化采购管理方式的运用，对于降低供应物流成本是十分重要的。

3.控制采购批量和再订货点

每次采购批量的大小,对订货成本与库存成本有着重要的影响,采购批量的,则采购次数减少,总的订货成本就可以降低,但会引起库存成本的增加,反之亦然。因此,企业在采购管理中,对订货批量的控制是很重要的。企业可以通过相关数据分析,估算其主要采购物资的最佳经济订货批量和再订货点,从而使得订货成本与库存成本之和最小。

4.供应物流作业的效率化

企业进货采购对象及其品种很多,接货设施和业务处理要讲求效率。例如,同一企业不同分厂需购多种不同物料时,可以分别购买、各自进货,也可以由总厂根据分行进货要求,由总厂统一负责进货和仓储的集中管理,在各分厂有用料需要时,总厂仓储部门按照固定路线,把货物集中配送到各分厂。这种有效组织的采购、库存管理和配送管理,可使企业物流批量化,减少了事务性工作,提高了配送车辆和各分厂进货工作效率。

5.采购途耗的最省化

供应采购过程中往往会发生一些途中损耗,运输途耗也是构成本企业供应物流成本的一个组成部分。运输中应采取严格的预防保护措施尽量减少途耗,避免损失、浪费,降低物流成本。

6.供销物流交叉化

销售和供应物流经常发生交叉,这样可以采取共同装货、集中发送的方式,把外销商品的运输与从外地采购的物流结合起来,利用回程车辆运输的方法,提高货物运输车辆的使用效率。同时,这样还有利于解决交通混乱现象,促进发货进货业务集中化、简单化,促进搬运工具、物流设施和物流作业的效率化。

(四)生产过程的成本控制

生产物流成本也是物流成本的一个重要组成部分。生产物流的组织与企业生产的产品类型、生产业务流程以及生产组织方式等密切相关,因此,生产物流成本的控制是与企业的生产管理方式不可分割的。在生产过程中有效控制物流成本的方法主要包括以下几点。

1.生产工艺流程的合理布局

生产车间和生产供给流程的布局会对生产物流产生重要影响。通过合理布局,可以减少物料和半成品迂回运输,提高生产效率和生产过程中的物流运转效率,降低生产物流成本。

2. 合理安排生产进度，减少半成品和在制品库存

生产进度的安排合理与否,会直接或间接地影响生产物流成本。例如,生产安排不均衡,产品成套性不好,生产进度不一,会导致库存半成品、成品的增加,从而引起物流成本的升高。生产过程中的物流成本控制,其主要措施是采用"看板管理方式"。这种管理方式的基本思想是力求压缩生产过程中的库存,减少浪费。

3. 实施物料领用控制，节约物料使用

物料成本是企业产品成本的主要组成部分,控制物料消耗,节约物料使用,直接关系到企业生产经营成果和经济效益。通过物料领用的控制,可以有效降低企业的物料消耗成本。物料的领用控制可以通过"限额领料单"来进行,它是一种对指定的材料在规定的限额内多次使用的领发料凭证。使用限额领料单,必须为每种产品、每项工程确定一个物料消耗数量的合理界限,即物料消耗量标准,作为控制的依据。

(五)销售物流阶段的成本控制

销售物流活动作为企业市场销售战略的重要组成部分,不仅要考虑提高物流效率,降低物流成本,而且还要考虑企业销售政策和服务水平。在保证客户服务质量的前提下,通过有效的措施,推进销售物流的合理化,以降低销售物流成本,主要措施包括以下几点。

1. 商流与物流相分离

在许多商品分销企业和特约经销商的产品销售流通过程中,大部分是采取商流和物流管理合一的方式,即销售公司各分公司、经营部、办事处既负责产品的促销、客户订货、产品价格管理、市场推广、客户关系管理等与商品交易相关的商流业务,由负责仓储、存货管理、物品装卸、搬运、货物配送等与实物库存、移动有关的物流业务,这在企业产品和商品品种单一、经营渠道单一和信息化水平不高的条件下是有一定道理的。然而,随着公司商品品种多样化、销售渠道多元化趋势的发展和信息系统建设的逐步完善,这种管理模式将越来越不适用社会专业化分工和市场竞争发展的需要。由于商物合一,库存随销售业务层层设立,也导致公司物流成本居高不下、库存管理混乱、存货积压严重,同时销售费用和物流成本

不易区分，也不利于各部门专业化水平的提高。

现在，商流和物流分离的做法已经被越来越多的企业所接纳。其具体做法是订货活动与配送活动相分离，由销售系统负责订单的签订，而由物流系统负责货物的运输和配送。运输和配送的具体作业，可以由自备车完成，也可以通过委托运输的方式来实现，这样可以提高运输效率，节省运输费用。此外，还可以把销售设施与物流设施分离开来，如把同一企业所属的销售网点的库存实行集中统一管理，在最理想的物流地点设立仓库，集中发货，以压缩物流库存，解决交叉运输，减少中转环节。这种商物分流的做法，把企业的商品交易从最大的物流活动中分离出来，有利于销售部门集中精力搞销售。而物流部门也可以实现专业化的物流管理，甚至面向社会提供物流服务，以提高物流的整体效率。

2. 加强订单管理，与物流相协调

订单的重要特征表现在订单的大小、订单交货时间等要素上。订单的大小和交货的时间要求往往会有很大的差别，在有的企业中，很多小订单往往会在数量上占了订单总数的大部分，它们对物流和整个物流系统的影响有时也会很大。因此，有的企业为了提高物流效率，降低物流成本，在订单量上必须充分考虑商品的需求特征和其他经营管理要素的需要。

3. 增强销售物流的计划性

以销售计划为基础，通过一定的渠道把一定量的货物送达指定地点。如某些季节性消费的产品，可能出现运输车辆过剩或不足，货装载效率下降等现象。为了调整这种波动性，可事先同买主商定时间和数量，制定出运输和配送计划，使生产厂按计划供货。在日本啤酒行业，这种方法被称为"定期、定量直接配送系统"的计划化物流。

4. 销售物流的大量化

这是通过延长备货时间，以增加运输量，提高运输效率，减少运输总成本。例如，许多企业把产品销售送货从"当日配送"改为"周日指定配送"，就属于这一类。这样可以更好地掌握配送货物量，大幅度提高配货装载效率。为了鼓励运输大量化，日本采取一种增大一次物流批量折扣收费的办法，实行"大量（集装）发货减少收费制"，因实行物流合理化而节约的成本由双方分享。现在，这种以延长备货时间来加大运输或配送量的做法，已经被许多企业所采用。需要指出的是，这种做法必须在能够满足客户对送货时间要求的前提下进行。

5. 实行差别化管理

根据商品流转快慢和销售对象规模的大小,把保管场所和配送方法区别开来,就是所谓的实行差别化管理。对周转快的商品分散保管,反之集中保管,以压缩流通库存,有效利用仓库空间;对供货量大的实行直接送货,供货量小而分散的实行营业所供货或集中配送。差别化方针必须既能节约物流成本,又能提高服务水平。

6. 物流的共同化

物流的共同化是实施物流成本控制的最有效措施。超出单一企业物流合理化界限的物流,是最有前途的物流发展方向。一方面,通过本企业组合而形成的垂直方向的共同化,实现本系列集团企业内的物流一元化、效率化,如实行同类商品共同保管、共同配送;另一方面,通过与其他企业之间的联系,而形成的水平方向的共同化,解决了两个以上产地和销售地点相距很近而又交叉运输的企业,如何加强合作以提高装载效率,压缩物流设备投资的问题,如解决长途车辆空载和设施共同利用问题。

四、物流成本控制的程序

严格来说,应将物流成本控制贯穿于企业生产经营的全过程。物流技术的改善、物流管理方法的改变以及物流信息系统的运用等,都是为了达到提高物流服务水平和降低物流成本的目的。因此,在物流技术的应用和物流管理过程中,实施全过程、全员参与的物流成本管理是有必要的。例如,在物流技术装备的改善决策中,要注意分析装备改善前的物流服务质量水平和物流服务成本水平,在实施改善后的物流服务质量水平和物流服务成本水平会是怎么样的,从而得到正确的物流决策。

在日常的物流运作过程中,也要注意每项物流作业的物流服务成本水平,通过物流成本的分析,来不断地对作业进行改善。

(一)物流成本的全过程控制观念

物流成本控制按控制时间来划分,具体可分为物流成本事前控制、物流成本事中控制和物流成本事后控制三个环节。

1. 事前控制

物流成本事前控制是指在进行物流技术或物流管理改善前,预测每种决策方案执行后的物流成本情况,对影响物流成本的经济活动进行事前的规划、审核,确定目标物流成本。它是物流成本的前馈控制。

2. 事中控制

物流成本事中控制是指在物流成本形成过程中,随时对实际发生的物流成本与目标物流成本进行对比,及时发现差异并采取相应措施予以纠正,以保证物流成本目标的实现。它是物流成本的过程控制。

物流成本事中控制应在物流成本目标的归口分级管理的基础上进行,严格按照物流成本目标对一切生产经营耗费进行随时随地地检查审核,把可能产生损失、浪费的苗头消灭在萌芽状态,并且把各种成本偏差的信息,及时地反馈给有关的责任单位,以利于及时采取纠正措施。

3. 事后控制

在物流成本形成之后,对实际物流成本的核算、分析和考核,就是物流成本事后控制。它是物流成本的后馈控制,也是对各项物流决策正确性和合理性做出事后评价的重要环节。

通常来说,物流成本的事后控制通过对决策执行前和决策实行后发生的实际物流成本进行比较,也可以和预计的物流成本或其他标准进行比较,确定物流成本的节约或浪费,并进行深入的分析、考虑决策的正确性,并查明物流成本节约或超支的主客观原因,确定其责任归属,对物流成本责任单位进行相应的考核和奖惩。通过物流成本分析,为日后的物流成本控制提出积极改进意见和措施,进一步修订物流成本控制标准,改进各项物流成本控制制度,以达到降低物流成本的目的。

(二)物流成本控制的基本程序

一般来说,物流成本控制应包括以下几项基本程序。

1. 制定成本标准

物流成本标准是物流成本控制的准绳,是对各项物流成本开支和资源耗费所规定的数量限度,是检查、衡量、评估实际物流服务成本水平的依据。物流成本标准包括物流成本计划中规定的各项指标,这些指标通常都比较综合,不能满足具体控制的要求,这就必须规定一系列具体的标准。确定这些标准可以采用计划指标分解法、预算法、定额法等。在采取这些方法确定物流成本标准时,一定要进行充分的调查研究和科学计算,同时还要正确处理物流成本指标与其他技术经济指标的关系(如和质量、生产效率等关系),从完成企业的总体目标出发,经过综合平衡,防止片面性,必要时还应进行多种方案的择优选用。

2. 监督物流成本的形成

根据控制标准,对物流成本形成的各个项目,经常地进行检查、评比和监督,就形成了监督物流成本。不仅要检查指标本身的执行情况,而且要检查和监督影响指标的各项条件,如物流设施设备、工具、工人技术水平、工作环境等,所以物流成本控制要与企业整体作业控制等结合起来进行。

物流相关费用的控制不仅要有专人负责,而且要使费用产生的执行者实行自我控制,还应当在责任制中加以规定。只有这样,才能调动全体员工的积极性,使成本的控制有群众基础。

3. 及时揭示并纠正不利偏差

揭示物流成本差异即核算确定实际物流成本脱离标准的差异,分析差异的成因,明确责任的归属。针对物流成本差异发生的原因,分析情况的轻重缓急,提出改进措施,加以贯彻执行。对于重大差异项目的纠正,一般采用以下几个步骤。

(1)提出降低物流成本的课题:从各种物流成本超支的原因中提出降低物流成本的课题。这些课题首先应当是那些成本降低潜力大、各方关心、可能实行的项目。提出课题的要求,包括课题的目的、内容、理由、根据和预期达到的经济效益。

(2)讨论和决策:课题选定以后,应发动有关部门和人员进行广泛的研究和讨论。对重大课题,可能要提出多种解决方案,然后进行各种方案的对比分析,从中选出最优方案。

(3)确定方案实施的方法、步骤及负责执行的部门和人员。

(4)贯彻执行确定的方案:在执行过程中也要及时加以监督检查。方案实现以后,还要检查其经济效益,衡量是否达到了预期的目标。

4. 评价激励

评价物流成本目标的执行结果,根据物流成本绩效实施奖惩。

第四章　物流质量管理

为进一步推动我国商贸物流业健康发展,降低物流成本,提高流通效率,我国先后发布了《物流业发展中长期规划(2014—2020年)》《商贸物流发展"十三五"规划》等规划。物流在我国整体发展规划中具有一定地位,为了加强物流行业发展,必须加强物流质量管理。

第一节　物流质量

物流是指利用现代信息技术和设备,将物品从供应地向接收地准确的、及时的、安全的、保质保量的、门到门的合理化服务模式和先进的服务流程。物流质量管理着重研究物流过程中的质量控制及保证,以使最终交付产品时的产品质量符合客户要求。

一、物流质量的主要内容

物流质量是指整个物流过程中各个方面的质量情况,也就是物流商品质量、服务质量、工作质量和工程质量的总称。物流质量是一个双重概念,它不仅仅是现代企业根据物流运作规律所确定的物流工作的量化标准,而且更体现物流服务的顾客期望满足程度的高低。如何衡量物流质量是物流管理的重点。全面的物流质量一般包括以下两个方面的主要内容。

(一)物流质量的形成与保证

在实际操作中,物流对象使一些具有一定质量的实体,具有合乎要求的等级、尺寸、规格、性质、外观质量特性。这些质量是在生产过程中形成的,物流过程在于转移和保护这些质量,以此来实现对用户的质量保证。

但是现代物流过程所追求的不仅仅是单纯地保护好物流对象,实现物流对象的空间位移,还可以采用流通加工等手段改善和提高商品的质量,增加商品附加值。流通加工属于物流活动中一项重要的子活动,它可以提高装卸搬运及运输的效率,适应顾客的多样化需求,弥补生产过程中的加工不足,实现供需双方更好的衔接,从而实现物品使用价值的顺利让渡。由此,在一定程度上,物流过程就是商品质量的"形成过程"。

(二)物流质量的服务特性

物流活动具有极强的服务特性,既服务于现代企业生产经营过程,也要为享受企业的产品和服务的顾客提供全面的物流服务。顾客衡量物流质量的好坏程度,一般会受到以下因素的影响,而企业就必须根据顾客对这些因素的感受,以这些因素作为物流服务质量的标准。

1. 物流任务的完成情况

物流任务的完成情况是衡量服务质量的主要指标。它又可细分为速度、一致性、快速反应能力、误差处理这四个二级指标。其中快速反应能力是指当客户的需求随时发生变化时企业必须具备处理突发事件的快速反应能力;误差处理是指订单执行出现错误后的处理。如果顾客收到错误的货品,或货品的质量有问题,都会向物流供应商追索更正。物流企业对这类错误的处理方式直接影响顾客对物流服务质量的评价。

2. 存货可得性

存货可得性是指当顾客下订单(要货)时,物流企业或物流部门所拥有库存的能力(库存物品数量),它能反映周转库存和安全库存的控制水平,一般用缺货率、供应比例两个指标来进行衡量。

3. 人员沟通情况

人员沟通质量指负责沟通的物流企业服务人员是否能通过与顾客的良好接触提供个性化的服务。一般来说,服务人员相关知识丰富与否、是否能体谅顾客处境、是否能帮助解决顾客的问题均会影响顾客对物流服务质量的评价。这种评价形成于服务过程之中。因此,加强服务人员与顾客的沟通是提升物流服务质量的重要方面。

二、物流质量的分类

第一,物流工作质量。物流工作质量是指物流服务各环节、各工种、各岗位具体的工作质量。这是相对于企业内部而言的,是在一定的标准下的物流质量的内部控制。

第二，物流商品质量。商品质量指商品运送过程中对商品原有质量（数量、形状、性能等）的保证，尽量避免破损，而且现代物流由于采用流通加工等手段，可以改善和提高商品质量。

在生产企业严格的质量保证条例的要求下，产品出厂即具有本身的质量标准。物流过程中，必须采取一定的技术手段，保证产品的质量（包括外观质量和内在质量）不受损坏，并且通过物流服务提高客户的愉悦性和满意度，实质上是提高了客户对产品质量的满意度。另外，有的产品在交付用户使用后，还需提供持续的服务，如汽车的4S服务。

第三，物流工程质量。物流工程质量是指把物流质量体系作为一个系统来考察，用系统论的观点和方法，对影响物流质量的诸要素进行分析、计划，并进行有效控制。这些因素主要有：人的因素、体制因素、设备因素、工艺方法因素、计量与测试因素及环境因素等。

第四，物流服务质量。物流服务质量指物流企业对用户提供服务，使用户满意的程度。如现在许多物流公司都采用GPS定位系统，能使客户对货物的运送情况进行随时跟踪。由于信息和物流设施的不断改善，企业对客户的服务质量必然不断提高。

三、物流质量的衡量

物流管理的一个重点就是科学准确地衡量物流质量。物流质量的保证首先建立在准确、有效的质量衡量上。大致说来，物流质量主要从以下三个方面来衡量。

（一）物流效率

物流效率对于企业来说，指的是物流系统能否在一定的服务水平下满足客户的要求，也是指物流系统的整体构建。对于社会来说，衡量物流效率是一件复杂的事情。因为社会经济活动中的物流过程非常复杂，物流活动内容和形式不同，必须采用不同的方法去分析物流效率。

（二）物流成本

物流成本的降低不仅是企业获得利润的源泉，也是节约社会资源的有效途径。在国民经济各部门中，因各部门产品对运输的依赖程度不同，运输费用在生产费用中所占比重也不同。从物流业总体费用考虑，有关资料显示,物流费用占商品总成本的比重,从账面反映已超过 40%。

（三）物流时间

时间的价值在现代社会的竞争中越来越凸显出来,谁能保证时间的准确性,谁就获得了客户。

由于物流的重要目标是保证商品送交的及时,因此时间成为衡量物流质量的重要因素。然而,在货物运输中,中国现行运输管理体制在一定程度上制约了不同运输方式之间的高效衔接,减缓了物流速度。由此可见,物流质量的提高还依赖于物流大环境的改善。

四、物流质量管理指标体系

物流质量指标体系的建立必须以最终目的为中心,是围绕最终目标发展出来的一定的衡量物流质量的指标。

一般来说,物流工作质量指标和物流系统质量指标是物流服务目标质量指标的两个系列。以这两个指标为纲,在各工作环节和各系统中又可以制定一系列"分目标"的质量指标,从而形成一个质量指标体系。整个质量指标体系犹如一个树状结构,既有横向的扩展,又有纵向的挖掘。横向的主干是为了将物流系统的各个方面的工作都包括进去,以免遗漏;纵向的分支是为了将每个工作的质量衡量指标具体化,便于操作。没有横向的扩展就不能体现其广度,没有纵向的挖掘就不能体现其深度。

（一）服务水平指标

满足顾客的要求需要一定的成本,并且随着顾客服务达到一定的水平时,再想提高服务水平时,企业往往要付出更大的代价,所以企业出于利润最大化的考虑,往往只满足一定的订单,由此便产生了服务水平指标。由此可见,服务水平越高,企业满足订单的次数与总服务次数之比就越高。

（二）物流吨费用指标

物流吨费用指标即单位物流量的费用(元/吨),该指标比同行业的平均水平低,说明运送相同吨位货物费用较低,则此公司拥有更高的物流效率,其物流质量较高。

（三）交货期质量指标

它衡量的是满足交货的时间因素的程度，即实际交货与规定交货期相差的日数（天）或时数（时）。

（四）满足程度指标

服务水平指标衡量的是企业满足订单的次数的频率，但由于每次订货数量的不同，所以仅以此来衡量是不完全的，于是就产生了满足程度指标，即企业能够满足的订货数量与总的订单的订货数量之比。

（五）商品完好率指标

保持商品的完好程度对于客户来说是很重要的，即交货时完好商品量或缺损商品量与总交货商品量的比率。宝洁公司在进入中国市场初期，其货物都是通过铁路运输的，由于中国缺乏专业的物流公司，因而其商品完好率很低。也可以用"货损货差赔偿费率"来衡量商品的破损给公司带来的损失，对于一个专业的物流公司来说，由于自身的服务水平有限导致商品的破损，要付出一定的赔偿金额，这部分金额占同期业务收入总额的比率即是"货损货差赔偿费率"。

（六）交货水平指标

时间的准确性对于物流来说，是衡量其质量的重要方面，因此建立交货水平指标也很重要。它是指按期交货次数与总交货次数的比率。

第二节　物流质量管理的主要内容

一、物流服务质量

（一）物流服务

随着经济发展和人们生活水平的提高，消费者对产品的需求发生了变化，从少品种、大批量、少批次、长周期转变为多品种、小批量、多批次、短周期,同时这也引起了我国商品流通的渠道的剧变,传统仓储、物流业面临着严峻的挑战。我国的物流企业要想在激烈的市场竞争中生存、发展、壮大,就必须进一步认识物流产业属于服务业这一基本性质,运用服务经济理论认真分析物流产业的物流过程,打破传统物流业仅进行产品的运输和仓储的服务模式,根据企业的实际调整服务结构,向物流服务的广度和深度拓展和延伸,同时还必须按照服务管理原则寻找适合物流业的服务品质标准,通过 ISO 9000 的实施来提高顾客满意度,创建物流业的服务品牌。

1. 物流服务的本质和特性

需要注意的是,物流业不同于一般制造业和销售业,它具有运输、仓储等公共职能,是为生产、销售提供物流服务的产业,所以物流服务就是物流业为他人的物流需要提供的一切物流活动。它是以顾客的委托为基础,按照货主的要求,为克服货物在空间和时间上的间隔而进行的物流业务活动。物流服务的内容是满足货主需求,保障供给,即在适量性、多批次、广泛性上满足货主的数量要求,在安全、准确、迅速、经济上满足货主的质量需求。

物流服务不仅具有服务的基本性质,同时还具有物流为其带来的从属性、即时性、移动性和分散性、较强的需求波动性和可替代性。所以,我们不能忘记,物流服务必须从属于货主企业物流系统。这表现在流通货物的种类、流通时间、流通方式、提货配送方式都是由货主选择决定,物流业只是按照货主的需求,站在被动的地位来提供物流服务。不能忽视物流服务是属于非物质形态的劳动,它生产的不是有形的产品,而是一种伴随销售和消费同时发展的即时服务,物流服务是以分布广泛、大多数是不固定的客户为对象,数量众多而又不固定的顾客的需求在方式上和数量上是多变的,它的移动性和分散性会使产业局部的供需不平衡,会给经营管理带来一定的难度。我们也不能忘记,一般企业都可能具有自营运输、保管等自营物流的能力,会使物流经营者从质和量上调整物流服务的供给力变得相当困难。

正是物流服务特性对物流业经营管理的影响,要求企业经营者的管理思维和决策必须以服务为导向,把物流服务作为一个产品,关注物流服务质量。

2. 物流服务产品

当我们将物流服务作为产品来研究时,就把它看作可以生产、营销和消费的对象,是各种有形和无形服务的集合。物流服务包括核心服务、便利性服务和支持性服务。

（1）物流核心服务

围绕输送、保管、装卸搬运、包装及相关信息活动进行的服务。

（2）物流便利性服务

用来方便核心服务使用的附加的服务称作便利服务。

（3）物流支持性服务

用来提高服务价值或者使服务与其他竞争对手相区别的服务称作支持性服务。

在研究物流服务时,应该重视物流核心服务,围绕其扩大物流业服务领域、增加服务功能,增加便利性服务和支持性服务。例如,在包装箱上标明条形码,使物流过程中的各方都便于搬运和点数;建立方便的订货动态系统,使物流链中有关各方能够迅速获得有关订货执行情况的准确信息;一体化的配送中心的配货、配送和各种提高附加值的流通加工服务,会使物流功能向协作化方向发展;提供产品与信息从原料到最终消费者之间的增值服务,提供长距离的物流服务,在研究货主企业的生产经营发展流程设计的基础上提供全方位、优质的物流系统服务,会使物流企业更具竞争实力。从核心服务、便利性服务到支持性服务,物流服务的复杂程度也逐渐加大,形成了梯形的物流复杂程度层。

物流服务从属于货主企业物流,是一种销售和消费同时发生的即时服务,因此,将物流服务作为一种产品分析的同时,不能忘记物流服务必须以顾客为导向,即物流服务产品还是顾客感知的物流服务集合。为此,对物流服务产品的分析还必须注重顾客的感知,要分析核心服务及其他服务是如何被顾客接受的,买卖双方的相互作用是如何形成的,顾客在服务过程中是如何准备参与的。因为只有注重顾客的感知,才能使服务具有可接近性,使各种物流服务的使用感到便利;只有考虑了服务的可接近性、相互作用和顾客的参与,新的便利性服务和支持性服务才能够真正成为企业的竞争优势。

（二）物流服务质量管理体系

服务质量是指企业通过提供物流服务,对达到服务产品质量标准、满足用户需要的保证程度,物流服务是顾客感知到的物流服务集合,它离不开生产和交易的过程,是在买卖双方相互作用的真实瞬间中实现的,因此,定义一个顾客感知的物流服务质量绝非易事。当 ISO 9000—1994 将产品的定义扩大为包括服务、硬件、流程性材料、软件或它们的组合后,流通企业可以通过 ISO 9000 认证来提高流通企业的服务质量,因为以

ISO 9000 为指导性标准将具有可操作性。

一般来说,物流服务质量管理体系的构成要素包括物流服务质量环、物流质量管理体系要素、物流质量管理体系文件和物流质量体系特点。

1.物流服务质量环

物流服务质量环是指从识别顾客的服务需要直到评定这些需要是否得到满足的服务过程各阶段中,影响服务质量相互作用活动的概念模式,是对物流服务质量的产生、形成和实现过程的抽象描述、理论提炼和系统概括。依据 ISO 9004-2《质量管理和质量体系要素第 2 部分:服务指南》中第 51412 条规定,结合物流企业服务过程的实际情况,可确定其服务质量环如图 4-1 所示。

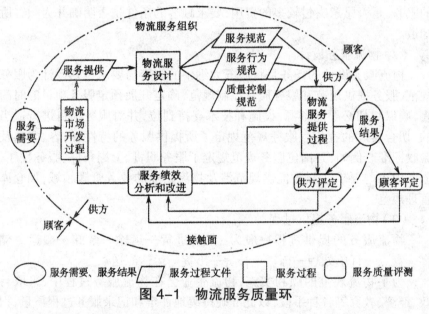

图 4-1　物流服务质量环

2.物流质量管理体系文件

企业还应参照 ISO 9004-2,结合企业人员、设施等实际情况,建立一个文件化的质量管理体系,即编制一套科学、实用、有效的质量管理体系文件。它包括质量管理手册、管理规范和质量计划、服务规范、质量记录。

3.物流质量体系特点

物流质量体系特点包括:确保商品质量和服务质量,让客户满意是建立服务质量体系的根本目的;物流服务质量体系是动态发展的体系。

4.物流质量管理体系要素

企业的物流质量管理体系运作要素包括：物流服务需要的调研和评定、物流服务设计、物流服务提供过程和物流服务绩效的分析与改进。

（1）物流服务调研和评定

为了提高物流服务质量,必须对物流服务进行调研和评定。也就是运用设置顾客意见本、召开顾客座谈会等方式了解顾客的服务需要,特别是要针对市场供需,经常地研究分析现在的、潜在的市场变化和客户需求以及物流服务需要层次。如征询顾客还需要哪些额外服务,希望得到哪些目前还没有提供的服务,订单传送的方法是否需要改进,确定哪方面的物流服务对顾客最为重要,目前的订货速度可否接受,为了得到较高水平的服务,是否愿意支付较多的费用,要求顾客的条件是否明确并为顾客所知道。

（2）物流服务设计

物流服务设计的任务是将服务大纲中的内容与要求策划设计为服务规范、服务提供规范和服务质量控制规范,确定开展预定服务项目的时间表,确保一切必要的资源、设施和技术支持到位,并对服务项目进行适当的、切合实际的宣传。服务规范规定了所提供服务的特性、内容、要求及验收标准。例如,各岗位服务规范规定了服务职责、上岗条件、服务程序、服务内容与要求。服务提供规范涉及物流企业的业务管理领域,如仓库管理规范。

（3）物流服务提供过程

物流服务的提供过程一般为：集货进货—运输—装卸—搬运—储存—盘点—订单处理—拣货—补货—出货—运输配送。

为了物流规范的顺利实施,物流企业会在物流服务过程中,采取行政、经济、教育等各种手段,以此准确持续地评定和记录服务过程质量,识别和纠正不规范服务,把影响服务过程质量的各方面因素置于受控状态。例如,检查所有订单信息是否完整、准确,顾客的信誉程度如何,各部门对每笔交易记录是否完整,是否有延误导致订单未及时处理的情况,订单的分拣和集合情况如何,备货和运货的方式是否合理,企业是否建立一定的程序对退货的处理、检查和准许等事项制定出规定,是否定期走访顾客,有无明文规定以检查服务人员同顾客之间的联系。

（4）物流服务业绩的分析与改进

此外,还应十分重视顾客对服务质量的投诉和评价,不断提高顾客的满意率,力争实现无缺陷服务。为此要建立一个服务质量信息的反馈和管理系统,对服务业绩进行定量的数据收集和统计分析,以寻求质量改进的机会,提高物流服务质量水平。

二、物流工作质量

(一)工作质量

工作质量,是指与质量有关的各项工作对产品质量、服务质量、过程质量的保证程度。无论是生产过程,还是服务过程,归根结底,都是由一些相互关联、具有不同职能和方式的具体工作组成。由于这些工作之间的整体性,一件工作的失误可能会波及其他工作,从而导致过程质量的失控,最后影响到产品或服务的最终质量。对于企业来说,工作质量就是企业的管理工作、技术工作以及售后服务对提高产品质量、服务质量和提高企业经济效益的保证程度。

工作质量和企业各个部门与岗位之间具有紧密联系,体现了企业的工作有效性,直接决定产品和服务的质量。它又取决于人的素质,包括工作人员的质量意识、责任心、业务水平。其中,企业的最高管理者(决策层)的工作质量起主导作用,广大的一般管理层和执行层的工作质量起保证和落实作用。企业的每一项工作,无论其整体地位和岗位分工如何,都必须认真对待,保证工作的质量。

通过衡量工作质量,可以了解企业的工作水平,这包括企业的组织工作、管理工作、技术工作及售后服务工作的水平。工作质量的特点是它不像产品质量那样直观地表现在人们的面前,而是体现在一切生产、技术、经营活动之中,并且通过企业的工作效率和工作成果,最终通过产品质量和经济效益表现出来。

工作质量的特点是难以直接、定量地描述和衡量的。一般来说,工作质量的好坏可以通过工作的成果(或效果)来间接考察。例如,广泛使用的合格率、错漏检率、返修率、投诉率、满意率等就是这一类工作质量考察指标,差错率、废品率、返修率下降,就意味着工作质量的提高。另外,在一些场合,不能直接定出上述指标,需采用综合评分的办法来衡量。例如,工作质量的衡量可以通过工作标准,把"需要"予以定量,然后,通过质量责任制等进行评价、考核与综合评分。具体的工作标准,依照不同的部门、不同的岗位来确定。

（二）物流工作质量体系

物流工作质量是指物流企业的工作质量,这包括企业运行过程中,各环节、各工种、各岗位的具体工作质量。物流工作质量和物流服务质量是两个有关联但又不大相同的概念,物流服务质量水平取决于各个物流工作质量的总和,所以,物流工作质量是物流服务质量的某种保证和基础。通过强化物流管理,建立科学合理的管理制度,充分调动员工积极性,不断提高物流工作质量,物流服务质量也就有了一定程度的保证。所以,提高物流服务质量要从工作质量入手,把物流工作质量作为物流质量管理的主要内容及工作重点。

对于物流企业来说,科学、全面地分析和评价物流服务质量具有重要作用和意义,只有做到这一点才能保证物流项目的正常运行,以及更好地提供物流服务。物流的工作质量涉及物流各环节、各工种、各岗位的具体工作质量,用绩效考评的办法来进行其物流工作质量的考核。在我国,对物流活动的绩效进行考核还比较少,考核的方法也比较少。这里,从物流企业项目运作出发,来制定考评供应链运行绩效的关键业绩指标——KPI（Key Process Indication）体系。

KPI,是通过对组织内部流程的输入端、输出端的关键参数进行设置、取样、计算、分析,衡量流程绩效的一种目标式量化管理指标,是把企业的战略目标分解为可操作的工作目标的工具,是企业绩效管理的基础。KPI可以使部门主管明确部门的主要责任,并以此为基础,明确部门人员的业绩衡量指标。KPI同样可以用于项目的管理,用于衡量整体运行状况。建立明确的切实可行的KPI体系,是做好绩效管理的关键。

因此,物流企业在制定KPI指标系统时,必须把握以下几个要点。

第一,要分不同的角度看待KPI的制定。

第二,不能只看到当前本企业物流项目运作的优势,而应向整个行业优秀的第三方物流企业学习。

第三,以满足客户的需要为出发点来制定标杆,要始终着眼于客户的满意度。

确定KPI指标系统的一个重要原则是:SMART原则。SMART是五个英文单词首字母的缩写:S代表具体,指绩效考核要切中特定的工作指标,不能笼统;M代表可度量,指绩效指标是数量化或者行为化的,验证这些绩效指标的数据或者信息是可以获得的;A代表可实现,指绩效指标在付出努力的情况下可以实现,避免设立过高或过低的目标;R代表现实性,指绩效指标是实实在在的,可以证明和观察;T代表有时限,注重完成绩效指标的特定期限。一般来说,物流企业物流项目运作相关的 KPI 绩效指标系统可以划分为五个部分,如下所示。

1. 库存过程

（1）库存完好率

某段时间内仓库货物保存完好的比率。具体计算为 T 时间内,完好库存为 n,总库存数为 N,则库存完好率为:

$P_k = n/N \times 100\%$

（2）库存周报表准确率

每周的库存周报表的准确率是物流服务绩效的 KPI 指标之一。具体计算为:在 T 时间段内,库存报告的准确次数除以总的库存报告次数就是库存周报表准确率。

（3）订单拣配货差错率

每个订单的拣配货差错率是考评物流配送拣配货作业绩效的指标。设订单拣配货的准确率为 P_j,则订单拣配货差错率为:

$P_c = 1 - P_j$

实际作业中要求订单拣配货的准确率 P_j 为 100%,故 P_c 为零。

（4）发货准确率

仓管人员根据订单准确发货的百分数。具体计算为:

发货准确率 =1- 在 T 时间段内错误的发货次数 / 在 T 时间段内的发货总数

2. 财务指标

（1）失去销售比率

反映了客户未满足既定需求的情况。可用失去销售额占总销售额的百分比来表示。

（2）物流企业利润率

在 T 时间段内,客户支付给物流企业的物流费用减去物流企业为完成这些物流业务所支出的成本,与上一个 T 时间段内客户支付给第三方物流企业的物流费用的比率。具体计算为:

物流企业利润率 =（收入 – 成本支出）/ 收入

（3）运输库存破损赔偿率

在 T 时间段内,由于运输、仓储所造成的货物破损赔偿占在工时间段内的物流业务收入的比率。具体计算为:

运输库存破损赔偿率 = 货物破损赔偿费用 / 业务收入

3. 客户服务

（1）客户投诉率

在 T 时间段内,客户投诉第三方物流企业次数与总的送货次数的比率。具体计算为:

客户投诉率 = 客户投诉次数 / 总的送货总数

（2）客户投诉处理时间

一般情况下,客户投诉处理时间为 2 小时。可以根据行业情形,适当调节。但如果客户重复投诉,则此权重应该加大。

（3）回单返回及时率

在完成每笔业务后,运输单据返回客户的比率。一般客户会每月要求收回一次运输单据以备查。

4. 运输计划

需求满足率是指客户的物流需求(包括一些额外的物流需求,如不常见路线的运输、零星的货物运输、增值服务要求等)能够及时满足的比率,即:

需求满足率 = （需求得到满足的次数 / 总的需求的次数）× 100%

5. 运输过程

（1）货物及时发送率

用一定时期内第三方物流企业接到客户订单后,及时将货物发送出去的次数与总订单次数的百分比来表示。

设时段 T 内,及时发货次数为 N_i,总的订单次数为 N_t,则及时发货率为:

$P_i=(N_i/N_t) \times 100\%$

（2）货物准时送达率

按照客户的需求在规定的时间内将产品安全准确地送达目的地。设时段 T 内,准时送达次数为 N_d,总的订单次数为 N_t,则准时送达率为:

$P_d=(N_d/N_t) \times 100\%$

（3）货物完好送达率

按照客户的要求在规定的时间内将客户订购的产品无损坏地送达客户手上。设时段 T 内,完好送达的次数为 N_w,总的订单次数为 N_t,则完好送达率为:

$P_w=(N_w/N_t) \times 100\%$

在实际作业中,这个指标要求很高,须达到 100%。

（4）运输信息及时跟踪率

每一笔货物运输出去以后,物流企业向客户反馈运输信息的比率。该数据的计算可以根据在时段 T 内,跟踪运输信息的次数为 N_n,总的订单次数为 N_t,则运输信息及时跟踪率为

$P_n = (N_n/N_t) \times 100\%$

在实际作业中,这个指标要求也比较高,须达到 100%。

绩效考评一直是企业管理中颇具争议的话题。即便是在推行了现代绩效管理体系的企业,也常出现种种问题而无法获取预期效果。绩效评价是管理者和员工之间最容易出现争议的部分。所以,针对这一类员工,有可能是员工的工作绩效和工作质量受到了不准确的评价,因此有必要进一步收集相关的绩效信息并力求客观地评价员工的工作绩效和工作质量。

（三）物流工作质量管理

顾名思义,物流工作质量管理就是对物流各环节、各工种、各岗位具体工作质量的管理,确定质量方针、目标和职责,并在质量体系中通过质量策划、质量控制、质量保证和质量改进使其实施的管理职能的所有活动。物流工作质量管理分为物流活动决策支持、物流调度管理控制和物流业务的工作质量管理三个组成部分,涉及物流组织的各级管理者和操作者的工作职责,由最高管理者领导,工作物流活动决策支持的工作质量管理是物流企业高级管理者工作质量的管理,包括对物流活动和物流业务的绩效进行评估和成本—收益分析工作质量进行管理以及对由此而涉及的企业高层领导及管理人员的决策、管理质量进行有效的管理。它涉及物流体系的设计和评估质量的管理,包括战略性规划和供应链合作伙伴之间的费用、资源关系,物流系统最低成本的实现等管理工作的质量管理,它不仅是企业当前总体运行质量的集中表现,而且,还是企业长期发展目标的可行性管理的科学管理支持依据。

物流调度管理控制的工作质量管理是对企业中层管理工作者的工作质量的管理,它是为了实现企业目标有效利用资源的具体过程的工作质量的管理。

只有进行科学的物流工作质量管理,才能保障相应的业务可以有效、高效地执行,这是物流企业基层具体物流业务操作者的工作质量的管理。物流工作质量管理是物流企业围绕其经营活动的正常运行所涉及的所有员工开展的策划、组织、计划、实施、操作、检查和监督审核等所有管理活动的工作质量的总和,是物流企业管理的一个中心环节。其职能是负责

确定并实施质量方针、目标和职能。一个物流企业要以质量求生存,以及时周到、全方位的物流服务求发展,积极参与到国际竞争中去,就必须制定正确的质量方针和适宜的质量目标。而要保证方针、目标的实现,就必须建立健全质量体系,并使之有效运行。

需要注意的是,物流工作质量管理对于整个企业的运行具有重要意义,因此必须由企业的最高管理者领导,同时也对最高管理者的工作质量进行管理,这是实施物流企业工作质量管理的一个最基本的条件。质量目标和职责逐级分解,各级管理者都对目标的实现负责。质量管理的实施涉及企业的所有成员,每个成员都要参与到质量管理活动之中,这是全面质量管理的一个重要特征。

三、物流工程质量

(一)工程及工程质量

对于现代社会来说,工程是重要的内容和组成部分,对社会的运行和发展具有必不可少的重要作用。工程意识、工程思维、工程决策、工程管理、工程技术、工程伦理、工程教育,等等,已经越来越成为企业界、学术界,尤其是政府部门日益关注的焦点和核心问题。工程活动是现代社会存在和发展的基础,现代工程深刻改变着人类社会的物质生活面貌,世界各国现代化的过程在很大程度上就是进行各种类型现代工程的过程。

从广义层面来说,可以将一切活动都看作工程,包括社会生活的许多领域,如211工程、"五个一"工程、安居工程、希望工程、引智工程、下岗再就业工程等。狭义的工程是指与生产实践密切联系,运用一定的科学技术方法及各种功能设施,组成具有系统功能的有机整体,进行的活动,如三峡建设工程、"神五"工程、南水北调工程等。工程质量中所探讨的工程,是指狭义的工程。

通常应该从三个方面对一项工程进行科学"定位"。第一方面是从科学、技术、工程"三元论"角度界定的工程:科学是以发现为核心的人类活动,科学是发现自然规律,讲求真善美,追求真理;技术是以发明为核心的人类活动,技术是发明方法,讲究技巧,追求诀窍;工程是以建造为核心的人类活动,工程是按照社会需要设计造物,构筑与协调运行,讲求价值,追求一定边界条件下的优化。第二方面是从工程与生产、实践的相互关系界定的工程:工程就是包含了设计和制造活动在内的生产实践活动。第三方面是把前两个方面统一起来的更大的"尺度",这是从"科学一技术—工程—产业—经济—社会"的"链条"和"网络"中来认识工程和把握工程的定位。工程的实施,一方面为科学技术的实现提供平台,另一方面推动产业、经济的发展,服务于社会。

工程具有以下几个方面的特征。

1. 在一定边界条件下集成和优化

工程是一个复杂的组织系统或社会化系统,有工程指挥中心,有技术攻关人员,还有大批施工建设者等。一个工程往往有多种技术、多个方案、多种路径可被选择。如何利用最小的投入获得最大回报,取得良好的经济效益和社会效益,这就要求工程努力实现在一定边界条件下的集成和优化。在工程的设计、施工过程中,努力寻求和实现"在一定边界条件下集成和优化"是一个核心性的问题。

2. 通过建造而实现

我们不论是建房、造船、修桥、铺路,或者进行自动化项目的建设,都是要通过一步步的工序、工艺、工期来完成的。

3. 具有一定科学原理

任何一个工程的实施都有其自然科学原理的根据,是一定的科学理论的体现,特别是复杂的关键性技术、技术群的应用。例如,阿波罗登月计划,就离不开空气动力学的理论指导和航天技术、材料技术、电子技术、自动控制技术等的综合应用。

4. 保证与环境协调一致

大型工程的实施,都会对自然生态系统产生一定的影响,工程和环境构成了一对矛盾。必须充分考虑到工程活动可能引起的环境问题。我国目前钢铁工业的发展中,有人"大干快上",同样也是只讲经济效益而无视环境保护,造成了严重的环境污染。目前,我国吨钢能耗比国际先进水平高15%左右,一些工程项目仍然在走"先发展,后治理"的老路。我国钢铁工业尚未完全摆脱粗放型发展模式,环境问题已经成为约束我国钢铁工业发展的最主要原因之一。我们必须走绿色钢铁制造之路,使企业的经济效益、环境效益和社会效益协调优化。

5. 具有特定目标,注重过程和效益

工程项目都有其特殊对象、有明确的目标要求、有确定的步骤、阶段和资金投入。工程的质量是工程的生命所在。要把工程的目标确定好,工程项目设计好、完成好,取得好的效益,不是一件容易的事情。例如,我们国家之所以要用很长的时间进行论证,花费 2000 亿元资金、17 年的工夫来修建三峡工程,就在于它能带来发电、通航以及保障人民安全的巨大效益。

具体来说,工程质量就是指工程在建设过程中,各阶段、各构成部件或子系统"符合规格"和"符合期望"的工作目标质量的总和。在实际工作中,工程设计人员根据客户的需要,确定工程的质量特点,确定工程质量的管理方法、措施以及质量的目标,"符合规格"即指工程的质量符合所制定的质量目标的程度。而"符合期望"则是工程设计人员直接采用客户的"期望值"作为工程的目标质量,客户成为最终质量的评审者、考核者,管理人员在质量的评估过程中,分析易量化的主观因素对客户评估的影响,这样,管理人员就能根据客户认为重要的因素判断工程的质量。"符合期望"需要管理人员密切关注工程所处的外部环境,关注影响工程质量的方方面面的因素。

工程质量具有一定规律。工程质量是工程建设全过程实现的结果,而不是检验或宣传出来的,工程质量有一个产生、形成到实现的过程,在这一过程中的每一个环节都直接或间接地影响到工程质量。

（二）物流工程质量体系

物流工程是流通领域及其他有物流活动领域的工程系统。对流通领域而言,是这一领域独特的工程系统,主要作用是支持流通活动,提高活动的水平并最终实现交易物的有效转移。

只有物流工程提供有力支撑,才能保证物流活动的顺利开展,物流工程是支撑物流活动的总体的工程系统,一般来说,可以将其划分为总体的网络工程系统和具体的技术工程系统两大类别。实际上,任何物流企业的物流运作,包括第三方物流企业接受外包的物流运作,不可能是空手运作,必须依靠有效的工程系统来实现这种运作。当然,工程系统有可能是自建的,世界上很多大型物流公司都有自己的仓库、配送中心、机场、货机等工程设施,有些则需要依靠组织的办法来利用别人提供的工程设施,国家建设的物流设施基础平台,就是这么一种基础的工程设施。任何物流企业都必须依靠有效的工程系统来保证高质量的服务。

从根本上来说,物流的整体质量很大程度上取决于工程设施、技术装备的质量,因此必须加强对工程设施、技术装备的有效控制。很明显,工程设施的水平和质量,可以从根本上决定物流的水平和质量。例如,采用大型集装箱联运系统之后,基本杜绝了物流过程中单件货物的丢失,就是工程系统起作用的实例。

对于生产企业而言,其内部的物流很难利用国家提供的基础工程设施平台,也很难利用社会上营业性的工程设施,在这种情况下,就需要自己建设一套工程系统。这一套物流工程系统将会是决定企业物流水平的非常重要的基本因素。

可以看出,不仅物流服务质量、物流工作质量会影响物流整体质量,物流工程质量也是一个重要的影响因素,优良的工程质量对于物流质量的保证程度,受制于物流技术水平、管理水平、技术装备。好的物流质量,是在整个物流过程中形成的,要想能"事前控制"物流质量,预防物流损失,必须对影响物流质量的诸因素进行有效控制。提高工程质量是进行物流质量管理的基础工作,提高工程质量,就能做到"预防为主"的质量管理。借鉴美国质量管理专家朱兰的理论,物流工程质量同样有一个质量螺旋模型,如图4-2所示。

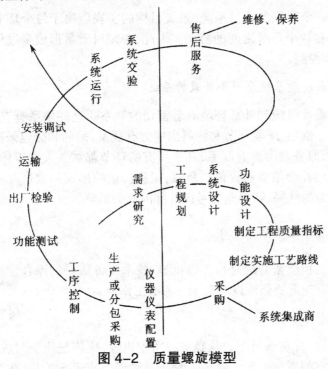

图 4-2 质量螺旋模型

1. 工程质量形成过程的具体环节

工程质量的形成过程包括17个环节(质量职能):需求研究、工程规划、系统设计、功能设计(单机设计)、制定工程质量指标、制定实施工艺路线、采购(工程招标、工程采购,选定系统集成商)、仪器仪表配置、生产或分包采购、工序控制、功能测试、出厂检验、运输、安装调试、系统运行、系统交验、售后服务(维修、维护)等。

2. 人员质量具有重要意义

工程质量的形成过程中,每一个环节均需依靠人员的参与来完成,人的质量意识以及对人的管理是过程质量和工作质量的基本保证。所以,人是产品质量形成全过程中最重要、最具能动性的因素。

3. 工程质量的形成过程是一个循序渐进的过程

工程质量的形成过程一共包括 17 个环节,这些环节构成一个循环,每经过一个循环,工程的质量就有所提高。工程质量在一轮又一轮的循环中提高,在原有的基础上不断改进和突破。

4. 各个环节的落实与协调具有重要意义

作为一个工程的质量系统,系统目标的实现取决于每个环节质量职能的落实和各个环节之间的协调。因此,必须对质量形成全过程进行计划、组织和控制。

5. 工程质量系统是一个开放的系统

工程质量系统和外部环境有着密切的联系。这些联系有直接的,也有间接的。例如,采购环节和物料供应方有联系,采购和分包采购与供应商有联系,服务和顾客有联系,几乎所有的环节都需要人来工作,而人力资源主要由社会培养和提供。所以,工程质量的形成和改进并不只是企业内部行为的结果,需要充分考虑外部因素的影响。

(三)物流工程质量管理

物流工程质量管理是指工程设施、技术装备质量的综合管理。物流工程质量管理需要强调以下几个方面的工作。

1. 质量与经济的统一

质量第一,质量至上。从经济的角度出发,应该是质量与成本统一,确定最适宜的质量标准。物流工程质量管理者应追求的是,在满足需求条件的前提下尽可能减少投入,生产出"适宜"、物美、价廉的产品,以取得高质量与高性价比的统一。根据这一思想,既不可以片面追求过剩质量,而使成本大大提高,也不应该为了降低成本,而使质量降低,影响质量的适宜性。

2. 预防为主，不断改进

好的物流工程质量是设计、生产、实施出来的，不是靠最后检查出来的。根据这一基本原理，物流工程质量的管理要求把管理工作的重点，从"事后把关"转移到"事先预防"上来。从"管结果"变为"管因素"，实施"预防为主"的方针，将不合格工程质量消灭在物流工程建设的过程之中，做到"防患于未然"，此外仍要加强各环节的质量检验职能。

3. 用事实和数据说话

物流工程质量管理要求在物流工程建设的质量管理工作中，具有科学严谨的态度和作风，不能满足一知半解和表面现象；要对问题进行深入分析，除定性分析外，还要尽可能定量分析，做到心中有数，避免主观性、盲目性。

4. 以人为本，科学管理

在质量管理诸要素中，人是最活跃、最重要的因素。质量管理是人们有目的的活动，要搞好质量管理工作，必须树立以人为本的管理思想。

5. 严于律己，用户至上

实行物流工程建设全过程的管理，要求所有环节都必须树立"下一环节就是用户""严于律己，用户至上"、努力为下一个环节服务的思想。现代物流工程建设是一环扣一环的，前一个环节的质量影响后一个环节的质量，一个环节的质量出了问题，就会影响整个生产过程以至产品质量。因此，要求每一个环节成果的质量都能经得起下一个环节（用户）的检验，满足下一个环节的要求。有些优质物流工程建设过程中的许多环节，特别是一些关键环节，开展复查上一环节的工作，保证本环节质量，优质、准时为下一环节服务的活动，并经常组织上下环节、相关环节之间的互相访问和互提质量保证，最后保证优质物流工程的建设。

6. 质量第一

任何物流工程的建设都必须达到要求的质量水平，否则，就没有或未完全实现其使用价值，从而给物流的具体业务造成麻烦，带来不必要的损失。从这个意义上讲，物流工程的建设必须把质量放在第一位。

贯彻质量第一，要求参与物流工程建设和使用的相关企业的所有员工，尤其是领导干部，要有强烈的质量意识。相关企业在物流工程建设的各个环节中首先应根据物流工程建设的要求，科学地确定质量方针，并安排人力、物力、财力，以保证生产出优质产品。

第三节 物流全面质量管理

一、质量管理的发展历程

（一）第一阶段：质量检验阶段

20 世纪前，产品质量主要依靠操作者本人的技艺水平和经验来保证，属于"操作者的质量管理"。20 世纪初，以 F.W. 泰勒为代表的科学管理理论的产生，促使产品的质量检验从加工制造中分离出来，质量管理的职能由操作者转移给工长，是"工长的质量管理"。随着企业生产规模的扩大和产品复杂程度的提高，产品有了技术标准（技术条件），公差制度也日趋完善，各种检验工具和检验技术也随之发展，大多数企业开始设置检验部门，有的直属于厂长领导，这时是"检验员的质量管理"。上述几种做法都属于事后检验的质量管理方式。

（二）第二阶段：统计质量控制阶段

1924 年，美国数理统计学家 W.A. 休哈特提出控制和预防缺陷的概念。他运用数理统计的原理提出在生产过程中控制产品质量的"6σ"法，绘制出第一张控制图并建立了一套统计卡片。与此同时，美国贝尔研究所提出关于抽样检验的概念及其实施方案，成为运用数理统计理论解决质量问题的先驱，但当时并未被普遍接受。以数理统计理论为基础的统计质量控制的推广应用始于第二次世界大战。由于事后检验无法控制武器弹药的质量，美国国防部决定把数理统计法用于质量管理，并由标准协会制定有关数理统计方法应用于质量管理方面的规划，成立了专门委员会，并于 1941—1942 年先后公布一批美国战时的质量管理标准。

（三）第三阶段：全面质量管理阶段

20 世纪 50 年代以来，随着生产力的迅速发展和科学技术的日新月异，人们对产品的质量从注重产品的一般性能发展为注重产品的耐用性、可靠性、安全性、维修性和经济性等。在生产技术和企业管理中要求运用系统的观点来研究质量问题。在管理理论上也有新的发展，突出重视人的因素,强调依靠企业全体人员的努力来保证质量此外,还有"保护消费者利益"运动的兴起,企业之间市场竞争越来越激烈。在这种情况下,美国 A.V. 费根鲍姆于 60 年代初提出全面质量管理的概念。他提出,全面质量管理是"为了能够在最经济的水平上并考虑到充分满足顾客要求的条件下进行生产和提供服务,并把企业各部门在研制质量、维持质量和提高质量方面的活动构成为一体的一种有效体系"。

二、物流全面质量管理的内容

(一)全过程物流质量管理

不论组织的类型和规模如何,全面质量管理和任何管理体系的"过程方法"的概念、意义和应用相同。

1. 全过程物流质量管理体系

具体来说,包括但不限于下述管理体系。
(1)社会责任管理体系。
(2)职业健康和安全管理体系。
(3)经营风险管理体系。
(4)ISO 9000 族质量管理体系。
(5)环境(ISO 14000 系列)管理体系。

2. 过程概述

"过程"可定义为"一组将输入转化为输出的相互关联或相互作用的活动"。这种活动要求把诸如人员和材料这样的资源集中使用。

与其他方法比较,过程方法的主要特点是对组织的作业过程间的相互作用和职能层次间的接口进行管理和控制。输入和预期的输出可以是有形的(如设备、材料或部件等)或无形的(如能量或信息等),输出可以是非预期的(如废弃物或污染等)。每个过程都有受其影响的顾客和其他相关方(可以是组织内部的或外部的),他们按照自己的需求和期望规定要求的输出。应当使用一个对收集的数据进行分析的系统,以提供过程业绩的信息和确定采取纠正措施或改进的需求。所有过程均应按照组织的目标进行调整,并依据组织相关的范围和复杂性进行增值设计。过程的有效性和效率可通过内部或外部评审过程进行评价。

可以将过程的类型按照以下方式划分。

（1）实现过程。它包括提供组织预期输出的所有过程。

（2）资源管理的过程。它包括需要提供资源的所有过程,即组织管理过程、实现过程和测量过程中需要提供资源的过程。

（3）组织管理的过程。它包括与战略策划、制定方针、建立目标、提供沟通、获得所需资源以及管理评审等有关的过程。

（4）测量、分析和改进过程。它包括用于业绩分析、有效性及效率改进所需的进行测量和收集数据的那些过程,具体包括测量、监视和审核过程,纠正和预防措施过程,它们也是与组织管理、资源管理和实现过程集成总体的组成部分。

3. 过程方法的优点

过程方法旨在为过程的描述和过程相关术语的使用建立一致的方法。过程方法的目的是增强组织实现其规定目标的有效性和效率。过程方法主要具有以下几个优点。

（1）过程的整合和调整能够达到策划的结果。

（2）明确员工的职责,并激励他们创新。

（3）为重点的和具有优先权的主动改进提供机会。

（4）把能力集中于提高过程的有效性和效率。

（5）通过资源的有效利用,降低成本,缩短资金周转时间。

（6）获得改进的、一致的和可预见的结果。

（7）使顾客和其他相关方信任组织能持续满足其要求。

（8）提高组织内运作的透明度。

4. 过程方法的理解及实施

进行全过程物流质量管理,必须正确地理解过程方法组织和管理作业活动的具体方式,将活动和相关的资源作为过程进行管理,这是为顾客和其他相关方创造价值的一个非常有用的方法。

企业往往划分为若干职能部门,形成层次结构。企业通常把预期的输出职责按部门进行分配,实行垂直式(竖向)管理。最终顾客和其他相关方不能完全看到组织内的全部活动。接口边界上发生的问题,比起本部门的短期目标来说,往往得不到优先考虑,由于处置措施通常偏向本部门利益,而不是关注企业的整体利益,这就导致较少或未能按相关方要求进行改进。

过程方法是重要的物流质量管理方法,它引进了突破职能部门间的障碍的水平式(横向)管理,使人们都来关注组织的主要目标。过程方法还能改善过程接口的管理。通过应用过程方法可以有效地改善企业业绩。

来自一个过程的输出可以是另一个过程的输入,并把过程链接成一个整体网络或系统。

通过建立和理解过程及其相互作用组成的网络,把被管理的诸过程看作一个系统实施管理,称为"管理的系统方法"。下面过程的实施方法可应用于任何类型的过程。步骤的顺序仅是一种方法,并非是预先规定的步骤,某些步骤是可以同步进行的,如表 4-1 所示。

表 4-1　企业的过程识别

过程方法的步骤	实施内容	指南
规定企业的目的	企业应当识别其顾客和其他相关方及他们的要求、需求和期望,以便规定企业预期的输出	收集、分析和确定顾客和其他相关方的要求、需求和期望。经常与顾客和其他相关方沟通,以确保持续地理解他们的要求、需求和期望,确定企业将要应用的质量管理、环境管理,职业健康和安全管理、经营风险、社会责任和其他管理体系
规定企业的方针和目标	基于要求、需求和期望的分析,建立企业的方针和目标	最高管理者应当决定企业面向的市场,并编制有关的方针,然后,应当基于此方针建立预期的输出目标(如产品、环境业绩、职业健康和安全业绩)
确定企业内的过程	识别产品预期输出需要的所有过程	确定企业达到预期输出需求的各个过程,这些过程包括管理过程、资源管理、实现过程以及测量和改进过程。识别所有这些过程的输入和输出以及供方、顾客和其他相关方(内部的或外部的)
确定过程的顺序	按照过程顺序和相互作用确定过程流程	确定和建立描述过程及其相互作用网络的方法,应考虑以下方面: 每个过程的顾客;每个过程的输入和输出;相互作用的过程;接口及它们的特性;过程相互作用的时间和顺序;顺序的有效性和效率 注:以产生一个输出的实现过程为例,向顾客交付产品的过程将与其他过程(如管理、测量和监视以及资源提供过程)发生相互作用 可以使用如方框图、矩阵图和流程图之类的方法和工具,支持过程顺序及其相互作用的开发
确定过程的所有者	为每个过程分配职责和权限	管理者应当确定个人作用和职责,以保证每个过程及其相互作用的实施、维持和改进。这样的个人通常称为"过程的所有者" 为管理过程的相互作用,建立一个来自每个相互作用过程的代表组成的"过程管理组",以便通过所有这些过程进行全面观察分析

续表

过程方法的步骤	实施内容	指南
规定过程文件	确定必须编制和如何编制文件的那些过程	企业内现有的过程和方法应以最适当方式识别和管理,不存在必须编制文件的过程目录或清单 文件化的主要用途是使过程能够一致稳定地运作 企业应基于下述情况确定必须文件化的过程:企业的规模及其活动类型;过程及其相互作用的复杂性;过程的关键性;人员能力的可用性 当文件化过程必要时,可使用若干不同的方法,如图形表示法、作业指导书、检查清单、流程图、图像媒体或电子文件

全面质量管理按照计划安排实施过程及其活动,如表4-2所示。

表4-2 过程的计划

过程方法的步骤	实施内容	指南
确定过程中的活动	确定达到过程预期输出所需要的活动	确定过程要求的输入和输出 确定过程把输入转化为要求的输出所需要的活动 确定过程中的活动顺序和相互作用 确定将如何执行每项活动
规定监视和测量要求	确定在何处和如何采取监视和测量。对过程的控制和实施这两方面以及预期的过程输出均应进行监视和测量,确定记录结果的需求	规定过程控制和过程业绩的监视和测量准则,以确定过程的有效性和效率。应考虑以下因素: 与要求的符合性;顾客满意;供方业绩;准时交付;研制周期;失效率;废弃物;过程成本;事件的频次
确定需求的资源	确定每个过程有效运作所需求的资源	资源的示例包括: 人力资源;基础设施;工作环境;信息;自然资源;材料;财务资源
对照过程计划的目标验证过程及其活动	证实过程及其活动的特性符合组织的目的	验证表4-1中步骤1的所有要求已得到满足。如未满足,应考虑要求什么增加的过程活动,并返回表4-1中步骤1,以便改进过程

为了更好地进行物流质量管理,组织可以开展实施以下项目,但是并不仅限于以下几个方面:沟通;了解情况;培训;改进管理;管理改革;适宜的评审活动。

企业需要按照制定的计划安排测量、监视和控制。为测量过程业绩,对从监视和测量获得的过程数据进行分析、评价。使用时,应用统计技术,将过程业绩结果与规定的过程要求进行比较,以便证实过程的有效性和效率,或对纠正措施的任何需求。基于过程业绩数据识别过程改进的机会,使用时,向最高管理者报告过程业绩。

首先,应该确定并实施纠正措施的方法,以消除问题(包括错误、缺陷、过程控制不足)的根本原因,验证其有效性。

其次,应该确定并实施改进的方法(包括过程简化、提高效率、改进有效性、缩短过程循环时间),验证改进的有效性。

只要已经实现了计划的过程要求,组织可以在充分掌握具体情况的基础上持续改进过程业绩,从而达到更高水平的措施效果。同时,企业可以通过风险分析方法识别物流过程中存在的各种潜在问题。还应识别和消除这些潜在问题的根本原因,防止在所有过程中发生类似已识别的风险。

5. 物流过程解析

物流过程是关于产品或服务的整个社会供应链的物流的全过程。

如果站在供应链的角度来说,产品的生命周期是从原料、半成品和成品的生产、供应、销售直到最终消费者的整个过程。供应链管理就是通过这个过程中物流、信息流、资金流的协调,满足顾客的需要。供应链管理涵盖了整个物流过程,它强调和依赖战略管理,采用集成的思想和方法,通过协调合作关系达到高水平的服务。供应链管理把供应链中的所有节点企业看作一个整体,但不是对节点企业资源的简单连接。

在物流实践中,供应链的业务流程主要包括从最终用户到初始供应商的市场需求信息逆流而上的传导过程以及初始供应商到最终用户顺流而下且不断增值的产品和服务的传导过程。供应链管理对这两个核心业务流程实施一体化运作,包括统筹的安排、协同的运行和统一的协调。供应链沿着供应商—制造商—分销商—零售商—顾客这个链条传递产品和服务,同时直观地显示了供应链上信息、资金和物料的双向流动,如图4-3所示。每一个流程里都有特定的内容,担当不同的任务,有时同步进行,有时先后衔接,它们分工合作、协调流动是供应链成功运作的必要条件。

信息　能力、促销计划、交货计划

物料　原材料、半成品、成品、其他生产物资

资金　信用证、托收、付款时间、票据

销售、订货、存货、质量、促销计划　信息

退货、维修、保养、再利用、处理　物料

付款、托收　资金

图 4-3　供应链的管理流程

实际上,针对物流过程进行全面质量管理,就是针对供应链物流进行全面质量管理。这个过程中的所有产品、服务都纳入一个统一的质量管理体系中,无论是供应商、协作商、合作商,还是分销商、零售商,作为整个供应链上的节点企业,都以顾客的利益为中心,追求目标和信息一致。所以,现代市场竞争,不是个别企业之间的竞争,而是供应链之间的竞争。

（二）全员物流质量管理

1. 全员物流质量管理的工作重点

对于企业的产品服务来说,任何一个企业员工的工作质量都会对其造成一定影响。因此,物流质量人人有责,必须把企业所有人员的积极性和创造性充分调动起来,不断提高人的素质,人人关心质量,人人做好本职工作,全体员工参加质量管理,只有经过全体成员的共同努力,才能生产出顾客满意的产品。要实现全员的质量管理,应当做好以下三个方面的工作。

（1）组织群众性质量管理活动

要开展多种形式的群众性质量管理活动,尤其是要开展质量管理小组活动,充分发挥广大职工的聪明才智和当家做主的进取精神。这是解决质量问题,提高管理水平,增强企业素质的一种有效办法。可见全员质量管理就意味着要"始于教育,终于教育"。

（2）制定并落实质量责任制

要制定各部门、各级各类人员的质量责任制,明确任务和职权,各司其职,密切配合,形成高效、协调、严密的质量管理工作系统。特别是企业领导成员必须重视并参与质量管理,他们对企业的产品质量应负完全责任,质量决策和质量管理应是企业领导的重要职责。企业领导成员必须

在思想上重视,必须强化自身的质量意识,必须带头学习、理解全面质量管理,必须亲自参与全面质量管理,必须亲自抓,一抓到底。这样,才能对企业开展全面质量管理形成强有力的支持,促进企业的全面质量管理工作深入持久地开展下去。

（3）加强企业员工的质量教育

开展全员的质量教育工作,加强职工的质量意识,牢固树立"质量第一"的思想,促进职工自觉地参加质量管理的各项活动。同时,还要不断提高职工的技术素质、管理素质和政治素质,以适应深入持久地开展全面质量管理的需要。

全员参与质量管理,从供应链的角度出发,要求与产品相关的所有节点企业全员参与。所以,全员质量管理从供应链的角度可以从以下三个方面来理解。

2.将供应链发展战略与质量管理联系起来

（1）供应链发展战略内容:①供应链管理方式创新;②节点企业合作经营机制创新。

（2）坚持诚信经营,并按国际惯例依法经营,积极拓展营销渠道,有效占领市场。

（3）建立、实施管理体系。建立一个系统化、程序化的科学管理体系,解决产品质量问题、环境保护问题、安全健康问题,达到顾客满意、社会满意、员工满意,树立良好的供应链上的所有节点企业形象。

（4）人才战略是根本。不断引进人才;重视在职人员的培训提高;建立奖勤罚懒的激励机制。

（5）技术创新为节点企业做大做强增添活力,要积极推进技术创新,研制开发新产品,促进品牌提升,重用科技人才。

（6）供应链节点企业制定宏观发展战略时,要以提高经济效益为落脚点,解决好几个方面的创新,即观念创新、体制创新、技术创新、管理创新。

（7）供应链节点企业制定宏观发展战略时,要以潜力产品为切入点,把握好四个方面的变革,即变革什么,向什么方向变革,变革到什么程度,怎样实现变革。

（8）供应链节点企业制定宏观发展战略,要以可持续发展为出发点,解决好定位和决策问题。

企业领导人必须明确质量战略是企业发展战略的重要组成部分,没有质量战略的支持,企业发展战略就难以实现。

3. 供应链质量管理的组织管理和质量职能

从组织管理和质量职能方面来看,供应链上的每个节点企业都可以划分为上层管理、中层管理和基层管理。就节点企业来说,全企业的质量管理就是要求企业各管理层次都要有明确的质量管理活动内容。当然,各层次活动的侧重点不同。

（1）上层管理

上层管理侧重于质量决策,制定出企业的质量方针、质量目标、质量政策和质量计划,并同时组织、协调企业各部门、各环节、各类人员的质量管理活动,保证实现企业经营管理的最终目的。

（2）中层管理

中层管理则要贯彻落实领导层的质量决策,运用一定的方法找出各部门的关键问题、薄弱环节或必须解决的重要事项,确定本部门的目标和对策,更好地执行各自的质量职能,并对基层工作进行具体业务管理。

（3）基层管理

基层管理则要求每个职工都要严格遵守标准,按规程进行生产,相互配合,并结合岗位工作,开展合理化建议和质量管理小组活动,不断改进作业。

从质量职能来看,产品质量职能是分散在全企业中的,要保证和提高产品质量,就必须将分散在全企业中的质量职能充分发挥出来。

由以上分析可以看出,就节点企业来说,全企业的质量管理就是要"以质量为中心,领导重视,组织落实,体系完善"。

4. 供应链节点企业绩效评价下的质量管理

供应链是一个由很多方面共同组成的复杂系统,因此,简单地从一个指标并不能全面地评价供应链,而是应该综合多方面的指标评价。建立供应链绩效评价指标体系就是物流质量管理的重要体现,应该遵循以下原则。

①能对关键绩效指标进行重点分析。

②能够反映整个供应链的运营情况,而不仅仅是反映单个节点企业的运营情况。

③能够反映供应链业务流程。

④能够反映供应商、制造商、分销商、零售商与顾客之间的关系,能够涵盖供应链上的所有相关企业。

⑤能对供应链的运营信息做出实时的评价和分析。

供应链绩效评价指标分成内部评价指标(如表 4-3 所示)、外部评价指标(如表 4-4 所示)和综合评价指标。

表 4-3　供应链节点企业的内部评价指标

名称	内容
经济性	前期投资、每年的运营费用、利润、直接或间接的经济效益、投资回收率、全员劳动生产率等因素的衡量。包括订单反应成本、库存周转率、每件库存成本、每平方米库存成本、仓储能力利用率、总利润率、每客户/每件利润率、每路线利润率、包装耗损率等
可靠性	单台设备的可靠性、系统可靠性技术的成熟度、故障率、排除故障所需的时间等方面的要求。如差错损失率、数量破损率、品种准确率、数量绝对差错率、库存准确率、单品入库准确率、订单入库准确率、无缺陷订单率、出库准确率、拣货准确率、品类完成率、运输损坏率、按时到达率、装卸作业率
柔性	灵活性,指物流系统和生产节奏相匹配的能力,方便调整物流路线以及适应产品设计更改和产量变化的能力等
可扩展度	物流系统服务范围和物流能力方面是否具有进一步扩大的能力等
安全性	物流对象的安全、人员的劳动强度、安全、环境保护以及正常运行和事故状态下的安全保障。劳动强度指需要劳动力的数量及作业可能引起的劳动者的疲劳强度。环境保护指符合环境保护条例的要求以及对周围环境的污染程度,主要包括工作事故率、物品失窃/丢失率等

表 4-4　供应链节点企业的外部评价指标

名称	定义	内容
存货可得性	指客户需要商品时,物流企业所拥有的库存能力,拥有存货意味着能始终如一地保证满足顾客对所需商品的需求	由最低库存、供应缓存量、缺货频率、可供应比率等指标组合而成
递送及时性	指物流过程中物品流动的实际时间和要求时间的符合程度	由订货提前期、供货周期、及时进货率、准时装运率、递送延迟时间等指标组合而成
交付一致性	①质量一致性:物流企业是否能够并且乐意向顾客迅速地提供有关物流活动和用户所需的精确信息 ②服务一致性:指以向所有用户提供相同标准的服务为基础,来制定基本的顾客服务平台或服务方案	①质量信息的及时性,能够针对缺货或延迟递送等意外情况及时调整处理,减少损失 ②衡量指标有服务最小变异、运输整合性、交付质量等
客户满意度	物流系统服务水平的具体体现,最终都通过客户满意度反映出来	客户投诉率、投诉处理及时性、投诉处理得当率及客户满意率等

供应链综合绩效评价指标主要包括以下内容。

（1）供应链总运营成本指标

供应链总运营成本包括供应链通信成本、供应链库存费用及各节点企业外部运输总费用，反映供应链运营的效率。

（2）产销率指标

产销率是指在一定时间内已销售出去的产品与已生产的产品数量之比。供应链的产销率能够反映供应链节点企业在一定时间内的经营状况；而供应链核心企业的产销率，反映供应链核心企业在一定时间内的产销经营状况；供应链的产销率，反映整个供应链在一定时间内的产销经营状况。产销率用百分率表示，越接近100%，说明资源利用程度越高，同时也反映供应链库存水平和产品质量，越接近100%，则成品库存量越小。产销率指标中所用的时间段越短，说明供应链管理水平越高。

（3）供应链核心企业产品成本指标

供应链核心企业的产品成本是供应链管理水平的综合体现。根据核心企业产品在市场上的价格确定出该产品的目标成本，再向上游追溯到各供应商，确定出相应的原材料、配套件的目标成本，当目标成本小于市场价格时，各企业才能获得利润，供应链才能得到发展。

（4）供应链产品产出（或投产）循环期或节拍指标

当供应链节点企业生产的产品为单一品种时，供应链产品产出循环期是指产品的出产节拍；当供应链节点企业生产的产品品种较多时，供应链产品产出循环期是指混流生产线上同一产品的产出间隔。包括两个具体指标：一是供应链节点企业（或供应商）零部件的产出循环期；二是供应链核心企业产品产出循环期。

（5）平均产销绝对偏差指标

该指标反映在一定时间内供应链总体库存水平，其值越大，说明供应链成品库存量越大，库存费用越高。反之，说明供应链成品库存量越小，则库存费用越低。

（6）产需率指标

产需率是指在一定时间内，节点企业已生产的产品数量与其上层节点企业（或用户）对该成品的需求量的比值，用百分数表示。具体分为如下指标：

①供应链节点企业产需率，反映上、下节点企业之间的供需关系。产需率越接近100%，则说明节点企业之间供需关系越协调，准时交货率高，反之，则说明准时交货率低，或者企业的综合管理水平低。

②供应链核心企业产需率，反映供应链整体生产能力和快速响应市

场能力。如该数值大于或等于100%,说明供应链整体生产能力较强,能够快速响应市场需求,具有较强的市场竞争能力;如指标小于1,则说明供应链生产能力不足,不能快速响应市场需求。

从以上分析可以看出,基于供应链的全员质量管理是指供应链上各节点企业(包括核心企业)与产品或产品零部件相关的人员参与的质量管理。那么,供应链的质量管理体系就涉及供应链上各节点企业(包括核心企业)与产品或产品零部件或服务的质量,主要有合格率、废品率、退货率、破损率、破损物价值等若干指标。

（三）全性能物流质量管理

1. 安全性质量管理

（1）食品安全质量管理控制体系

随着人们生活水平的不断提高,食品质量和安全问题成为全人类共同关注的话题,它也成了各国政府对食品行业进行监管的主要出发点。这种监管的手段和方法可能有所不同,目前国际通行的做法是对食品企业的质量和安全管理体系进行认证,这种认证以消费者的身体健康和人身安全为最高目的,以制定标准、实施标准为主要环节,对食品的生产、储藏、运输、销售全过程进行标准化管理及监督。

全球超过50家大型零售商和协会在2000年5月共同发起了"全球食品安全行动计划"（GFSI）,本次活动的目的就是呼吁社会加强对食品供应链中的安全问题的关注,对各类食品进行认证。GFSI认证是对食品供应链中供应商遵循食品质量和安全标准的证明。GFSI指南文件由三部分组成:第一部分是食品质量和安全方案的要求;第二部分是合格的食品质量和安全管理体系、良好农业操作规范(GAP)、良好操作规范(GMP)、良好销售规范(GDP)以及建立食品安全质量控制体系(HACCP)等;第三部分是对认证机构的要求。另外,GFSI与ISO正在共同起草与食品质量和安全认证相关的标准ISO 22000、ISO 15161:2001、食品和饮料行业应用ISO 9001:2000指南早已正式颁布,且已等同转换为我国国家标准GB/T19080:2003。这些情况表明,食品质量和安全认证将会更快、更广泛地开展。

视频质量和安全问题近年来也成了我国的热门话题,我国在食品质量和安全方面也取得了一定发展。近年来,我国的食品质量和安全认证已由过去单纯对产品认证发展到对服务和管理体系认证。目前主要有:无公害农产品认证、有机食品认证、绿色食品认证、HACCP食品安全管理体系认证以及食品生产市场准入制度（QS）。无公害农产品是指场地环境、生产过程、产品质量经认证合格，允许使用无公害农产品标志的未经加工或者初加工的食用农产品。有机食品是指在原材料生产和产品加工过程中不使用化学物质，不利用基因工程技术，采取符合自然规律的农业技术，经认证合格，使用有机食品认证标志的农产品及其加工产品，其认证标准符合国际标准要求。绿色食品是指遵循可持续发展原则，按照特定生产方式生产，经过专门机构认定，许可使用绿色食品标志的无污染的安全、优质、营养类食品。食品生产市场准入制度是我国独有的食品安全政府监督管理方式，只有具备规定条件的组织才允许生产经营食品，要求厂家在最小销售单元的食品包装上加贴食品质量安全市场准入标志，即QS标志。

HACCP食品安全管理体系和ISO 9000质量管理标准体系的关系及如何共同建立两个体系是食品生产企业一直关注的问题。

①ISO 9000质量管理体系要求获得必要的资源和信息来监视、测量和分析这些过程，通过标准体系要求组织识别质量管理体系所需的过程及其在组织中的应用，确定这些过程的顺序和相互作用，确定有效运行和控制过程所需的准则和方法，并通过对过程的管理和持续改进来实现策划的结果，以增强顾客满意度。

②HACCP体系要求企业通过对食品加工过程的危害因素进行分析，以确定加工过程的关键控制点，对每个关键控制点建立关键限值并确定预防措施，监控每一关键控制点，当监控显示所监控的关键限值发生偏离时，启用纠偏措施，并建立HACCP体系的验证程序，使食品安全卫生的潜在危害得到预防、消除或降低到可接受的水平。

虽然ISO 9000质量管理体系和HACCP体系是不同的管理标准，但是二者的基本思想和方法、建立体系的原理以及共同的概念和术语一致，但两类管理体系的目的、范围和对象等有所区别，两个体系不能简单等同或替代。因此，可以认为，HACCP与ISO 9000体系的实施是相容的。只有将两种管理体系视为一个协调的有机整体，相辅相成，企业才能在市场竞争中立于不败之地。

（2）环境标志产品认证

随着时代发展和社会进步，生产力水平不断提高，随之而来还有人们越来越丰富多彩的物质生活，但同时环境问题也日益增多并有逐步恶化的趋势，它严重威胁着人类社会的健康生存和可持续发展，所以，各种社会组织越来越重视自己的环境表现和环境形象，都希望以一套系统化的方法规范其环境管理活动，求得生存和发展。

现代企业不仅要追求良好的经济效益,更加需要关注环境保护、生态建设,遏制生存环境的恶化,追求企业的长期战略发展目标。所以,环境标志产品认证,成为所有企业必为之事,物流企业也是如此。

（3）产品强制性认证

随着现代工业的不断发展,需要有科学可靠的手段从外部保证产品质量,在这样的环境下就形成了质量认证,质量认证是国际上通行的产品、过程和服务的评价方式。通过对一些涉及人体健康、环保、安全等产品的立法或颁布强制性认证制度,保护国家和民众的权益。2001年12月7日,我国公布了新的强制性产品认证制度,简称3C认证,遵循"四个统一"原则,即统一标准、技术法规和合格评定程序,统一目录,统一标志,统一收费标准。列入强制性产品认证目录内的产品,未获得认证且未加施中国强制性认证标志的,不得出厂销售、进口和在经营服务活动中使用。

2. 质量经济性管理

提高经济效益的巨大潜力蕴藏在产品质量之中。"向质量要效益"也反映了质量与效益之间的内在联系。质量效益来之于消费者对产品的认同及其支付。质量管理学者朱兰认为:"在次品上发生的成本等于一座金矿,可以对它进行有利的开采。"质量损失是指产品在整个生命周期过程中,由于质量不满足规定的要求,对生产者、使用者和社会所造成的全部损失之总和。它存在于产品的设计、制造、销售、使用直至报废的全过程,涉及资源、消费者和生产者。

（1）质量管理中的资源损失

资源损失,是由于产品的缺陷对社会造成的污染或公害而引起的损失以及对社会环境的破坏和资源的浪费而造成的损失等。由于这类损失的受害者并不十分确定,难以追究赔偿,生产商往往不重视。超标排放废气的助动车是个典型的例子,受大气污染之害的对象不容易确定,生产商的责任也难以界定。

（2）质量管理中的消费者损失

产品在使用中因质量缺陷而使消费者蒙受的各种损失属于消费者损失。消费者损失的表现形式很多。例如,维修次数多、维修费用大、产品使用中能耗和物耗的增加,因产品质量而导致频繁停工、停产、交货误期等。按我国的有关法律规定,对消费者的损失,生产商要给予部分甚至全部的赔偿。在消费者损失中也存在无形损失的现象,主要表现为构成产品的零部件的功能不匹配,使用寿命不一致。

（3）质量管理中的生产者损失

因质量问题而造成的生产者损失既有出厂前的,也有出厂后的;既有有形损失,也有无形损失。另外,不合理地追求过高的质量,使产品质量超过了用户的实际需求,通常称为"剩余质量",剩余质量使生产者花费过多的费用,成为不必要的损失。

3. 质量成本及控制

企业控制生产成本的一个重要内容就是控制企业的质量成本,质量成本包括确保满意质量所发生的费用以及未达到满意质量时所遭受的有形与无形损失,即质量成本是将产品质量保持在规定的质量水平上所需的有关费用。

具体来说,质量成本就是指与预防、鉴定、维修和修复次品相关的成本以及因浪费生产时间和销售次品而导致的机会成本。传统的质量成本曾被局限于对最终产品的检验和测试的成本,质量不良造成的其他成本都被包括在间接成本中,而未被界定为质量成本。为了满足顾客的需要和期望,并保护企业的利益,企业必须有计划、有效地利用可获得的技术、人力和物质资源,在考虑利益、成本和风险的基础上,使质量最佳化,并对质量加以控制。质量成本是质量经济性的主要内容。对质量成本的重视和研究,是企业发现薄弱环节、挖掘潜力、持续降低成本和改进质量的经常任务和重要途径。质量成本控制就是以质量成本计划所制定的目标为依据,通过控制手段把质量成本控制在计划范围内。控制过程分为核算、制定控制决策和执行控制决策。

（1）质量成本核算

控制质量成本,首先就要进行科学核算,这是整个成本控制活动中的测量环节,通过定期或不定期地对质量成本的责任单位和产品核算其质量成本计划指标的完成情况,计算实际成本与计划目标的差异,评价质量成本控制的成效。

（2）制定控制决策

当发现差异量超出控制范围时,需要制定控制决策。在做详尽的分析以后,找出问题的原因,需要及时制定控制决策,决策是由一系列的可执行措施组成。

（3）执行控制决策

质量成本的控制决策执行应该由有关的部门或个人负责。在控制过程中,核算应当与考核结合进行,以增强有关部门和员工的质量意识。从控制活动中不同使用信息的方式分类,可以有三种不同的基本控制方式。

①事前控制

事前控制是在事情开始以前就采取种种措施,完全避免不利因素的冲击。它的控制论原理是前馈控制,事实证明只要能够事前预测到不良因素的发生,及时采取预防对策,可以取得非常好的控制效果。在质量控制和成本控制中已普遍意识到最好的控制在产品设计阶段,设计阶段的工作可以控制住 60%的质量问题和产品成本。

②事中控制

事中控制是在事后控制的基础上发展起来的。它的指导思想是当有迹象表明将要出现质量问题时,及时采取控制措施,避免质量问题的产生。显然这种控制方式比事后控制更有效,它可以减少甚至避免损失。使用这种方法的关键是需要有一种有效手段来监测受控对象,及时发现不正常的征兆,以便采取措施。问题是这种手段并非对每一种质量成本控制对象都是存在的,所以事后控制仍是十分有用的控制方式。

③事后控制

事后控制是在事情发生后,回过头来总结经验教训,分析事故原因,研究预防对策,争取在下个计划期内把事情做得更好一些。用控制论原理解释,是基于信息的负反馈控制。这一控制方式在管理中有普遍应用,最早出现在质量控制活动中。当质量偏离了目标值,往往是已经产生了不合格品,损失已经造成,再通过查找原因采取措施,以达到控制目标。这种方式虽然不能及时控制,但由于操作简单,仍然有着广泛的使用价值。

第五章 物流战略管理

物流战略管理是指通过物流战略设计、战略实施、战略评价与控制等环节,调节物流资源、组织结构等最终实现物流系统宗旨和战略目标的一系列动态过程的总和。在物流发展中,物流战略管理具有重要作用和意义,随着我国物流行业的不断发展,加强物流战略管理是必然选择。

第一节 物流战略与物流战略管理

一、物流战略的特征及作用

(一)战略谋划的本质特征

战略谋划是指一家企业为了更好地适应外部环境,实现自身的长期、稳定发展,实现既定战略目标,而展开的一系列事关全局的战略性谋划与活动。具体来说,战略谋划的本质,表现为如下四个特征。

1. 关键性

关键性又称重点针对性,是指那些对企业物流总体目标的实现起决定性作用的因素和环节。战略讲究的是环境的机会和威胁,自身的优势和劣势。要找寻敌弱我强的地方下手,或是在敌强我弱的地方防范。实施战略谋划,就是要抓住机会,创造相对优势,增强企业的竞争实力。

日本著名战略大师大前研一说:"通向成功的最有效的捷径看来是较早地把主要资源集中到一个具有战略影响的功能中,迅速跃入第一流的企业,这是真正切实可行的、有竞争力的。然后,利用这种较早的第一流的地位所产生的利润加强其他功能,使它们也领先于别的企业。当今所有产业部门的主导企业,毫无例外,都是从果断地应用以成功的关键因素为基础的战略开始的。"

2. 全局性

战略管理必须以企业全局为对象,根据企业总体发展的需要而规定企业的总体行动,从全局出发去实现对局部的指导,使局部得到最优的结果,保证全局目标的实现。

3. 权变性

权变性即指善于随机应变而不为成见所锢囿的适时调整、灵活机动的能力。任何企业在其成长过程中,必然要受到诸方面因素的影响,并随内外部环境的变化而变化。这就要求企业经营者根据实际情况的变化,变换策略,调整计划,修正战略,把战略贯彻于现实行动之中,以不断适应未来的多变性。

权变性的客观基础包括两个方面:一方面是由于企业经营者深化了对企业物流发展规律的认识;另一方面则是由于企业内外物流竞争环境发生了变化,出现了新情况,因而,需要重新检验已确定的战略方针和战略措施的正确性并加以必要的修正。

4. 长远性

战略谋划是着眼于未来,对较长时期内(五年以上)企业物流如何生存和发展进行通盘筹划,以实现其较快发展和较大成长。面对激烈复杂的市场竞争环境,任何组织若没有超前期的战略部署,那么,其生存和发展就要受到影响。

战略的全局性特征在时间概念上的表现就是长远性,它直接关系到组织的未来和发展。对未来的设想特别重要的不是回答未来怎样,而是通过预测未来的变化趋向来制定我们现在的策略和措施。

由此可见,必须从未来的角度制定企业战略,只有这样才能使企业的日常经营管理有具体的目标和方向。真正具有战略眼光的企业家,绝不会片面地追求急功近利,绝不会纠缠于企业的短期行为,而是致力于实现企业的长期战略目标。正如美国前总统理查德·尼克松在《领导者》一书中写道:"领袖人物一定要能够看到凡人所看不到的眼前利害以外的事情。他们需要有站在高山之巅极目远眺的眼力。"

另外,战略谋划本身就是一个动态过程。由于企业物流战略具有长远性,必须经过一定时期的努力,才能最终实现企业的战略目标,不可能毕其功于一役。同时,战略管理又可分为战略制定、战略实施、战略控制等不同阶段,其中每一阶段又包含若干步骤。因而,战略管理过程的各个阶段和步骤是不断循环和持续的,是一个连续不断的分析、规划与行动的过程。这就对战略管理者提出了更高的要求,特别是面临新的变幻莫测的国际经济竞争,开拓进取,求变创新,制定和实施适应性应变战略,已成为现代管理者的当务之急。

(二)战略谋划的作用

一家企业制定战略谋划,并不仅仅与涉及全局的重大问题有重要联系,同时对企业的局部问题和日常性管理工作具有牵动、指导和规范的作用。战略谋划的广泛作用对现代企业家有着强烈的吸引力。具体可以归纳为以下几个方面。

1. 有效提升企业家素质

实施战略谋划,使企业家能够集中精力于企业环境分析,思考和确定企业经营战略目标、战略思想、战略方针、战略措施等带有全局性的问题,造就一大批社会主义企业家和战略人才。

2. 促进企业的健康快速成长

通过制定战略规划可以使企业经营者对企业物流当前和长远发展的经营环境、经营方向和经营能力,有一个全面正确的认识,全面了解企业自身的优势和劣势、机会和威胁,做到"知己知彼",采取相应办法,从而不失时机地把握机会,利用机会,扬长避短,求得生存和发展。

3. 增强管理活力,降低经营风险

实行战略管理,就可以围绕企业经营目标进行组织等方面的相应调整,理顺内部的各种关系;还可以顺应外部的环境变化,随时审时度势,正确处理企业目标与国家政策、产品方向与市场需求、生产与销售、竞争与联合等一系列关系。

4. 明确企业生产经营的目的

管理学中有一个公式:工作成绩＝目标 × 效率。西方学者认为"做对的事情"要比"把事情做对"重要。因为"把事情做对"是个效率问题,而从一开始就设立正确目标,"做对的事情",才是真正的关键。战略规划就像战争中的战略部署,在开战之前,就基本决定了成败。因而中国古代兵书有"运筹帷幄,决胜千里"之说。制定战略规划,就使企业有了发展的总纲,有了奋斗的目标,就可以进行人力、物力、财力以及信息和文化等资源的优化配置,创造相对优势,解决关键问题,以保证生产经营战略目标的实现。

二、企业物流战略的目标与构成

（一）企业物流战略的目标

1. 改进服务

战略一般认为企业收入取决于所提供的物流服务水平。尽管提高物流服务水平将大幅度提高成本,但收入的增长可能会超过成本的上涨。要使战略有效果,应制定与竞争对手截然不同的服务战略。

2. 减少资本

减少资本是指战略实施的目标是使物流系统的投资最小化。该战略的根本出发点是投资回报最大化。例如,为避免进行存储而直接将产品送达客户,放弃自有仓库选择公共仓库,选择适时供给的办法而不采用储备库存的办法,或者是利用第三方供应商提供物流服务。与需要高额投资的战略相比,这些战略可能导致可变成本增加;尽管如此,投资回报率可能会得以提高。

3. 降低成本

降低成本指战略实施的目标是将与运输和存储相关的可变成本降到最低。通常要评价各备选的行动方案,比如,在不同的仓库位置中进行选择或者在不同的运输方式中进行选择,以形成最佳战略。服务水平一般保持不变,与此同时,需要找出成本最低的方案。利润最大化是该战略的首要目标。

（二）企业物流战略的构成

企业物流战略的构成如图 5-1 所示。

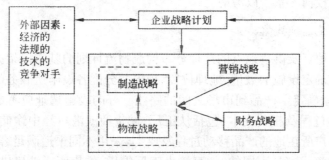

图 5-1　企业物流战略的构成

三、企业物流战略的内容和框架

（一）企业物流战略的内容

1. 存货战略

存货战略是指存货管理的方式，基本上可以分为将存货分配（推动）到储存点与通过补货自发拉动库存的两种战略。其他方面的决策内容还包括产品系列中的不同品种分别选在工厂、地区性仓库或基层仓库存放，以及运用各种方法来管理存货的库存水平。由于企业采用的具体存货战略政策将影响设施选址决策，所以必须在物流战略规划中予以考虑。

2. 客户服务需求的目标

客户服务水平的决策比任何其他因素对系统设计的影响都要大。如果服务水平定得较低，可以在较少的存储地点集中存货，选用较廉价的运输方式；服务水平定得较高，则相反。但当服务水平接近上限时，物流成本的上升比服务水平上升更快。因此，物流战略计划的首要任务是确定客户服务水平。

3. 运输战略

运输战略包括运输方式、运输批量、运输时间以及路线的选择。这些决策受仓库与客户以及仓库与工厂之间距离的影响，反过来又会影响设施选址决策；库存水平也会通过影响运输批量影响运输决策。

客户服务需求的目标，选址战略、库存战略和运输战略是物流战略计划的主要内容，因为这些决策都会影响企业的盈利能力、现金流和投资回报率。其中每个决策都与其他决策互相联系，计划时必须对决策彼此之间存在的权衡关系予以考虑。

4. 设施选址战略

存货地点及供货地点的地理分布构成物流计划的基本框架。其内容主要包括确定设施的数量、地理位置、规模并分配各设施所服务的市场范围，这样就确定了产品到市场之间的路线。好的设施选址应考虑所有的产品移动过程及相关成本，包括从工厂、供货商或港口经中途储存点，然后到达客户所在地的产品移动过程及成本。采用不同渠道满足客户需求，其总的物流成本是不同的，如直接由工厂供货，供货商或港口供货，或经选定的储存点供货等方法,物流成本是有差别的。寻求成本最低的配送方案或利润最高的配送方案是选址战略的核心。

5. 物流战略管理

对于一个企业的物流设计者来说,重要的不光是了解战略的内容,更重要的是如何进行战略管理,如何将企业的物流引向光明的未来。物流经营者在构建物流系统过程中,通过物流战略设计、战略实施、战略评价与控制等环节,调节物流资源、组织结构等,并且最终实现物流系统宗旨和战略目标等一系列动态过程的总和。

在企业的战略设计、战略实施、战略评价与控制中,物流战略形成是物流战略管理的首要环节,它是在对物流所处环境和自身的竞争优势进行了彻头彻尾的分析之后所形成的一套区别于其他企业的措施,它指导并决定了整个物流战略系统的运行,战略评价与控制工作渗透在战略管理的各个阶段之中,监督物流系统的运行。

(二)企业物流战略的框架

根据企业物流战略的内容和目标,专家提出了企业物流管理战略的框架,把企业物流战略划分为四个层次。

1. 基础性战略

基础性战略的主要作用是为保证物流系统正常运行提供基础性的保障,包括以下几个方面。

(1)政策与策略。

(2)组织系统管理。

(3)基础设施管理。

(4)信息系统管理。

信息系统是物流系统中传递物流信息的桥梁。库存管理信息系统、配送分销系统、用户信息系统、EDI/Internet 数据交换与传输系统、电子资金转账系统(EFT)、零售销售点终端(POS)信息系统等都对提高物流系统的运行起着关键的作用,因此,必须从战略的高度进行规划与管理,才能保证物流系统高效运行。

2. 结构性战略

结构性战略的内容包括渠道设计和网络分析。渠道设计是供应链设计的一个重要内容,包括重构物流系统、优化物流渠道等。通过优化渠道,企业能够提高物流系统的敏捷性和响应性,使供应链的物流成本最低。

网络分析是物流管理中另一项重要的战略工作,它为物流系统的优化设计提供参考依据。网络分析的内容主要包括。

(1)物流信息传递及信息系统的状态分析。它是指通过分析,提高物流信息传递过程的速度,增加信息反馈,提高信息的透明度。

(2)库存状况的分析。它是指通过对物流系统不同环节的库存状态分析,找出降低库存成本的改进目标。

(3)运输方式和交货状况的分析。它是指通过分析,使运输渠道更加合理化。

(4)合作伙伴业绩的评估和考核。

(5)用户服务的调查分析。它是指通过调查和分析,发现用户需求和获得市场信息反馈,找出服务水平与服务成本的关系。

主要的网络分析方法包括标杆法、调查分析法、多目标综合评价法等。

3. 全局性战略

物流管理的最终目标是满足用户需求,因此,用户服务应该成为物流管理的最终目标,即全局性战略目标。良好的用户服务可以提高企业的信誉,使企业获得第一手市场信息和用户需求信息,增加企业和用户的合力并留住顾客,从而使企业获得更大的利润。

物流企业想要真正实现用户服务的战略目标,一个关键就在于建立科学有效的用户服务的评价指标体系,如平均响应时间、订货满足率、平均缺货时间、供应率等。虽然目前对于用户服务的指标还没有统一的规范,对用户服务的定义也不同,但企业可以根据自己的实际情况建立提高用户满意度的管理体系,通过实施用户满意工程,全面提高用户服务水平。

4. 功能性战略

功能性战略的内容包括物料管理、仓库管理和运输管理三个方面。

(1)运输工具的使用与调度。

(2)仓库的作业管理等。

(3)采购与供应、库存控制的方法与策略。

物料管理与运输管理是物流管理的主要内容,必须不断地改进管理方法,使物流管理向零库存这个极限目标努力。应降低库存成本和运输费用,优化运输路线,保证准时交货,从而实现物流过程适时、适量、适地地高效运作。

四、企业物流战略管理过程

现代企业物流战略管理就是依据企业外部环境和内部资源的状况及其变化制定物流发展战略,实施物流发展战略,并根据对实施过程与结果的评价和反馈来调整制定新的物流发展战略的过程。

第一步,进行战略环境分析。战略环境分析就是为战略制定提供基础条件,使现代企业的物流发展目标与环境变化和现代企业资源能力实现动态平衡。一般包括外部环境分析和企业资源评价。

第二步,根据战略环境和企业自身情况设计与选择战略。选择战略目标和优选战略方案是一个完整的系统分析过程,主要包括四个要素:确定现代企业的经营领域;寻找现代企业竞争优势;决定现代企业战略方案;设立评价战略方案的标准。

第三步,根据前两步制定政策。战略的全部含义要由指导战略实施的详细政策来进一步阐明,政策可以看成是指导人们实施战略的纲要。

第四步,根据战略需要适当地调整组织结构。现代企业物流发展战略必须通过组织去贯彻执行,因此,必须建立有效的组织结构。调整组织结构主要是解决组织的集权化问题、专业化问题等刚性问题。

第五步,战略实施。战略实施是未来贯彻执行已制定的物流发展战略所采取的一系列措施和活动。

五、企业物流的主要战略及其实施途径

（一）企业物流发展主要战略

企业的物流战略就是宏观考虑物流,对企业的物流进行长远的规划,各个企业在配置资源的时候考虑的物流战略主要有以下几个方面。

1. 企业物流专业化战略

专业化战略就是要把物流独立出来,建立自己的物流体系,企业的专业化物流不仅为自己的物资资源服务,而且对外进行营业服务。专业化的物流系统要求企业有自己的配送中心、服务团队、配送工具、强有力的领导核心和良好的企业形象等。对于生产型企业来说,走专业化物流战略的企业一般要求实力雄厚,同时物流成本占企业成本的比例较大。

2. 企业物流系统化战略

企业的物流活动一端连接着生产,一端连接着消费,是一个复杂的系统,物流系统是由物流人员、物流设施、待运物资和物流信息、生产企业、消费者等要素构成的具有特定功能的有机整体。物流系统化既不是要将全国的物流构成一个总的系统,也不是按照区域规划将区域内、区域间的物流构成一个总的系统,而是作为微观物流组织者的生产、流通企业进行物流系统革新的总目标,即要将生产、流通企业的包装、装卸、运输、储存、配送、流通加工、物流信息这些以前分开管理的物流活动作为一个总体系统来构造、组织和管理。随着市场竞争的加剧,各企业间已经转变为既竞争又合作的关系,这就为物流系统化打下了基础。

3. 企业物流信息化战略

信息化是降低物流成本,实现物流增值的关键,也是现代企业有效运作和参与市场竞争的最重要的基础环境。物流管理在很大程度上是对信息的处理,如物资订单、采购、销售、存储、运输等物流活动的信息管理和传送,也包括对物流过程中的各种决策活动,如进销存、供应商的遴选、顾客分析、顾客服务审计等提供决策支持,并对其实地情况进行监控,以便采取优化资源的措施,大大降低生产成本,提高生产效率,增强企业竞争优势。

4. 企业物流国际化战略

企业物流发展需要从全球范围和国际化的高度进行思考,确立国际化战略。首先是供应链的全球化,这种全球化是供应链外延的扩展,即将全球有业务联系的供应商、生产商、销售商看成是一条供应链上的成员,这就要求企业间的相互协作更加紧密,要求在满足不同地区消费者的多样化需求上不断提升供应链综合物流管理的协调能力。

其次是组织全球物流,要求物流的战略构造与总体控制必须集中,以获得全球的成本最优;顾客服务的控制与管理必须本地化,以适应特定市场的需要。

(二)企业物流战略的实施途径

1. 拓展战略渠道,培养专业人才

必须加强宣传引导,使人们认识物流,接受物流的理念。加强理论研究和实践探索,使物流的理论知识与社会的实践活动有机结合起来。加

强人才培养,造就一大批熟悉物流运作规律并有开拓精神的管理人员和技术专家。政府部门、广大企业应加强与科研院校、咨询机构、社团组织的联系,充分发挥他们在理论研究和人才培养方面的优势,共同推动我国企业物流的发展。

2. 创造政策条件,营造良好市场环境

认真研究并制定支持、促进我国现代企业物流发展的政策和措施,努力创造公平竞争、规范有序的市场环境;努力建设规范的物流市场竞争机制,采取有效措施努力改变系统内的部门、条块分割状况,适当开放物流市场;根据 WTO 的要求,按国际惯例建立物流市场竞争机制;加强物流行业协会建设,发挥其桥梁纽带作用。

3. 加强物流设施建设,提高行业技术水平

企业物流发展必须紧紧依靠技术进步,积极配合有关部门抓紧制定既适合我国特点,又与国际的物流技术标准接轨,为提高企业物流系统的效率创造技术条件。积极研制开发运输、装卸、仓储、包装、条码和标志印刷、信息管理等物流技术装备,提高企业各物流环节的技术含量。

4. 完善物流管理体系,加强管理创新

现代企业要积极引导和改变传统的物流管理观念和方式,以降低物流成本和提高售后服务质量为目标,用系统的方法分析、重组企业物流业务,优化企业供应链管理,实现企业物流系统整体成本最小、效益最大的目标。通过推行企业物流管理创新,促进企业物流健康发展,增加对社会物流服务的有效需求。

六、物流战略的指导原则

企业物流规划的原则和概念来源于物流活动时间的需要,其中,运输活动的独特性尤为突出。企业物流管理决策原则启发我们了解什么是物流战略,如何实现决策目标,因此,必须掌握企业物流决策的一些原则和概念。

(一)总成本概念及决策原则

物流系统本身的范畴和物流系统设计的核心都是关于效益悖反(Trade-off)的分析,并由此引出总成本的概念。成本悖反指各种物流活动成本的变化模式表现出互相冲突的特征。解决冲突的办法是,平衡各

项活动以使其达到整体最优。在选择运输服务的过程中,运输服务的直接成本与由承运人的运输服务水平对物流渠道中库存水平的影响而带来的间接成本之间互相冲突。最优的经济方案就在总成本最低的点。

费率最低或速度最快的运输服务并不一定是最佳选择。因此,物流管理的基本问题就是成本冲突的管理问题。只要在各项物流活动之间存在成本冲突,就需要进行协调管理。

(二)多样化配送

不要对所有产品提供同样水平的客户服务,这是物流规划的一项基本原则。一般的企业配送多种产品,因此,要面对各种产品不同的客户服务要求、不同的产品特征、不同的销售水平,这就意味着企业要在同一产品系列内采用多种配送战略。管理者正是利用这一原则,对产品进行粗略分类,比如按销量分为高、中、低三组,并分别确定不同的库存水平。这一原则偶尔也应用于库存地点的选择。如果企业的每一个库存地方都存放所有品种的产品,或许可以简化管理,但这一战略否认了不同产品及其成本的内在差异,将会导致过高的配送成本。

(三)通过权衡总成本进行悖反问题抉择

1.企业在生产多个产品的情况下生产调度是基本问题

生产成本受产品生产次序和生产运作周期的影响。随着生产次序的改变,库存成本会上升,因为收到订单的时间与补充存货的最佳时间往往不一致,结果造成平均库存水平的提高。在生产和库存总成本的最低点可以找到生产次序和生产周期的最优点。

2.总成本概念可运用于运输服务的选择

在物流系统中很多例子里都存在成本悖反问题。在确定客户服务水平时往往面临这样的问题,随着客户得到更高水平的服务,由于缺货、送货慢、运输不可靠、订单履行错误所造成失去客户的可能性就减小。换言之,随着客户服务水平的提高,失销成本会下降。与失销成本相对应的是维持服务水平的成本。对客户服务的改善往往意味着运输、订单处理和库存费用更高,这是一个典型的悖反问题决策。最佳均衡点在100%(完美的)客户服务水平以下。

3. 确定安全库存水平的问题

因为安全库存提高了平均库存水平，并通过客户发出订单时的存货可得率来影响客户服务水平，这样，失销成本就会下降。平均库存水平的提高会使库存持有成本上升，而运输成本不受影响。同样的，我们要在这些相互冲突的各项成本之间找到平衡。

4. 确定物流系统内仓库的数量时要考虑的基本经济因素

如果客户小批量购买，存储点大批量补货，从存储点向外运出的运费就高于运进的内向运输费，这样，运输成本会随存储点的增加而减少。但是，随着存储点数量的增加，整个系统的库存水平会上升，库存成本也会上升。此外，客户服务水平也受该决策的影响。此时，该问题就变成在库存—运输的综合成本与客户服务水平带来的利益之间寻求平衡点的问题。

可以看出，总成本概念可用于解决企业内部问题，特别是企业物流问题。然而，有时配送渠道内一个企业的决策会影响其他企业的物流成本。例如，买方的库存政策不仅会影响发货人的库存成本，还会影响承运人的经营成本。在这种情况下，就有必要将系统的范围扩大到物流部门或者企业以外，甚至可以包括几个企业。这样，总成本方就拓展了，管理决策的范围也延伸到了企业的法定范围以外。

事实上，总成本或总系统的概念并没有明晰的界限。在某种程度上，整个经济中的所有活动都与企业的物流问题有一定的经济关联，但要想对与任意一项决策有关的所有不同的成本悖反关系都进行评估是徒劳无益的。管理人员就有责任判断哪些因素是相关的，应该纳入分析之中，并由此确定总成本分析是仅仅包括企业所界定的物流职能内部的因素，还是扩展到企业控制的其他因素，甚至扩展到企业不能直接控制的一些外部因素。

第二节　物流服务战略

物流战略规划是物流企业长期效益的系统性计划方法。这一定义强调的是未来效益，而实际工作中了解到的物流领域内的各项活动，极大地影响着企业的成本和利益。因此物流战略计划是企业成本控制和利润最优化的重要目标，是协调和促进企业从产品生产或服务到最终消费的所有活动方式。

一、企业物流服务战略思想

哈佛商学院终身教授迈克尔·波特在他的名著《竞争战略》一书中归纳出三种基本的企业竞争战略类型：成本领先战略、标新立异战略和集中战略。"三种竞争战略"理论对物流企业同样具有现实的指导意义。

第一，成本领先战略。该战略的基本定位应当是向客户提供标准化的物流服务。包括物流服务品种的相对稳定性、物流服务水平的客户认同度、服务程序的简洁规范等。

第二，标新立异战略。该战略选择了创新服务作为企业的发展动力，它的基本定位应当是不同的客户实行差异化服务，包括服务品种的不断创新、服务手段和服务水平的不断创新以及为满足客户的特殊需求向客户提供量身定制的物流服务。

第三，集中战略。该战略的基本定位应当是为特定的客户提供特定的物流服务或为特定的货种提供特殊的物流服务。

相对而言，在物流服务领域以上三种竞争战略中，实施差异化服务战略的难度比较大。虽然这类服务对成本的敏感性比较小，因而利润率比较高，但是对物流企业的研发能力、经营理念的开放性以及组织结构的弹性和企业的资本实力都有很高的要求。

二、企业物流服务战略分析

企业物流服务战略分析的目的是通过物流企业所处的宏观环境与微观环境、企业自身与竞争者的分析，找出自身的优势与劣势、环境的机会与威胁，为制定物流系统的宗旨和目标，选择和实施适当的战略行为提供依据。

（一）产业环境分析

产业环境分析实际上就是科学分析产业竞争力，主要是分析本行业中的企业竞争格局以及本行业和其他行业的关系，根据迈克尔·波特教授的观点，行业竞争存在着五种基本的竞争力量，这五种力量的状况及综合强度，决定着行业的竞争激烈程度，从而决定着行业中获利的最终潜力，如图 5-2 所示。

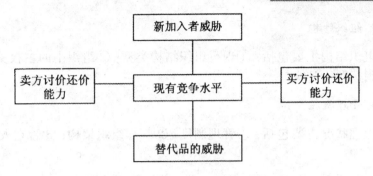

图 5-2　波特的五种竞争力模型

1. 新加入者威胁

这也可以称为潜在的竞争者,主要衡量指标包括:①潜在竞争者的数量;②潜在竞争者的能力等。

2. 买方的讨价还价能力

主要衡量指标包括:①购买商要求的价格;②购买商的购买数量等。

3. 替代产品的威胁

主要衡量指标包括:①替代产品的价格;②替代产品的质量;③替代产品的个性化功能等。

4. 卖方的讨价还价能力

主要衡量指标包括:①供应商的价格;②供应商的服务质量;③供应商的合作伙伴等。

5. 现行竞争者之间的竞争程度

主要衡量指标包括:①竞争者的长远目标;②竞争者的现行战略;③竞争者的能力等。

(二)企业内部环境分析

企业内部环境是指企业能够加以控制的内部因素,对内部环境进行分析的目的在于掌握企业目前的状况,明确企业具有的优势和劣势,以便有效利用资源,制定能够发挥企业优势的物流战略,实现确定的战略目标。内部环境分析是物流运作的基础,是制定物流服务战略的出发点和依据。一般说来,企业内部环境分析包括以下几方面。

1. 组织结构

组织结构主要包括：①现行组织结构类型；②组织中的主权关系；③组织运转状况等。

2. 管理状况

管理状况主要包括：①管理制度；②管理组织架构；③管理人员构成等。

3. 产品线及竞争地位

产品线及竞争地位主要包括：①本企业服务的优势与劣势；②本企业的市场占有率；③本企业产品与服务的稳定程度；④客户对本企业产品和服务的评价等。

4. 市场营销能力

市场营销能力主要包括：①市场调研水平；②营销人员素质；③开拓新市场的能力；④定价策略；⑤促销策略等。

5. 财务状况

财务状况主要包括：①财务管理制度；②财务优势和劣势；③财务指标变化趋势；④利润结构；⑤财务运行状况；⑥成本控制状况；⑦筹资方式；⑧筹资能力等。

6. 生产设备状况

生产设备状况主要包括：①生产设备效率；②生产设备构成；③生产设备的生产能力等。

(三) 宏观环境分析

企业的宏观外部环境间接地或潜在地对企业发生作用和影响，主要包括以下内容。

第一，人文因素，主要包括：①人口特征；②文化环境；③价值观念；④消费习惯等。

第二，经济因素，主要包括：①宏观经济状况；②经济及产业政策；③国际经济状况；④产业竞争状况等。

第三，政治因素，主要包括：①政治是否安定；②政策是否稳定；③对外关系等。

第四,技术因素,主要包括:①物流技术能力;②咨询管理技术能力;③通信技术能力等。

第五,法律因素,主要包括:①土地取得的限制;②经营项目的限制;③土地分区使用的限制;④设立物流服务中心或仓库申请的限制;⑤相关税法的规定;⑥安全法规与标准;⑦国际物流相关法律法规等。

(四)内外部环境的综合分析

制定并实施企业战略,目的在于实现企业外部环境、内部条件和战略目标的动态适应,因此,企业的战略规划活动必须结合外部环境与内部条件的变化趋势及其相互影响综合进行。物流企业进行内外部环境综合分析的最简便方法是 SWOT 分析法。

通过 SWOT 分析法可以从备选的企业战略中选出最佳方案。通过 SWOT 分析法可以科学分析企业外部环境中存在的机会、威胁和企业内部条件的优势、劣势,据此对备选的战略方案作出系统的评价,最终选择出最佳的竞争战略的方法。SWOT 中的 S 是指企业内部的优势(Strengths);W 是指企业内部的劣势(Weaknesses);O 是指企业外部环境中的机会(Opportunities);T 是指企业外部环境的威胁(Threats)。

1. 企业外部的机会和威胁

企业外部的机会是指环境中对企业有利的因素,如政府支持、有吸引力的市场其进入障碍正在降低、市场需求增长势头强劲等。企业外部的威胁是指环境中对企业不利的因素,如新竞争对手的出现、市场增长率缓慢、购买者和供应者讨价还价能力增强、不利的人口特征的变动等。这是影响企业当前竞争地位或影响企业未来竞争地位的主要障碍。

2. 企业内部的优势和劣势

企业内部的优势和劣势是相对于竞争对手而言的,一般表现在企业的资金、技术设备、职工素质、产品、市场成就、管理技能等方面。判断企业内部的优势和劣势一般有两项标准。一是单项的优势和劣势。例如企业资金雄厚,则在资金上占优势;市场占有率低,则在市场上占劣势。二是综合的优势和劣势。为了评估企业的综合优势和劣势,应选定一些重要因素,加以评价打分,然后根据其重要程度按加权确定。

物流企业在对其内外部环境进行综合分析的基础上可以初步确定其战略方向,并以此作为战略选择的依据。

三、企业物流服务战略选择

（一）明确企业物流服务战略宗旨和目标

首先，企业需要确定物流服务战略的宗旨和目标，在此过程中需要注意以下几方面内容。第一，突出关键性、全局性问题；第二，既有可行性，又有先进性；第三，目标必须定量化，具体是衡量性，以便检查和评价；第四，目标组合中的各分目标之间、战略目标和战术目标之间以及战略经营单位和职能部门之间的目标应相互协调、相互支持，形成系统；第五，目标必须相对稳定，如果经营环境变化必须调整战略目标，则所有经营单位及职能部门的分目标也要及时作出相应调整。

（二）选择最适合的物流服务战略

1. 资产占用最少战略

资产占用最少战略是整个物流系统占用的资产达到最少的战略。这种战略的好处是降低物流系统的风险，增加总体的灵活性，更有利于企业集中优质资产开展主业经营。

2. 利润最高战略

利润最高战略是物流系统的利润达到最大化的战略。这种战略是大多数物流系统希望通过战略规划达到的最终目标。实施利润最高战略需要对每一种物流设施所带来的利润进行认真的分析，构建起能够以最低成本得到最高利润的物流系统。

3. 成本最低战略

成本最低战略是追求物流系统的固定成本与可变成本最低的战略。实施成本最低战略必须将目标确定为满足较为集中的客户需求，向客户集中的地区提供快速服务，通过储运资源和库存政策的合理搭配使物流成本达到最小化。一般来说，物流系统的基本服务能力受到系统仓库的数目、工作周期、运营速度或协调性、安全库存政策等诸多因素的影响，为满足客户的基本需求，要按照有效库存和系统目标对物流系统进行整合，以求在成本最低的条件下达到最佳的服务水平。

4.竞争力最强战略

竞争力最强战略是力争达到整体的竞争力最强,寻求最大的竞争优势的战略。这种优势可以采用针对性的服务改进和合理的市场定位两种方法来获得。

要使竞争力增强,必须保证员工能为给企业带来利润的客户提供最好的服务,如果发现有重要的客户没有接受到卓越的服务,就必须提高服务水平或增加服务能力来适应这些客户。另一种获得竞争优势的方法是确立更加合理的市场定位,在物流服务能力上进行重要投资去占领本地市场,提供个性化的服务。

5.服务最优战略

服务最优战略是物流系统的有效性和运输绩效最高,服务水平最佳的战略。实施服务最优战略必须充分利用服务设施,认真规划线路布局,尽量缩短运输的时间,为客户提供最优的服务。当然提供最优服务的同时也必须能够得到与之相适应的收益,否则,这种战略就得不偿失。同时,什么是最优的服务对不同的客户来说也是不同的,这就要求企业必须认真分析客户的需求,针对客户的不同需求实行个别化的优质服务,从而构筑起企业的差别竞争优势。

四、企业物流服务战略的实施与控制

（一）实施原则

第一,阶段发展原则。物流战略的规划与实施要针对具体情况分阶段进行。

第二,区域平衡原则。物流链管理的要素资源要在区域范围内尽可能寻求平衡。

第三,物流战略协同原则。系统使命、战略目标、战略优势、战略类型的设计与选择要形成战略协同效应。

第四,有限合理原则。战略没有最优只有较优,只要符合系统宗旨和目标,环境没有质的变化,原则上就可以组织实施,在实施过程中再进行调整和完善。

第五,寻求优势原则。即寻求、创立、维持和发展相对的、有差别的竞争优势。

第六,系统优化原则。从物流系统及经济圈发展需要寻求资源优化配置,并以此作为战略规划与评价的基本准则。

最后,实施物流服务战略的经营与管理,应将这六项原则当作一个完整体系来执行。

(二)企业物流服务战略的实施

企业物流战略的实施回答战略如何实施的具体问题。根据所考虑时间长短不同可以分成三个层面:战略层面、策略层面和执行层面。战略计划层面考虑长期的计划制订,时间在3年以上;策略计划层面考虑1年内的实施计划;执行计划层面考虑短期的行动,经常需要作出每天甚至每小时的决策。

根据计划的层面不同需要进行相应的数据和信息的恰当处理。如物流战略层面中的实施决策包括选址、运输、订货流程、客户服务、仓库、采购;战略层面包含设施数目、地点及规模、运输方式、设计订单流程系统、设计客户服务水平、布局和地点选择、政策制定;物流策略层面包含库存分布决策、季节性服务、客户的优惠待遇、季节性的空间变换、合同管理和供应商选择;执行层面包括路线及路线上产品的分配、数量及时间安排、执行订单流程、订单履行、订单送出。

一般来说,物流服务战略的实施主要包括运输、顾客服务水平、物流设施分布和库存四个方面的问题,因此设计物流服务战略时应该时刻记住这四个方面是个不可分割的整体。

1. 运输

运输所涉及的问题包括运输的战略、运输方式的选择、运输路线、运输批量和日程安排,这些决策受物流设施分布的影响,同时在作物流分布决策时也应考虑到运输的问题,库存水平的大小也与运输批量有关。

2. 顾客服务水平

物流系统的顾客服务水平是较其他因素更要引起高度关注的方面。若将物流服务水平定在较低的水平,企业则可使用较便宜的运输方式和在较少的地方设置库存;若较高的服务水平,则要求运输和库存都要有足够的保障。要设计合适的客户服务水平,应当权衡付出与回报的比值。

3. 物流设施分布

物流设施分布包括产品从工厂、分销商或配送中心到客户整个商品供应的活动和相应的费用。存货和分销地点的地理分布构成了物流系统的骨架,选择何种分布方式直接影响到物流的费用。于是,物流设施分布要解决的问题就是找到费用最小或获利最大的商品分销方式。

4.库存

库存战略指的是货物的库存采取何种管理方式。其中,是将总的存货分配到指定的分销地点还是通过持续供货的方法管理库存是两种不同的存货方式。采取的库存战略管理方式决定了物流设施的分布决策。

具体来说,顾客服务水平、物流设施分布、库存与运输之所以是物流服务战略的主要方面是因为它们直接影响到企业的利润率、现金流和投资回报率;由于战略计划的各个方面是相互影响的,所以在作决策时应充分考虑整体的利益,充分考虑涉及顾客服务水平方面的影响因素。

(三)企业物流服务战略实施的控制

想要保证物流战略的预定目标可以顺利实现,不仅需要制定和实施目标和计划,还应该对战略实施加以控制。随着时间的推移和物流环境的动态变化,不确定性可能导致实际绩效偏离计划绩效。为使绩效与期望目标一致,有必要从管理的另一个基本功能来考虑问题,即物流服务战略的控制——使计划的执行情况与期望目标相一致或使它们保持一致的过程。控制过程就是将实际履行的情况与计划实施情况相比较的过程。

在物流系统中,管理者根据客户服务和成本对计划中的物流活动(运输、存储、库存、物料搬运和订单处理)进行控制。

1.实施科学有效的监控

监控是战略实施控制系统的神经中枢。监控包括收取有关执行情况的信息,参与目标进行对比,并负责启动修正措施。监控者得到的信息基本上采取定期报告和审计的形式,通常是有关库存状况、资源利用情况、管理成本及客户服务水平等方面的报告。

物流系统中的监控者主要包括管理者、监察顾问或信息编辑员等。监控者解读报告,并将实施绩效与目标进行比较。监控者还必须判断实施结果是否失控,并采取适当的步骤使实施结果与目标相符。修正措施的精确程度取决于失控的程度,以及管理者希望修正措施持续的时间。如果实际执行情况与预期的"偏差"在可接受的范围内,有可能不进行修正;相反,如果偏差超出可接受的范围,管理者将启动及时、可行的临时操作方案来减少偏差,或者他会通过战略性规划来改变物流系统设计。

2. 制定科学的参照标准

战略实施控制过程需要有一个参照标准,以便比较物流活动的执行情况。管理者、顾问或计算机都为实施绩效符合该标准付出了劳动。一般而言,参照标准可以是成本预算、客户服务目标水平或对利润的贡献等。

除了公司计划和公司政策中所设定的标准外,许多企业还向外部标准看齐。客户对于质量的高度重视导致了众多企业将标准定得很高,以便参与各种奖项的角逐。对物流管理者来说,质量可能意味着按时履行订单、很少发生短货或按时交付产品。物流企业都在尽力达到认证标准,客户也希望他们的供应商是获得认证的企业,因为这将保证客户得到的产品或服务与他们的期望一致。所以,对于产品或服务的提供者来说,这些质量奖或国际认证系列可能就是物流管理的目标。

3. 输入信息、流程和输出信息

战略实施控制系统的核心就是需要控制的过程。这一流程可能是其一单项活动,如进行订单、补足库存,也可能包括物流部门涉及的所有活动。输入信息以计划的方式输入流程,而计划也指明了流程设计的方法。根据控制系统的目标不同,设计的内容可能是应当采取何种运输方式、保持多少安全库存量、如何设计订单处理系统,或是包括所有这些内容。

第三节 物流标准化战略

一、标准化和标准化战略

(一)标准的含义

《现代汉语词典》对"标准"一词的解释包括两层含义:第一,指衡量事物的准则;第二,指本身合于准则,可供同类事物比较核对的事物。

根据国家标准(GB/T 39351—83)的定义,"标准是对重复性事物和概念所做的统一规定,它以科学、技术和实践经验的综合为基础,经过有关方面协商一致,由主管机构批准,以特定的形式发布,作为共同遵守的准则和依据"。

国际标准定义：国际标准化组织（ISO）的标准化原理委员会（STACO）一直致力于标准化概念的研究，先后以"指南"的形式给"标准"的定义作出统一规定：标准是由一个公认的机构制定和批准的文件。它对活动或活动的结果规定了规则、导则或特殊值，供共同和反复使用，以实现在预定领域内最佳秩序的效果。

（二）标准化的含义

标准化是指对产品、工作、工程或服务等普遍的活动规定统一的标准，并且对这个标准进行贯彻实施的整个过程。

从本质上来说，在社会推行标准化是为了更好地实现公众的利益，由有关各方面共同进行的、有计划地使物质的和非物质的对象统一化，它不仅能对推进经济界、科技界及管理部门的合理化过程提供质量保证，而且有助于人和物的安全以及生活各领域中的质量改善，它不得给个别人带来特殊的经济利益。

（三）标准化战略的意义

标准化战略是指将标准化工作同企业的发展战略相结合，在生产和经营过程中有计划地实施标准化工作的战略计划。企业实施标准化战略的重要意义主要表现在以下几个方面。

1. 有利于打破技术贸易壁垒，更好地实现出口

近年来，各国为了保护本国市场，在原来的关税壁垒被打破后，纷纷将安全、卫生、环保等特殊要求制定为本国标准，使外来产品难以适应，这称之为"绿色技术壁垒"。因此，从某种意义上说，当代国际贸易竞争已演变为标准的竞争。国际标准已成为商品（或产品）进入国际市场的通行证。标准成为在区域经济内针对其他标准作为一种非关税贸易壁垒的武器。如果企业在全球市场上通过 ISO 或 ICE 标准，在欧洲市场上通过相应的 EN 标准，可以很好地打破发达国家设置的技术壁垒。

2. 有利于降低企业成本，建立产品技术平台

采用标准化，可以提高企业产品之间的兼容性，减少由于企业产品之间标准不一致带来的巨大社会浪费。另外，企业通过标准化可以避免对某一个供货商的依赖，因为其他供货商依据公开的标准可以补充市场，于是企业的供货渠道不断增加。供应商数量的增加，加大了供货商之间的竞争，从而促使产品质量不断提高，价格也会不断降低。因此标准化可以

降低企业的成本。而建立产品技术平台首先必须实现产品的标准化、系列化、模块化和信息化(以下简称四化)。四化的实质是标准化,标准化既是四化的最终目标,又是实现四化的基础和根本。

3. 有利于打造企业品牌, 提升企业的知名度和声誉

当今社会,企业之间产品的竞争,已经不再是价格的竞争,而是品牌的竞争,而品牌则是通过企业产品质量、售后服务等来体现的。企业采用标准化能够促进企业品牌形象的建立,提高企业的社会声誉。比如,企业采用 ISO 产品质量认证体系,说明企业在产品质量方面已经达到了一定的水平。对于一些专业性很强的产品,消费者或用户在这方面的知识短缺,他们选择产品,很大程度上依靠其他消费者或用户的推荐、该企业通过的认证,以及采用标准化的多少。

4. 有利于企业间加强合作, 结成战略同盟

标准化形成了一个统一的产品和技术规则体系。在这种情况下,使得企业之间的合作,以及战略同盟的形成更加容易。标准化层面的合作对于企业很重要,因为通过协作效应,成本降低的潜力及成功的可能性都会提高。通过战略同盟的建立,可以为企业带来风险共担、技术共享、规模经济以及固定成本分摊的作用。

二、实施物流标准化战略的特点

(一)战略目标为推动创新和获取效益

标准是对技术和管理创新的一种提升,通过市场运作得以在一定范围内普遍、高效地被使用,并且最终转化为经济效益,因此国外的标准制定有很强的针对性,对于企业而言其意义常常是战略性的,甚至有些关键标准被国家用于对外贸易壁垒的设立。欧盟在标准化战略中提出要通过欧洲标准推动技术创新,并通过标准化推动 IT 业的发展。欧盟委员会认为,欧洲标准可以推动技术创新,为了实现标准效益的最大化,加强研发和标准化之间的联系是非常必要的。

(二)将关键领域作为实施标准化战略的切入点

随着经济的不断发展,标准化深入人们生活的各个领域中,各国纷纷从国际竞争的战略需求以及本国国情出发,选择关键领域开展标准化的

研究工作。这些关键领域不仅关注国家在国际贸易中的利益,也包含与公民的切身利益相关的社会热点问题。例如,加拿大在国家标准化战略中列出的关键领域是:第一,对加拿大公众至关重要的健康、安全和环境领域及其他社会热点问题;第二,能使加拿大受益的贸易部门;第三,标准的协调,尤其是与北美的协调。上述领域突出了国家标准化工作的重点,使标准化资源得以合理地分配和高效地利用。

（三）面向国际竞争制定并实施标准化战略

经济全球化的加速使得标准的重要性更加突出,国际标准已经成为国际市场的准入证,各经济大国和经济体纷纷致力于将本国本地区标准升级为国际标准,至少使其与国际标准接轨,并不约而同地将这一战略放在标准化战略的重要位置:加拿大在 1998 年提出的国家标准化战略八要素中的第一要素就是参与国际标准的制定,并尽可能使本国标准上升为国际标准或直接采用国际标准;欧盟提出加强与国际标准化组织合作的战略,并且欧盟的标准化组织（欧洲电工标准化委员会、欧洲标准化委员会）和国际标准化组织及国际电工委员会通过签署双边协议已经开展了多方深入的合作,加强了欧洲标准化机构在国际标准化组织的影响;英国在标准化关键领域中提出对标准化进行最优利用,作为通向国际化的大门,以获得更为开放的市场、减少贸易壁垒、发挥英国的贸易优势、进行技术转让以及达到国际发展目标,并且制定了一系列的战略指导方针。据统计,德国（DIN）在 ISO 中的贡献率为 19%,英国（BSI）为 17%,美国（ANSI）为 15%,法国（AFNOR）为 12%。这些数据充分说明了发达国家对国际标准的重视程度以及从这一侧面反映出标准国际化背后所蕴藏的无限商机。

（四）重视标准制定的科学性,倡导多方参与

标准的制定涉及多方的利益,牵涉方方面面的关系协调,因此作为标准的制定机构必须与各个相关的利益方进行有效的沟通并充分考虑各方意见,以保障所制定标准的通用性和高水准。在国外,标准化工作通常由市场机制进行运作和调节,政府部门很少干预具体的标准制定工作,而这些工作主要由企业或行业协会等社会团体承担。国家鼓励公众及社会团体积极参与标准的制定,这使得标准的实际可操作性大大提高,而国家通过立法等手段保障本国标准的利益。英国在国家标准化战略框架（NSSF）中明确划分了政府、国家标准机构（NSB）及企业在标准化工作中所承担

的任务,并且提出将标准化内容纳入教育体系进行普及的战略。

（五）制定统一规划,实施科学有效的标准化战略

统一规划指的是使本国本地区在标准化工作的战略、原则、重点领域等方面达成统一,使标准形成体系,充分体现本国利益,并且提高标准制定、实施、修订的效率,避免重复造成的不必要损失。标准的重复制定和审查使得原本以统一和高效为目标的标准化工作适得其反,因此各国对于标准化都有统一的战略规划,规定标准化工作的目标、原则、程序、关键领域、组织机构等重要问题,这大大提高了标准化工作的效率和质量,使得标准切实地转化为效益。

三、物流标准化体系与种类

现有的物流标准主要包括：托盘标准、集装箱标准、包装标准、装卸／搬运标准、存储作业标准、条码技术标准、物流单元编码标准、物流单证编码标准、物流设施与装备编码标准。下面主要分析托盘标准化及集装箱标准化。

（一）托盘标准化

1. 托盘标准化的目的

由于托盘产品功能的目的性,为了更好地提供物流服务,需要制定科学的托盘标准。托盘作为物流产业中最基本的集装单元和搬运器具,是传统物流向现代物流转变的过程中,静态货物转变为动态货物,提高供应能力、缩短供应时间、改善服务质量、实现机械化操作的基础。

（1）利用托盘标准推进托盘行业的发展

托盘集装单元是现代物流系统中最基本的作业单元,也是物流系统合理化的基础。托盘标准化是实现托盘联运的前提,也是实现物流机械和设施标准化的基础及产品包装标准化的依据。标准化托盘的大量使用将有利于托盘集装单元化和实行托盘作业一贯化,有利于衔接货架、物流设备、运输车辆以及集装箱的尺寸,进而促进物流托盘化的发展,降低物流成本,提高物流效率。

（2）利用托盘标准整合物流过程中的"不标准"

由于托盘具有重要的衔接作用、大范围的应用性和举足轻重的连带性,在装卸、搬运、保管、运输和包装等各个物流环节的效率化中处于中心

的位置,因此,托盘的标准化及其推广可以使物流企业进行与标准托盘相关的物流设备、设施乃至物流信息系统的整合。

（3）利用托盘标准规范和控制物流过程

只有在托盘标准化的基础上,才能实现托盘一贯化作业,使得生产企业、物流企业、批发企业、零售企业和客户之间的物流更加顺畅,从而提高物流效率,降低物流成本。

2. 托盘的国内 / 国际标准

1988 年,国际标准化组织托盘委员会(ISO/TC51)为了防止托盘规格增加,引起世界物流系统的混乱,把 1961 年(ISO/R198)推荐采用的三个规格(1 200 系列: 1 200 毫米 × 800 毫米、1 200 毫米 × 1 000 毫米、1 000 毫米 × 800 毫米)、1963 年(ISO/R329)增加采用的两个规格(1 200 系列: 1 200 毫米 × 1 600 毫米、1 200 毫米 × 1 800 毫米),以及 1971 年增加的三个规格(1 100 系列: 1 100 毫米 × 800 毫米、1 100 毫米 × 900 毫米和 1 100 毫米 × 1 100 毫米)整合为四个规格(1 200 毫米 × 800 毫米、1 200 毫米 × 1 000 毫米、1 219 毫米 × 1 016 毫米和 1 140 毫米 × 1 140 毫米)。

1996 年,为了在我国推进标准化,我国专家首次对托盘尺寸标准进行了修订,等效采用了 ISO 1988 年推荐使用的四种规格。但经过近 10 年的实践后发现,尽管在实践中使用的托盘规格还是较多,但多数托盘规格主要集中在 1 200 毫米 × 1 000 毫米和 1 100 毫米 × 1 100 毫米两种规格上,而且 2003 年 ISO 在难以协调世界各国物流标准利益的情况下,在保持原有四种规格的基础上又增加了两种规格(1 100 毫米 × 1 100 毫米和 1 067 毫米 × 1 067 毫米),迫使我国不得不重新全盘考虑我国托盘标准的适应性。

2006 年,针对当时的贸易实际和标准化发展情况,我国物流专家再次提出对我国托盘标准进行修订。在充分考虑我国对欧美贸易、东北亚贸易和东盟贸易发展的现实需要,结合我国托盘使用现状、当前物流设备之间的系统性、ISO 2003 年推荐的六种规格之间的互换性与相近性,以及托盘规格多样会降低物流系统运行效率的弊端,充分借鉴国际经验和广泛听取托盘专家意见的基础上,最终选定了 1 200 毫米 × 1 000 毫米和 1 100 毫米 × 1 100 毫米两种规格作为我国托盘国家标准,并向企业优先推荐使用 1 200 毫米 × 1 000 毫米,以实现逐步过渡到一种托盘规格的理想目标。

（二）集装箱标准化

1. 集装箱标准化的意义

（1）集装箱运输过程安全的必然要求

集装箱是用来运输货物的,本身必须承载较大的负荷。集装箱经常需要在较为恶劣的环境下运输,如:必须能承受远洋运输途中船舶的剧烈摇晃;火车、卡车启动与刹车的冲击;装卸过程中的冲击等,因此,集装箱在强度上必须有相应的标准规定,并有必要的检验与准用程序和规定。

（2）集装箱运输自身特点的必然要求

集装箱运输是一种消除了具体运输货物的物理、化学特性区别的运输方式。在这种运输方式中,外形、特征各异的具体货物都演变成了千篇一律的金属箱子,原来可凭人们视觉、嗅觉等感官直接加以区别的特征都没有了。这就要求集装箱有一些标准化的标记,便于相互识别、记录与传递。同时,集装箱本身是一种昂贵的运输设备,货主不可能为了少数几次运输而自行购置集装箱,一般都通过租用的方式。因此,货主,箱主,装卸的物流节点,运输的船舶、卡车、火车之间就构成了很复杂的运输链及交接关系,这也要求集装箱必须拥有标准、鲜明的外部标记,便于识别、记录与及时传输。

（3）多式联运方式的必然要求

集装箱运输本质上是一种"多式联运",即在多数情况下,一个集装箱要经过两种或两种以上的运输工具,完成它的"门到门"运输。因此,集装箱的外形和结构必须标准化,以便在船舶、火车、卡车、飞机之间快速地换装,并且便于紧固和绑扎。

（4）国际运输的必然要求

集装箱运输是一种国际运输方式,同一种运输设备要在全球各个国家间运输、交接与周转,则其外形、结构、标志等就必须标准化,以保证其经过的各个国家(地区)都能通过,使各个国家(地区)的装卸设备、运输工具均能适应。

2. 集装箱的国际标准

现在通用的集装箱使用标准化主要包括《系列1集装箱——装卸和紧固》和《集装箱代号、识别和标记》等国际标准。

现行的国际标准集装箱为第1系列共13种,具体如下:宽度均为2 483毫米;长度有12 192毫米、9 125毫米、6 058毫米、2 911毫米共4种,即 40 英尺（1 英尺 =30.48 厘米）、30 英尺、20 英尺、10 英尺；高度有 2 896 毫米、2 591 毫米、2 438 毫米、< 2 438 毫米共 4 种，其中，2 591 毫米应用得较为普遍。

表 5-1 所示为现行国际标准集装箱规格，表 5-2 所示为常用集装箱的最小内部尺寸和容积。

表 5-1　国际标准集装箱规格

箱型	外部尺寸						质量	
	英制（英尺）			公制（毫米）				
	长	宽	高	长	宽	高	千克	磅
1AAA	40	8	9.5	12 192	2 438	2 896	30 480	67 200
1AA	40	8	8.5	12 192	2 438	2 591	30 480	67 200
1A	40	8	8.0	12 192	2 438	2 438	30 480	67 200
1AX	40	8	8.0	12 192	2 438	2 438	30 480	67 200
1BBB	30	8	9.5	9 125	2 438	2 896	25 400	56 000
1BB	30	8	8.5	9 125	2 438	2 591	25 400	56 000
1B	30	8	8.0	9 125	2 438	2 438	25 400	56 000
1BX	30	8	8.0	9 125	2 438	2 438	25 400	56 000
1CC	20	8	8.5	6 058	2 438	2 591	24 000	52 920
1C	20	8	8.0	6 058	2 438	2 438	24 000	52 920
1CX	20	8	8.0	6 058	2 438	2 438	24 000	52 920
1D	9.8	8	8.0	2 991	2 438	2 438	10 160	22 400
1DX	9.8	8	8.0	2 991	2 438	2 438	10 160	22 400

表 5-2　国际标准集装箱的内部尺寸

箱型	最小内部尺寸（毫米）			最小内容积（立方米）
	长	宽	高	
1A	11 997	2 300	2 195	60.5
1AA	11 997	2 300	2 350	64.8
1B	8 930	2 300	2 195	45.0
1C	5 867	2 300	2 195	29.0
1D	2 802	2 300	2 195	14.1
1E	1 780	2 300	2 195	9.0

续表

箱型	最小内部尺寸(毫米)			最小内容积（立方米）
	长	宽	高	
1F	1 273	2 300	2 195	6.4

在国际贸易实践中,最常用的集装箱为 20 英尺和 40 英尺的集装箱。因此,为了便于统计,将一个 20 英尺的标准集装箱作为国际标准集装箱的标准换算单位,称为换装箱或标准箱,简称 TEU（Twenty-foot Equivalent Unit）。一个 40 英尺的集装箱,简称 FEU（Forty-foot Equivalent Unit）,1 FEU=2 TEU。

目前,国际上集装箱的尺寸已发展到 45 英尺、48 英尺,在重量上发展到 35 吨以上。

3. 集装箱使用标准化

国际标准 ISO 3874《系列 1 集装箱——装卸和紧固》规定集装箱的起吊方法有:用吊具吊顶、用吊索吊顶、用吊具吊底、侧吊、端吊、用叉车叉举、用抓臂起吊。

（1）集装箱起吊的注意事项

①装卸超高货集装箱时,要用专用的超高货吊索。

②箱内装载高重心货物时,禁止起吊后高速急回转。

③箱内货物偏离重心装卸时,严禁用单根钢丝绳吊起。

（2）集装箱装卸的注意事项

①不能用滚轮或圆棍棒移动集装箱。

②不准在其他集装箱上拖拽集装箱。

③集装箱着地时,应注意慢慢放下,避免使集装箱受到猛烈冲击而损坏箱内货物。

④集装箱在下降过程中不能突然停止。

（3）集装箱的固定的具体情况

①若集装箱装载在集装箱专用船的箱格内,则不用固定；如装在甲板上,则可用箱格导柱固定或插接框架固定。

②在铁路车辆上固定集装箱时,用四个底角件固定,常采用锥体固定件来固定。

③在公路车辆上固定集装箱时,用四个底角件固定,常用的固定件有扭锁、锥体。

（三）物流标准化的方法

物流标准化的方法主要指初步规格化的方法，具体包括以下内容。

1. 确定物流基础模数尺寸

推行物流标准化，首先要明确物流基础模数尺寸，对于物流标准化的整个流程来说，这一步是最基础且十分关键的，它的作用与建筑模数尺寸的作用大体相同，考虑的基点主要是简单化。基础模数尺寸一旦确定，设备的制造、设施的建设、物流系统中各个环节的配合协调、物流系统与其他系统的配合就有了依据。目前，ISO 制定的物流基础尺寸的标准为如下所示。

（1）物流基础模数尺寸：600 毫米 × 400 毫米。

（2）物流集装基础模数尺寸：1 200 毫米 × 1 000 毫米，1 100 毫米 × 1 100 毫米；1 200 毫米 × 800 毫米。

（3）物流基础模数尺寸与物流集装模数尺寸的配合关系如图 5-3 所示（单位：毫米）。

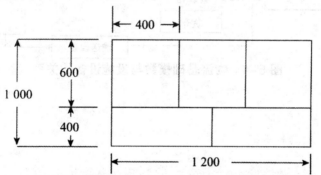

图 5-3　物流基础模数尺寸与物流集装模数尺寸的配合关系

2. 确定物流模数

中华人民共和国国家标准《物流术语》（GB/T 18354—2006）中对物流模数的定义是："物流设施与设备的尺寸基准。"物流模数即集装单元基础模数尺寸（即最小的集装尺寸），集装模数尺寸影响和决定了与其有关的各个环节的标准化。

可以通过 600 毫米 × 400 毫米按倍数系列进行推导，或者可以在满足 600 毫米 × 400 毫米的基础模数的前提下，从载货车或大型集装箱的"分割系列"进行推导，从而获得集装单元基础模数尺寸。物流基础模数尺寸与集装单元基础模数尺寸的配合关系，可用集装单元基础模数尺寸的 1 200 毫米 × 1 000 毫米为例说明。由图 5-3 可以看出,集装单元基础模数尺寸可以由 5 个物流基础模数尺寸组成。

3. 以分割及组合的方法确定物流各环节的系列尺寸

物流模数在物流标准化中具有十分重要的意义,它是各个环节标准化的核心,是形成系列化的基础。可依据物流模数确定有关系列的大小及尺寸,再从中选择全部或部分,作为定型的生产制造尺寸。由图 5-4 物流基础模数与设施设备的关系可以确定包装容器、运输装卸设备、保管器具等系列尺寸。例如:日本工业标准(JIS)规定的"输送包装系列尺寸",就是以 1 200 毫米 × 1 000 毫米推算的最小尺寸为 200 毫米 × 200 毫米的整数分割系列尺寸来确定的。

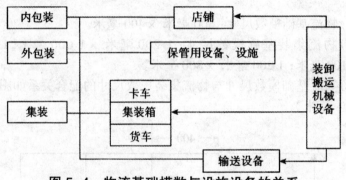

图 5-4　物流基础模数与设施设备的关系

第六章 物流风险管理

2008 年的全球金融危机导致全球经济疲软,虽然 2017 年以来已经有全面复苏的势头,但仍没有回到正常状态,同时,中国经济增长放缓,国际贸易需求低迷,物流市场运力过剩,供需失衡的矛盾并没有改善,在整个市场供需失衡的大前提下,物流环境发生了很大的变化,物流业面临着前所未有的风险管理的挑战。这就要求我们加强物流风险管理,促进行业的健康成长。

第一节 物流风险管理的基本理论与方法

一、物流风险概述

(一)物流风险的定义与特征

1. 物流风险的定义

物流风险是指可能在物流领域发生的各种风险的总称。从狭义上来说,物流风险是指未来物流损失发生的不确定性;从广义上来说,物流风险是指未来物流损失或收益发生的不确定性。

2. 物流风险的特征

物流风险具有风险的共性特征,包括未来性、损失性、不确定性、客观性、偶然性、可测性、双重性;同时,物流风险还具有其独有的特征。

(1)国际物流与国内物流风险的比较

国际物流和国内物流不同,它的主要服务对象是跨国经营和对外贸易,它要求各国之间的物流系统相互接轨。随着国际分工的日益细化和专业化,国际的商品、货物流动更加频繁,因更长的供应链、较少的确定性和更多的物流单证而使物流需求不断增长,物流经营者面临着距离、需求、多样性和单证等方面的壁垒,如表 6-1 所示。因而,与国内物流相比,国际物流具有国际性、复杂性和高风险性等特点。

表 6-1 国内物流与国际物流的比较

比较项目	国内物流	国际物流
物流环境	较简单	复杂,因各国社会制度、法律、人文、习俗、语言、科技、自然环境、经营管理方法等不同
沟通	口头或书面的系统就可实现沟通,目前已越来越多使用 EDI	口头或书面的成本较高,且常常无效,EDI 又因为各国的标准不同而受到一定程度的限制
市场准入	限制较少	限制较多
政府监管机构	主要是物流安全机构	除物流安全机构外,还包括一关三检等监管机构
标准化要求	较低	较高
物流保险	货物与运输工具保险欠发达	货物与运输工具保险较发达
物流信息系统	较容易建立	较难建立
代理机构	较少	对国际运输代理(货代、船代)、运输经纪人、报关行有较强的依赖性
完成周期	以 3 ~ 5 天或 4~10 天为单位	以周或月为单位
库存	库存水平较低,反映较短的订货前置期、较小的需求及改善的运输能力	库存水平较高,反映较长的订货前置期、较大的需求和不稳定的运输
物流单证	涉及单证较少,且标准化程度低	繁杂且要求具有国际通用性
适用法规	本国的法律法规	已加入的国际公约与国际惯例
运输方式	以陆路(公路、铁路)为主	主要是以海运为主,空运与多式联运得到较广泛的应用
路线选择	路线选择受的限制较少,但同时也带来了路线选择上的困难	经由路线受到各国口岸及国际贸易方式等方面的限制,而且为了利用自由贸易区、保税区等优势易使商品运输路线发生改变
承运人责任	普遍实行严格责任制或完全过失责任制	各运输方式之间尚未统一,比如,国际海上运输基本上仍实行不完全过失责任制
物流联盟	重要性不同	较国内物流而言更为重要

（2）现代物流与传统物流风险的比较

现代物流与传统物流的相关指标的对比情况如表6-2所示。与传统物流生产具有"段""线"的特点不同，现代物流生产具有"网"的特点，同时更强调向客户提供个性化的整体解决方案及增值服务，因此，与传统物流相比，其所面临的风险更为复杂，更具有自己的特点。

表6-2　现代物流与传统物流的比较

对比项目	传统物流	现代物流
客户	以公众为主、数量大、短期买卖关系	以协议客户为主、数量较少、长期合作伙伴关系
服务	单一功能性物流服务、标准化服务、被动式服务、流通环节为主	一体化物流解决方案的服务；定制化服务，适应客户个性化需求；主动式服务；拓展到整个供应链
设施	通用性设施	根据客户需要构建物流网络设施
运行模式	基于资产	基于非资产
业务流程	刚性	柔性
信息服务	极少	必备、共享
核心竞争力	网络覆盖面广	一站式服务、增值服务能力

（3）传统物流与其他行业风险的比较

传统物流与制造业的相关指标的对比情况如表6-3所示。由于传统物流具有"网络化""非封闭性""产品无形性"等特点，因而，与其他行业相比，传统物流所面临的内外部环境更为复杂，因而其风险也具有特殊性。

表6-3　传统物流与制造业的比较

对比指标	制造业	传统物流
生产场所大小与开放度	"点" / 封闭	"网络" / 开放
生产流程标准化程度	较高	较低
生产过程的可控制性	较高	较低
生产产品	有形产品	无形产品
客户类型	直接客户较多	大多中间 / 间接客户
参与方	较少	较多(比如，发货人、收货人)

（二）物流风险的效应与构成要素

物流风险与一般风险相同,物流风险仍然具有诱惑效应、约束效应和平衡效应。

物流风险的构成要素包括物流风险因素、物流风险事故与物流风险损失。其中,物流风险因素引发物流风险事故,物流风险事故导致物流风险损失。

（三）物流风险的类别与成因

1. 物流风险的类别

按照不同的划分方式,可以将物流风险划分为不同的类型。通常,可以按照以下方式对物流风险的类别进行划分。

（1）按业务内容划分：运输风险、仓储风险、物流金融风险等。

（2）按职能划分：营销风险、运营风险、财务风险、人力资源风险、安全风险、法律风险等。

（3）按主体划分：物流企业风险、货主企业物流风险。前者是指各类物流企业所面临的物流风险；后者是指货主企业因物流活动所面临的风险。

（4）按内外环境划分：外部风险、内部风险。

（5）按层次划分：战略层风险、管理层风险、操作层风险。

2. 物流风险的成因

（1）控制能力有限

有时,经营主体对某些风险虽然已有认识和预计,但囿于技术条件和能力不能采取有效措施加以防范和控制。因此,控制能力的有限性与主观认识的局限性一样是风险产生的主观原因。

（2）主观认识局限

由于自然和社会运动的不规则性,经济活动的复杂性和经营主体的经验与能力的局限性,经营主体不可能完全准确地预见客观事物的变化,因而风险的存在不可避免。

（3）客观条件变化

客观条件变化的不确定性,是指社会政治、政策、宏观经济和自然环境等方面存在的不确定性,它是导致企业风险的客观原因。

二、物流风险管理体系

物流风险管理体系,由风险管理目标、风险管理过程和风险管理资源配置三大部分组成,如图 6-1 所示。

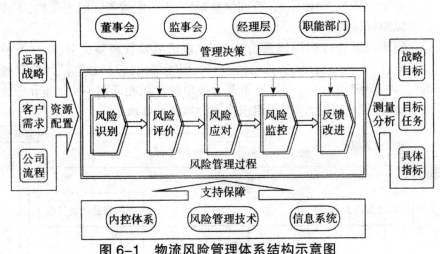

图 6-1 物流风险管理体系结构示意图

(一)风险管理目标

只有确定了风险管理的目标,才能确定风险管理的方向。实际上,风险管理的目标也是风险管理要得到的最终结果,它应该有多个层次、多个维度,并应考虑到企业不同的价值取向和各个发展时期。如前所述,美国反对虚假财务报告委员会的发起组织委员会(The Committee of Sponsoring Organizations of the Treadway Commission, COSO)规定的目标包括战略目标、经营目标、报告目标和合规目标。在制定风险目标时,必须考虑企业的风险偏好或风险容忍度。风险容忍度是指在实现企业特定目标过程中对差异的可接受程度。风险容忍度应该是明确的、切实可行的、可以衡量的;风险容忍度应该在整个企业的层面进行适当分配,以便于管理和监控。

(二)风险管理过程

风险管理过程的目的在于确定最优的风险管理成本和最有效的资本配置方案,这个过程要便于公司组织内部对风险管理的理解和实施,并能主动支持公司的风险管理策略,是进行风险管理决策的基础。

（三）风险管理资源配置

风险管理资源配置是风险管理效率效果的必要保证。风险管理资源配置实际上就是优化实现风险管理过程的"软件"与"硬件"。它包括风险管理组织体系、内控体系、管理信息系统、人员配置等。限于篇幅，下面仅对风险管理组织体系予以说明。

物流风险管理组织体系由董事会（包括风险管理委员会、审计委员会）、监事会、经理层（包括首席风险官）、职能部门（包括独立的风险管理部门、内部审计部门以及其他相关业务单位和职能部门）四个部分形成战略层、决策层、执行层三级组织构架。如图 6-2 所示。

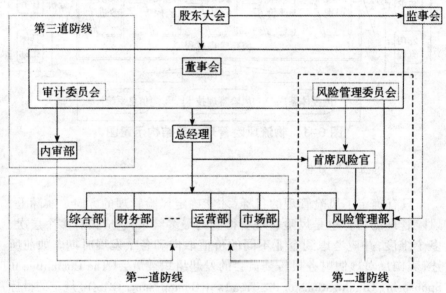

图 6-2　物流风险管理组织体系构架图

1. 战略层

战略层由企业的董事会及下设的风险管理委员会和审计委员会所构成，战略层的主要职责是制定企业风险管理的目标、方针、政策，同时负责检验和考核风险管理的实施效果。

（1）董事会

董事会在企业风险管理中处于领导地位，并就全面风险管理工作的有效性对股东会负责。构建科学规范并行之有效的企业风险的层级防控体系，关键是董事会核心作用的发挥。一般来说，董事会的风险管理职责主要包括以下内容。

①审议并向股东会提交企业风险管理年度评估报告。

②了解和掌握企业面临的各项重大风险及其风险管理现状,做出有效控制风险的决策。

③批准风险管理组织机构设置及其职责方案。

④审议确定企业风险管理总体目标、风险偏好、风险容忍程度等,批准企业风险管理策略和重大风险管理解决方案。

⑤批准重大决策的风险评估报告等。

（2）风险管理委员会

风险管理委员会的主要职责是根据董事会确定的方针、政策和任务,具体协调、处理企业经营发展和日常管理中的有关涉及风险控制和管理的事项;具体组织落实风险控制和管理的有关事项;并按照业务分管原则,实施对公司下属单位的风险控制和管理事项的监督指导。

（3）审计委员会

审计委员会是按照董事会决议设立的专门工作机构,主要职能是协助董事会独立地审查公司财务状况、内部监控及风险管理制度的执行情况及效果,出具审计报告和内部管理建议书,以及与内部审计师和外部审计师的独立沟通、监督和核查工作。

需要注意的是,当前我国有一些公司将风险管理委员会和审计委员会的职能合并,成立所谓的"审计与风险管理委员会",这实际上是混淆了这两个机构的职能。

（4）监事会

监事会在企业风险管理中处于监督地位,依法行使对公司、董事和高级管理人员的监督权并对股东会负责。监事会监督作用的发挥,对构建科学规范并行之有效的企业风险层级防控体系是不可或缺的。监事会的风险管理职责主要包括以下内容。

①听取公司全面风险管理工作报告。

②监督检查重大风险预防化解措施的落实情况。

③对企业重大风险独立地发表意见,并对给企业造成经济损失的风险事件责任人提出责任追究意见。

④对公司风险管理工作的整体实施情况进行调查、评价,并向股东会报告监督结果。

2. 决策层

决策层的主要职责是全面负责风险管理目标与政策的实施,通过制定相应的风险管理制度、各部门和岗位的职责与权限等规范指导风险管理工作的开展。决策层由总经理及下设的风险管理部、法律事务部和内控合规部、审计部、监察部等职能部门组成。同时,风险管理的决策层还通过对风险管理方案的制订、评估、考核及监控等,保证风险管理规范的全面贯彻。此外,目前众多国外企业在决策层设置 CRO(首席风险官)来具体负责企业的风险管理。

决策层在企业风险管理制度的制定、风险防范方案的编制和执行中处于主导地位,就企业风险管理的有效性向董事会负责,并接受监事会的监督。其主要职责包括以下几个方面。

(1)主导风险管理的整改工作

负责组织全面风险管理的有效性评估,针对各类风险制订风险管理解决方案,明确风险管理解决的具体问题、涉及的管理及业务流程、所需的条件和手段,以及风险事件发生前、中、后应采取的具体应对措施等。并按照部门职责的分工,将解决方案涉及的各项具体工作明确到各个部门或业务单位,确保各项措施得以有效实施。

(2)主导风险管理责任的落实

通过建立严格、规范的考核办法、奖惩制度,明确责任到每一个部门、每一个个人,量化标准到每一项工作、每一个流程,以保证企业全面风险管理工作在正确的轨道上运行。

(3)主导风险管理相关制度的制定

通过制定企业风险预警制度、风险分析制度、企业风险管理考核与奖惩办法以及相关内控制度等一系列的管理办法,确定流程、明确分工、落实责任,从而构建完整的全面风险防范体系。

决策层需要主导风险管理全过程的跟踪监控。对可能影响企业生产经营的每一项风险实行事前分析、事中预警、事后应对、即时调度、跟踪监控,督促各项整改措施落实到位,以保证风险管理工作的及时性和有效性。

3. 执行层

执行层包含的成员十分广泛,它是由公司的各个部门、各个业务单位以及每一个员工组成的。执行层是风险管理的具体实施单位,这要求企业的每个员工都有风险意识,并按照风险管理规范所要求的操作流程、审批权限、逐级汇报与信息传递等行为的规范进行操作,从而保障风险管理的有效性、敏感度和应具备的快速反应能力。执行层主要负责风险管理工作的具体实施,并对总经理或其委托的高级管理人员负责。它主要包括内部审计部门、风险管理部门以及各业务部门。

（1）内部审计部门

内部审计部门在风险管理方面需要负责研究提出全面风险管理监督评价体系，制定监督评价相关制度，开展监督与评价，并出具监督评价审计报告。审计部门主要履行以下职责。

①审查企业内部控制程序的有效性。

②监督、检查风险管理部门是否履行了对风险管理进行监督与改进的职责。

③研究制定企业风险管理的审计监督制度。

④监督、检查各业务部门是否按照业务流程进行有效的风险管理。

⑤向董事会提交风险管理监督评价审计报告，提出改进评价意见。

（2）企业各业务部门

业务部门履行专业风险的管理职责。各业务部门主要履行以下职责。

①搜集相关风险信息，对企业各项业务管理及重要管理流程存在的风险进行风险识别、风险分析和风险评估。

②研究提出本业务部门涉及的重大决策、重大风险、重大事件和重要业务流程的判断规则。

③研究提出并实施企业风险解决方案。

④做好培育企业风险管理文化的有关工作。

⑤跟踪检查风险管理工作的执行情况，并研究提出持续改进措施。

（3）风险管理部门

风险管理部门履行企业风险管理的综合职责。具体职责如下。

①研究提出风险管理策略和跨职能部门的重大风险管理解决方案，并负责该方案的组织实施和对该风险的日常监控。

②研究提出跨职能部门的重大决策风险评估报告。

③研究提出跨职能部门的重大决策、重大风险、重大事件和重要业务流程的判断标准或判断机制。

④研究提出全面风险管理工作报告。

⑤负责全面风险管理有效性的评估，研究提出全面风险管理的改进方案。

由以上研究分析可以看出，实施三级组织架构，在该架构内明确战略层、管理层及执行层风险管理的职责，将风险管理及控制活动覆盖到本公司的各个部门、各个层级和经营管理的各个环节，可形成以市场风险为导向的风险控制与管理的三道防线。

第一道防线，即以相关职能部门和业务单位组成的业务单位防线。

第二道防线，即以风险职能管理部门和风险管理委员会组成的风险职能管理部门防线。

第三道防线,即由内部审计部门和审计委员会组成的审计防线。

三、物流风险管理的方法

物流风险应对,也称物流风险管理策略,是企业风险管理活动的指导方针和行动纲领,是指针对企业面临的主要风险设计的一整套风险处理方案。

（一）物流风险管理策略

风险管理策略主要是围绕企业目标与战略,确定风险偏好、风险承受度和风险管理有效性标准,选择适当的风险承担、风险规避、风险转移、风险转换、风险对冲、风险补偿和风险控制等风险管理工具,确定风险管理所需要的人力与物力资源的配置原则。

一般来说,风险管理策略有两种类型,一是控制方法,二是财务方法。前者致力于消除、回避和减少风险发生的机会,限制风险损失的扩大;后者的重点是事先做好风险成本的财务安排,通过财务安排来降低风险成本。

1. 风险自留

所谓风险自留,是指企业自己来承担风险。自留风险的可行程度,取决于损失预测的准确性和补偿损失的适当安排。一般风险发生的概率很低,造成的损失也不大时,多数企业会选择风险自留的方式。

企业选择风险自留策略时,需要大量的资金作为后盾,其可采取的筹资方式有:现有收入、建立意外损失准备金(非基金)、建立专项基金、从外部借入资金。除了筹集资金提高企业自身的抗风险能力以外,企业还可以通过套期保值、加入保赔协会等方式接受风险自留。

2. 慎重管理风险

慎重管理风险,也称损失控制,是指企业有意识地接受经营管理中存在的风险,并以谨慎的态度,通过对风险进行分散、分摊以及对风险损失进行控制,从而化大风险为小风险、变大损失为小损失的风险处理策略。根据方式的不同,它可以分为风险分散、风险分摊和备份风险单位等形式。

3. 风险转移

风险转移是指企业为避免承担损失而有意识地将风险损失或与风险损失有关的后果转嫁给其他企业的一种风险管理方式。常见的有两种方法：一是转移给保险公司。这是风险转移最主要的方法，是通过保险把风险转移给保险人，一旦发生意外损失，保险人就按保险合同约定补偿被保险人的一种风险管理的方法。二是转移给另一承担方，比如，可以进行外包、租赁、委托、出售等。

4. 风险避免

风险避免是指放弃某项活动以达到回避因从事该项活动而可能产生风险损失的行为。这是一种不作为的态度。这种方法具有一定的消极性和局限性。比如，在投资项目时，风险高于利益的预期，可能选择放弃。但风险总是伴随着收益同时存在，回避风险就意味着放弃收益。当放弃的机会成本足够高时，物流企业总可以通过提高管理水平的方法降低货物发生损失的概率。实际业务中，可以分情况采取完全拒绝承担、中途放弃承担、改变部分条件等方式。

（二）物流风险管理解决方案的制订

风险解决方案是对风险管理策略的具体落实。它主要是针对各类风险或各项重大风险制订风险解决方案。一般包括：提出和确定风险解决的具体目标，所需要的组织领导，所涉及的管理与业务流程，所需要的条件、手段以及各种内控制度等，以及风险事件发生之前、之中和之后应该采取的具体应对措施（包括外包方案）以及风险管理工具。

1. 风险管理解决方案制订的前提条件

（1）遵循风险管理方案制订的原则。可考虑的原则主要有：可行性、全面性、匹配性、成本收益性、综合性、灵活性等。

（2）考虑选择风险管理策略的因素。影响风险管理策略选择的因素包括与管理决策有关的因素及风险性质因素。比如，与管理决策有关的风险策略选择因素包括企业的目标与战略、可管理性、资金筹措能力、风险的时间长短、自身管理风险能力等。

（3）明确影响解决方案的主要风险。企业应列出影响解决方案的主要风险，比如，战略风险、管理风险等。

2. 风险管理解决方案制订的程序

制订风险管理解决方案需要经过以下步骤：第一，确定风险管理的目标；第二，设计风险管理解决方案；第三，选择并执行风险管理最佳解决方案；第四，风险管理解决方案效果评价。

在制订风险解决方案的过程中，需要采用一系列的进行风险决策的方法，如风险成本与效益分析等。因此，一方面，要设计好风险应对的措施，同时还要尽量减少风险应对措施的代价；另一方面，在制订风险解决方案时，还必须考虑风险应对措施所带来的收益，要根据收益的大小决定是否需要付出一定量的代价去应对具体的风险，避免得不偿失。

第二节　物流风险的主要类别

一、物流市场风险

（一）物流市场风险的定义

物流市场风险与物流市场的波动具有紧密联系，因此物流市场风险也可以称作物流系统风险，即物流市场风险是指未来物流市场的不确定性和其对风险管理主体实现其既定目标的影响。物流市场风险通常具有以下特征。

1. 整体风险发生的概率较小

由于人类认识水平的不断发展，对自然和社会的认识不断加深，对它们的驾驭能力不断提高，对整体性风险发生的防范手段及其发生之后的综合治理办法都不断增强。

2. 分散投资无法消除风险

由于市场风险是个别企业或行业所不能控制的，是社会、经济、政治大系统内的因素所造成的，它影响着绝大多数企业的运营，所以，企业无论如何选择投资组合都无济于事。

3. 风险后果具有普遍性

整体风险造成的后果具有普遍性，各个主体皆不能避免。

4.产生因素为全局性的因素

例如,经济方面的利率、通货膨胀、宏观经济政策、能源危机、经济周期循环等;政治方面的政权更迭、战争冲突等;社会方面的如体制变革、所有制改造等。

(二)物流市场风险的类别

根据物流业的历史,我们可以对物流市场风险进行分类。下面主要介绍物流企业会遭遇的市场风险。

1.物流竞争风险

物流竞争风险主要是指来源于竞争对手的竞争风险,也就是被竞争对手战胜的风险。在物流竞争环境中,物流的市场结构、市场透明度、市场竞争程度和市场干预程度等因素的变化及构成情况,直接给物流企业带来不同的风险。以海运企业为例,海运企业在运价、航班次数、转运时间、港口的覆盖范围、服务可靠性、可利用的集装箱、陆上运输服务、客户服务的质量、增值服务和其他客户要求等方面均面临竞争,因而有可能导致海上运价降低。此外,国际海运企业纷纷追求船舶大型化,在船舶科技和信息设备等方面的投入不断增加,在全球加强销售和客户服务网络的建设,这可能在船型结构、服务能力、信息系统、管理效率和分销网络等多方面对海运企业形成挑战。

2.金融风险

金融风险是指物流企业遭受金融损失的可能性。其主要是由于金融因素,如利率、汇率变动,通货膨胀而引起物流企业实际的收益或成本和预期结果有偏差。

(1)通货膨胀风险/购买力风险

由于物价的上涨,同样金额的资金,未必能买到过去同样的商品。这种物价的变化导致了资金实际购买力的不确定性,称为购买力风险或通货膨胀风险。在发生通货膨胀的情况下,本来并不热销的航运企业股票,将面临更大的购买力风险。

(2)外汇风险

它可大致分为汇率波动风险和外汇管制风险。由于物流企业编制的财务报表以人民币为货币单位,而物流企业大部分业务及经营使用外币结算,相当数量的运营资产同样以外币计价,因此人民币与外币的汇率变动可能对物流企业的资产价值和盈利造成影响。

（3）利率风险

利率水平的变动受经济政策、货币资金需求、货币资金供给、经济周期和通货膨胀率水平等多方面因素的影响。利率上升将直接增加物流企业的财务负担。物流企业可通过适当控制长、短期借款比例，运用各种金融工具等方式积极对现有贷款利率水平进行管理，控制实际支付利息的利率水平，降低利率波动对物流企业盈利的影响。

3. 政策风险

政策风险是指由于国家宏观政策的变化而导致市场行情波动从而产生的风险。经济政策、法规出台或调整，对物流市场会有一定影响，如果这种影响较大，会引起市场整体的较大波动，从而导致物流企业、货主企业遭遇无法预料的变故。

4. 国家风险

国家风险是指由于物流企业运营中东道国各种难以预料的经济、政治和法律等因素变动，导致物流企业投资环境、经营环境发生变化，使其预期成本或利润与实际情况不一致所带来的风险。国家风险主要包括社会风险、法律风险、经济风险和政治风险。

（1）社会风险

社会风险是指由于经济或非经济因素造成特定国家的社会环境不稳定，从而使国际物流企业不能把在该国的收入汇回本国而遭受损失的风险。

（2）法律风险

法律风险是指物流企业缺乏对东道国法律的了解，导致东道国与母国以及与国际法之间的法律冲突所产生的风险。

（3）经济风险

经济风险如东道国实行外汇管制，使东道国货币不可自由兑换，从而限制了国际物流企业的收入流出；或承租方和出租方之间原本以避税为目的的船舶租赁，因税收政策改变，给船东的收益带来的风险。

（4）政治风险

政治风险主要指战争、内乱、政权更迭、国有化没收外资、政府干预等。政治风险具有一定的特殊性，一旦发生往往无法挽救，且后果严重。其后果可能是直接使一物流企业破产，或者使两个国家间发生严重的外交冲突。

5. 物流成本上升风险

由于构成物流成本的许多不可控因素的变化,导致物流成本经常变动,从而使物流企业面临巨大的成本风险。以海上运输企业为例,主要面临船舶租金上升风险、港口费和装卸费上升风险、燃油成本上升风险。

（1）船舶租金上升风险

目前,海运企业的运力中许多是以租船方式持有。由于租船费在过去数年间均呈上涨趋势,海运企业续约或以新租船协议取代现有租船协议时可能会支付更高的费用。同时,由于租约期限过长,当经济周期处于下行期时,物流企业的收费减少而租金不减,会造成较大亏损。

（2）港口费和装卸费上升风险

港口费和装卸费受各种因素影响。例如,货运量的增长、运费上升、工人工资的增长等因素都会推高港口费和装卸费。这将增加物流企业的港口费和装卸费的支出,对物流企业的盈利产生不利影响。

（3）燃油成本上升风险

油料成本,主要是燃油成本,是物流企业最主要开支之一。燃油价格与原油价格密切相关。由于原油产地的关系,原油价格与国际政治的走向密切相关;由于原油在经济中的基础性作用,原油价格与经济起伏也息息相关。据报道显示,南方航空、中国国航、东方航空三大航空央企陆续发布了 2017 年财报,3 家航空公司合计实现营收 3 505.73 亿元,均呈增长态势;不过,三大航空央企在 2017 年四季度却均出现亏损,与燃油成本上升有关。由此可见燃油成本对企业的影响。

6. 经济周期风险

经济周期会对物流行业造成很大影响。国际和国内经济的周期性波动将影响到物流市场需求和物流市场价格,从而对物流企业的经营效益产生较大影响。

国际经济及贸易因素可能导致物流行业发生需求波动的风险。国际物流业的整个产业链均同国际贸易和区域贸易发展密切相关。全球和各地区的经济增长呈现出明显的周期性特点,从而使国际贸易的增长出现波动。如果经济发生衰退或宏观环境不景气,将对物流业的需求进而对企业的业绩造成影响。

为了防范经济周期风险,物流企业应加强对国际、国内宏观经济形势的研究,合理规划业务发展规模,使企业运力发展计划与运量增长保持适当比例,根据市场变化,优化业务结构,提高盈利能力。

7.物流价格波动风险

物流价格受到多种因素影响,特别是受到供求关系的影响。在竞争激烈的情况下,物流服务的供求关系处于经常的变化中。因而,价格较易产生波动。

8.运输安全风险

物流行业不可避免地面临着运输安全风险。例如,在海运中,当船舶在海上航行时,受到多种海上特殊风险和人为因素,包括台风、海啸、海盗、恐怖事件、战争和罢工等的影响,因而存在着搁浅、碰撞、沉船等各种意外事故的可能,这些风险都会对企业业务运营造成影响,并可能给公司带来损失。再如,飞机飞行中也可能遇到机械故障、机场罢工、雷暴等的影响。事故中产生的污染所带来的赔偿费用也是一笔不小的损失。

二、物流战略风险

物流战略风险是指物流企业在追求短期商业目的和长期发展目标的系统化管理过程中,因不适当的未来发展规划和战略决策可能威胁物流企业未来发展的潜在风险。物流战略风险伴随企业战略的始终和企业发展的全过程,而不仅仅在战略制定过程中产生。具体可以将物流战略风险分为以下几类。

第一,竞争风险。竞争风险包括全球性竞争、市场份额增减、垄断等风险。第二,项目风险。项目风险包括研发失败、拓展业务失败、并购重组失败等风险。第三,行业风险。行业风险包括受经济周期、世界经济形势、政府管制等因素造成的巨大波动风险。第四,客户风险。客户风险是指客户实力增减、过度依赖客户、客户偏好改变等风险。第五,停滞风险。停滞风险包括销量减少、价格下降、不出新产品等风险。第六,技术风险。技术风险包括专利过期、流程过时、更新换代等风险。第七,信息风险。在物流行业中,信息风险主要是指信息不对称造成的风险。第八,品牌风险。品牌风险主要包括品牌变质、品牌崩溃等风险。第九,其他风险。除了以上风险外,财务风险、运营风险、危险事故、自然灾害等均会成为潜在战略风险。

三、物流操作风险

（一）物流操作风险的概念及特点

1. 物流操作风险的概念

操作风险是一种在很久以前就得到公认的物流风险，但是其概念界定却一直没有统一。巴塞尔委员会认为，可将操作风险定义为"由不完善或有问题的内部程序、人员及系统或外部事件所造成损失的风险"。本定义所指操作风险包括法律风险，但不包括声誉风险和战略风险。

操作风险相较于信用风险、市场风险，具有更多的表现形式，情况复杂，风险结果不确定，难以进行完整清晰的描述。但它们之间关系密切，操作风险可能在一定条件下转化为或者导致信用风险、市场风险。

按照巴塞尔新资本协议可将操作风险分为七类。
（1）经营中断和系统错误。
（2）内部欺诈。
（3）客户、产品与业务活动带来的风险。
（4）外部欺诈。
（5）涉及执行、交割和流程管理的风险。
（6）雇佣合同以及工作状况带来的风险。
（7）有形资产损失。

可以将物流操作风险定义为：在物流业务运作过程中，因企业不完善或失灵的内部流程控制、人为的错误、制度缺失以及外部事件所产生的直接或间接损失的可能性。

2. 物流操作风险的特点

物流操作风险除了具有风险的一般性特征外，还具有以下特点。
（1）难以测定量化性

由于物流企业操作风险与操作损失之间并不存在简单的数量关系，因此，物流操作风险至今也没有普遍认同的衡量标准，也没有公开的数据库和相应的软件等。这就造成其难以测定。
（2）针对性

每个物流企业都有其自身的、独立的和独特的操作环境，因此，必须考虑企业的具体情况来对物流操作风险进行分析与管理。

（3）表现形式多样

从覆盖范围来看，物流操作风险几乎覆盖了企业经营管理所有方面的不同风险。而信用风险和市场风险的构成则相对较为简单。

（4）难以预测和控制

其原因在于它跟人的关系密不可分，而人的素质、道德水平又难以揣测和控制。因此，人文环境的差异、地方文化特点、商业市场环境等都会对物流操作风险管理产生很大的影响。

（5）可转化性

任何损失事件的发生往往都不是单一风险造成的，国际范围内越来越倾向于将信用风险、市场风险和操作风险等合并起来在整个企业范围内一并考虑。

（6）内生性

物流操作风险属于企业可控范围内的内生风险。而信用风险和市场风险产生于企业外部，更多的是一种外生风险。

（7）"大、小"相对并存性

物流操作风险，既包括发生频率高但损失相对较低的日常业务操作上的风险，也包括发生频率低但一旦发生就会造成极大损失，甚至危及企业生存的风险。

（二）物流操作风险形成原因、损失种类

1. 人员因素

造成物流操作风险的一个主要因素就是人员因素，主要是因员工发生内部欺诈、失职违规，以及因员工的知识和技能匮乏、核心员工流失、企业违反用工法等造成损失或者不良影响而引起的风险。还包括客户（操作失误、欺诈、内外勾结等）、第三人（侵权）等外部人员因素而造成的风险损失。

（1）违反用工法

违反用工法是指违反就业、健康或安全方面的法律或协议，包括劳动法、合同法等，造成个人工伤赔付或因性别、种族歧视事件导致的损失。

（2）内部欺诈

内部欺诈是指员工故意骗取、盗用财产或违反监管规章、法律或公司政策导致的损失。此类事件至少涉及内部人员一方，但不包括性别和种族歧视事件。员工违法行为导致的操作风险主要集中于内部人作案和内外勾结作案两种，属于多发风险。

（3）核心雇员流失

核心人员是指具备其他物流企业员工普遍不具备的知识，或者能够快速吸收企业内部知识的主要人员。核心人员掌握企业大量技术和关键信息，他们的流失将给企业带来不可估量的损失。

核心雇员流失体现为对关键人员依赖的风险，包括缺乏足够的后援、替代人员，相关信息缺乏共享和文档记录，缺乏岗位轮换机制等。

（4）知识、技能匮乏

员工由于知识技能匮乏给企业造成的风险，主要有三种行为模式。

第一种行为模式：在工作中，未意识到自身缺乏必要知识，按照自己认为正确而实际是错误的方式工作。

第二种行为模式：意识到自己缺乏必要的知识，但是由于颜面或者其他原因而不向管理层提出，或者声明其无法胜任某一工作，或者不能处理面对的情况。

第三种行为模式：意识到本身缺乏必要的知识，并进而利用这种缺陷。

在前两种情况下，有关人员会按照他认为正确的方式工作，如果他负责交易方面的工作，可能会给物流企业带来经济或者声誉方面的损失。最后一种情况则属于欺诈。

（5）失职违规

失职违规是指员工因过失没有按照雇佣合同、内部员工守则、相关业务及管理规定操作或者办理业务造成的风险。

员工因失职违规导致的操作风险主要为滥用职权、对客户进行误导或者支配超出其权限的业务，或者从事未经审批的项目等，致使企业发生损失的风险。

企业对员工失职违规越权行为导致的操作风险应予以高度关注。

2. 系统缺陷

系统缺陷引发的操作风险是指由于信息科技部门或服务供应商提供的计算机系统或设备发生故障或其他原因，使物流企业不能正常提供服务或业务中断而造成的损失，包括系统设计不完全和系统维护不完善所产生的风险。

系统缺陷引发的风险最典型的是电脑系统风险，企业对此支付巨额费用，对系统和数据需求又提出新的挑战。

3. 运输类操作风险

运输类操作风险主要包括合同主体资信不足，运输合同条款约定的权利义务不合理,合同履行中未及时检验、移交、接收,道路交通事故,海上风险,车辆承包连带责任,货物运输途中保管不当,货物迟延交付等所引起的风险。

4. 仓储类操作风险

仓储类操作风险包括仓储物验收不明的风险;仓储物变质、损毁、灭失的赔偿风险;存货人欺诈风险;交付不当风险。

5. 配送类操作风险

配送类操作风险有配送迟延、误送的赔偿风险;配送货损赔偿风险。

6. 物的因素

物的因素引起的风险主要包括物流企业、客户或第三方所拥有的物流设备设施(载运工具、装卸搬运工具、港站设施、仓库)或其他设施的不当操作、企业计算机系统失灵和系统漏洞以及因所承运或储存的商品自身特性而给物流企业带来的损失等。

7. 内部流程

由于物流企业业务流程缺失、设计不完善,或者没有被严格执行造成的损失,称为内部流程引起的操作风险。这主要指管理制度不健全、岗位设置不合理、内部流程无序、流程执行失败、控制和报告不力、文件或服务合同缺陷、抵押担保管理不当、服务产品存在缺陷、服务质量不规范、与客户有纠纷等。

管理信息不准确、管理信息不及时、未保留相应文件、项目未达到特定目标、项目资金不足、流程发生冲突、流程中断等,这些都需要有专人专门机构监管,否则流程执行下去很困难。

8. 外部事件

外部事件引起的物流操作风险是针对企业的外部环境而言的。物流企业的经营是在一定的政治、经济和社会环境中发生的,经营环境的变化、外部突发事件等都会影响物流企业的正常经营活动,甚至发生损失。具体包括,因外部人员故意欺诈、骗取或盗用企业货物及违反法律而对客户、员工、资源或声誉可能或者已经造成负面影响的事件。该类事件可能是内部控制失败或内部控制环节薄弱,或是外部因素对企业运作或声誉造成的"威胁"。

在外部事件引起的物流操作风险中,外部欺诈、盗窃是给物流企业造成损失最大、发生次数最多的操作风险之一；业务外包引起的风险也要控制，主要是要有严格的合同协议，并有专门机构监管执行；由于自然灾害等因素造成的损失，也使物流企业的业务受到很大影响；政治风险也要考虑进去，征用、政府行为、公共利益集团或极端分子活动引起的风险，也偶有发生。

9. 物流保险类操作风险

物流保险类操作风险包括保险合同无效的风险；保险免责条款风险；保险索赔证据不足、手续不全被拒赔的风险。

第三节　企业物流与供应链风险管理

一、供应链风险的类型

（一）供应链内生风险

供应链内生风险是针对供应链内部的各个环节而言的风险，主要来自组成供应链系统各环节之间的关系，它由各环节之间潜在的互动博弈与合作形成。供应链中各成员企业作为独立的市场主体有各自不同的利益取向，相互之间因为信息不完全、不对称，又缺乏有效监督机制，为了争夺系统资源、追求自身利益最大化而展开激烈博弈。同时，在部分信息公开、资源共享的基础上，又存在一定程度的合作。

1. 结构风险

这是指因受供应链系统的约束、内耗、不稳定、牛鞭效应等因素的影响而产生的风险，是供应链所独有的风险。

2. 物流运作风险

物流活动是供应链管理的纽带。供应链要加快资金流转速度，实现即时化生产和柔性化制造，离不开高效运作的物流系统。这就需要供应链各成员之间采取联合计划，实现信息共享与存货统一管理。但在实际运行中这是很难做到的一点，导致在原料供应、原料运输、原料缓存、产品生产、产品缓存和产品销售等过程中可能出现衔接失误，这些衔接失误都可能导致因供应链物流不畅通而产生风险。例如，运输障碍使原材料和产品不能及时供应,造成上游企业在承诺的提前期内无法交货,致使下游企业的生产和销售受到不利影响。

3. 生产组织与采购风险

现代企业生产组织强调集成、效率,这样可能导致生产过程刚性太强,缺乏柔性,若在生产或采购过程的某个环节上出现问题,很容易导致整个生产过程的停顿。

4. 道德风险

道德风险是指由于信息的不对称,供应链合约的一方从另一方那儿得到剩余的收益,使合约破裂,导致供应链的危机。在整个供应链管理环境中,委托人往往比代理人处于一个更不利的位置,代理人往往会通过增加信息的不对称,从委托合作伙伴那里得到最大的收益。如供应商由于自身生产能力上的局限或是为了追求自身利益的最大化而不择手段,偷工减料、以次充好,所提供的物资达不到采购合同的要求给采购带来风险。

5. 企业文化差异产生的风险

供应链一般由多家成员企业构成,这些不同的企业在经营理念、文化制度、员工职业素养和核心价值观等方面必然会存在一定的差异,从而导致对相同问题有不同的看法,进而采取不一致的工作方法,最后输出不同的结果,造成供应链的混乱。

6. 信息传递风险

由于每个企业都是独立经营和管理的经济实体,供应链实质上是一种松散的企业联盟,当供应链规模日益扩大、结构日趋繁复时,供应链上发生信息错误的概率也随之增多。信息传递延迟将导致上下游企业之间沟通不充分,对产品的生产以及客户的需求在理解上出现分歧,不能真正满足市场的需要。同时会产生牛鞭效应,导致过量的库存。

7. 分销商的选择产生的风险

分销商是市场的直接面对者,要充分实施有效的供应链管理,必须做好分销商的选择工作。在供应链中,如果分销商选择不当,会直接导致核心企业市场竞争的失败,也会导致供应链凝聚力的涣散,从而导致供应链的解体。

（二）供应链外生风险

1. 意外灾祸风险

这主要表现在地震、火灾、政治的动荡、意外的战争等都会引起非常规性的破坏，影响到供应链的某个节点企业，从而影响到整个供应链的稳定，使供应链中企业资金运动过程受阻或中断，使生产经营过程遭受损失，既定的经营目标、财务目标无法实现。

2. 政策风险

当国家经济政策发生变化时，往往会对供应链的资金筹集、投资及其他经营管理活动产生极大影响，使供应链的经营风险增加。例如，当产业结构调整时，国家往往会出台一系列的产业结构调整政策和措施，对一些产业的鼓励，给供应链投资指明了方向；对另一些产业的限制，使供应链原有的投资面临着遭受损失的风险，供应链需要筹集大量的资金进行产业调整。

3. 市场需求不确定性风险

供应链的运作是以市场需求为导向的，供应链中的生产、运输、供给和销售等都建立在对需求准确预测的基础之上。市场竞争的激化，大大增强了消费者需求偏好的不确定性，使准确预测的难度加大，很容易增加整个供应链的经营风险。如果不能获得正确的市场信息，供应链无法反映出不断变化的市场趋势和顾客偏好，一条供应链也会由于不能根据新的需求改变产品和供应物，而不能进入新的细分市场。最后，市场机会也会由于不能满足顾客快速交货的需要而丧失。

4. 法律风险

供应链面临法律环境的变化也会诱发供应链经营风险。每个国家的法律都有一个逐渐完善的过程，法律法规的调整、修订等的不确定性，有可能对供应链运转产生负面效应。

5. 经济周期风险

市场经济的运行轨迹具有明显的周期性，繁荣和衰退交替出现，这种宏观经济的周期性变化，使供应链的经营风险加大。在经济繁荣时期，供应链在市场需求不断升温的刺激下，会增加固定资产投资，进行扩大再生产，增加存货、补充人力，相应地增加了现金流出量。而在经济衰退时期，供应链销售额下降,现金流入量减少,而未完成的固定资产投资仍需大量资金的继续投入。此时,市场筹资环境不理想,筹资成本加大。这种资金流动性差的状况就增大了供应链的经营风险。

二、供应链风险管理

(一)理解供应链

很多企业内部存在一个普遍性问题,就是缺乏对供给/需求网络的更宽广认识。而企业只是这一网络中的一小部分,它们往往对通向市场的下游路径有着较好的了解,然而当涉及位于上游的一系列供应商时,情况却绝非如此。初级供应商们为了保持其连贯性,往往要依赖第二甚至第三层的供应商。

克莱斯勒公司曾经对切诺基公司 V8 发动机的上游供应链进行考察,其描绘了全部数百件零配件的流动路线,结果发现这些零配件之——Eaton 公司生产的一种滚轴提升阀门是由当地一家铸造厂制造的。当克莱斯勒公司小组考察了那家铸造厂后发现,用来生产铸件的黏土的唯一来源竟然是一家将要破产并意图停止经营的供应商。

企业想要科学有效地减低和管理风险,就必须全面、深入地了解供应链。当不能全面了解复杂供应链或者整个网络的时候,唯一合适的方法就是仔细考察"关键路径"。

(二)改善供应链

从实践的角度来说,改善企业供应链实际上就是要科学地简化供应链,要提高过程的可靠性,降低多变性和复杂性。对于那些由来已久的企业,可以毫不夸张地说,它们很少全面计划和设计供应链。它们曾经只是稍微系统地发展了对于需求和时机的反应机制。例如,供应商被选中,是因为它们迎合了低价格的要求,而不是因为它们供应的可靠性。

正因为过程存在多变性,导致供应链风险发生的可能性增加,变化意味着结果是不能被预测到的一个波动过程。在降低供应链过程的多变性方面,六西格玛方法是一种非常有效的手段。

(三)确定关键路径

供应网络是一个十分复杂的网络,它由一个个"节点"和"连线"相互连接而成。节点代表企业实体或者设施设备,如供应商、批发商、工厂和仓库等;"连线"是指节点间的连接方式,可能是物流、信息流或资金流等。供应网络的薄弱程度正是由这些节点和连线决定的。

供应网络是由数以千计的节点和连线构成的,供应链风险管理的挑战就在于确定其中哪些是"关键的使命"。换言之,即一旦失败对供应链的影响将有多严重。企业必须有能力去明确需要进行管理和监督的关键路径,以确保供应链的连贯性。关键路径可能会有若干特征。

第一,可辨别的高风险(即供给、需求、过程、控制和环境风险)。

第二,供应商和客户的高度集中。

第三,对特定基础设施的依赖,如港口、运输方式或者信息系统。

第四,较长的前置时间,比如重新添置零配件所花费的从订购到送货的时间。

第五,原材料或者产品必须流经的瓶颈或"紧要点"。

第六,短期内别无选择的单一供应源。

为了帮助确定在何处优先进行供应链风险管理,一种非常有用的方法是失败方式和影响分析(Failure Mode and Effect Analysis, FMEA)。FMEA 的目的是通过一种系统的方法来确定在一个复杂的系统中,为了降低失败的风险,应该着重关注什么地方。这种方法更多地用于全面质量管理(Total Quality Management, TQM),但却格外适用于供应链风险管理。FMEA 始于对每个节点、每条连线的考察和对三个问题的思索。

第一个问题:哪儿会出错?

第二个问题:一旦出错会有什么后果?

第三个问题:失败的关键原因是什么?

在回答了以上三个问题后,就需要参考一定标准科学地评估每一种可能的失败结果,需要回答以下几个问题。

第一,失败的后果有多严重?

第二,失败发生的可能性有多大?

第三,失败被检查出的可能性有多大?

在此基础上,对照下面的等级计分系统,将三个分数相乘来计算一个综合的优先级分数,如表 6-4 所示。

表 6-4　风险分析技术系统

S——严重性	①对营业服务水平没有直接影响; ②对营业服务水平有较小的负面影响; ③明显降低营业服务水平; ④严重恶化营业服务水平; ⑤营业服务水平趋于零。

O——发生的可能性	①几年发生一次； ②几月发生一次； ③几周发生一次； ④每周发生； ⑤每天发生。
D——被检查出的可能性	①可以被检查出的概率非常高； ②发生之前有明显的预兆； ③发生之前有一定的预兆； ④发生之前只有很少的兆头； ⑤几乎不能被检查出来。

（四）管理关键路径

在确定了供应链中的关键节点和连线后，之后就需要解决如何降低或消除风险的问题。很显然，这一步骤应该包括制定应对偶然事件的计划，一旦失败就要采取相应行动。情况极端严重的话，重新设计供应链也是必要的。如果必要的话，应该采用合理的统计过程控制方法来监控供应链上的关键环节。

企业可以利用"因果"分析法确定引起问题的原因，以此为基础可以有效地消除或避免成因。这一方法寻求将表面症状和原因分离，它是通过一个不断深入地质疑过程来实现的，即所说的"询问'为什么'（五次）"的方法。

如果问题的成因是瓶颈问题，那么决策时就必须进行慎重抉择。瓶颈能被消除吗？是否会因增加容量或抑制库存而削弱？很多情况下，瓶颈可能是一个能力受限的主要供应商。如果短时间内没有其他可选货源，那么就有必要通过采取战略存货来应对瓶颈问题，以使通过下游节点的物流活动得以继续。

虽然在生产过程中推行零部件的通用性和生产平台的标准化可以帮助降低复杂性，但正如前文所述，如果零配件或平台来自单一供应商，则同样会增加风险。

（五）提高网络的可见性

显然，很多供应链的可见性十分有限，也就是说，网络中的某个实体在供应链中发展时，并不了解上下游的营业水平和存货流动情况。这样的话，问题往往要在几周或几个月之后才能被发现，此时可能因为已经太迟而无法采取有效的行动。从经常被引用的诺基亚和爱立信的案例中可以看到供应链可见性带来的益处。

通过供应链突发事件管理可以更好地辨别发生意外事件(或者不发生的计划事件)的潜力。诸如此类的方法可以明显地降低供应链的不确定性,并因而降低了额外缓冲库存。另外一种新兴的可以极大提高可见性的技术是无线射频标识(Radio Frequency Identification,RFID)技术。

RFID标签是当前在供应链中普遍应用的技术,它可以在供应链中充分发挥"跟踪和定位"的功能。标签既可以是"主动的",也可以是"被动的"。主动标签发射信息到接收站,被动标签在供应链中移动时能够被扫描器读取。随着标签成本的下降和越来越多的企业要求它们的供应商必须使用RFID,这一技术被加速推广。例如,沃尔玛和美国国防部关于使用RFID的决定,已经对这一技术的推广速度产生了一定影响。

随着科学技术的不断发展,卫星跟踪技术也开始运用到物流行业中,该技术可以在很大程度上协助供应链物资全球化管理。集装箱以及卡车上可以安装这样的设备,使它们的地理位置可以通过卫星来监控,其中还包含诸如温度之类的其他多种信息。

需要注意的是,技术应用的技术并不在于技术本身,而是需要供应链中的企业间产生共享信息的强烈愿望,当然,也包括那些不利的信息。

（六）建立供应链连贯性团队

防止或消除供应链风险,开展积极有效的管理必须有人来执行。因此,企业应该建立一个长久的供应链连贯性团队。

当前已经有很多企业在合适的地方建立了企业连贯性团队,但是这些团队的关注范围通常比较有限,主要集中在IT/IS上。其他企业则主要通过财务状况来预测风险。所有这些活动都是必需而且非常重要的,但是,我们在此所讨论的是,考虑到经营连贯性的最大风险位于更广阔的供应链中,这些团队应该扩大他们的关注范围。

从理论层面来说,应该保证这些团队具有多功能性,也就是说他们需要掌握一切供应链管理需要的技能,以保证他们能够成功完成那些错综复杂的分析,以及顺利执行供应链风险管理过程。团队应该编制一本"风险录",记录可能的薄弱点,以及为了减少风险而准备采取的措施。

为了确保供应链风险管理可以得到最大的优先权,团队应该向决策层经理汇报工作,如果供应链总监或副总裁身在其列就再好不过了。

第七章 物流园区的规划与开发运营

物流园区是多种运输方式的交汇点,是货运场站、仓库、加工配送中心等各种物流设施以及物流服务企业的集聚地。物流园区是一个大系统,与社会环境相依存。

物流园区规划是指国家、地区或行业组织按照国民经济和社会发展的要求,根据国家发展规划和产业政策,在分析外部环境和内部条件现状及其变化趋势的基础上,为物流园区长期生存与发展所作出的在未来一定时期内的具有方向性、整体性、全局性的定位、发展目标和相应的服务功能、物流设施、配套设施布局以及实施方案。物流园区属于投资大、回收期长且涉及多个部门的公益性项目,因此,开发模式的选择对物流园区项目有直接的影响。从国内外物流园区的开发模式看,物流园区的开发大多有政府的参与。但是,各国国情的不同导致了政府在物流园区的规划和建设中的作用、地位和角色也不尽相同。

第一节 物流园区的作用和发展

一、物流园区的作用

(一)促进区域经济发展

1. 产生新经济增长点,保持经济发展必要的运作水平

对于物流园区而言,一般从区域经济发展和城市物流功能区的角度进行建设,具有较大的规模。物流园区的开发和建设,将在局部地区进行大量的基本建设投入,从而带动所在地区的经济增长,并对改善物流发展环境及基础条件,培育物流产业将具有重要意义和作用。

根据物流业在国民经济中所具有的地位,物流园区将因带动物流业

发展而产生新的经济增长点,从而开发出新的经济发展领域。同时,物流园区还可以对既有设施及资源进行功能整合,对既有物流设施在功能上产生替代效应,在既有设施已客观存在局部过剩的情况下,物流园区通过在功能设计和布局上对当前及未来物流组织管理的适应,并通过规模化和组织化经营,提高竞争经营优势,从而确保经济发展所必需的物流运作效率和水平。这是经济要进一步的一个重要性基础。

2. 对区域经济的辐射作用和涓滴效应

区域经济学理论认为,任何一个国家在经济发展的初期阶段,由于经济实力的限制,都会要求优先发展基础较好的地区,将有限的人力、物力、财力先投向最有效率的区位。

在这些区位,由于经济活动的集中会导致生产效率的提高,而市场力量通常是递增而非递减的,从而将促使这些地区的经济活动聚集起来,导致报酬递增。由于聚集的效应,这些地区将会持续累积而快速成长,形成区域经济的“成长极”,但同时也会导致发展的不均衡。当这种不均衡所产生的“成长极”达到经济高度发展阶段时,就会产生“涓滴效应”(Trickling-down Effect),生产力的分布就会趋于分散或均衡化,导致区际间的经济成长差距逐渐缩小,达到相对平衡发展。

在物流园区成为推进型产业、促使所在城市形成“成长极”的初级阶段,城市与周边地区的差距会拉大。但从长远看,一方面,物流园区的经济效应会向周边地区辐射,带动周边地区全面提升;另一方面,按照经济发展规律,累积性集中成长并不会无限制地进行下去,一旦经济要素和经济活动在成长极城市不断扩大和聚集,将会产生“聚集不经济”,进而促使经济要素和经济活动的分散,促进周边区域的发展,进而达成物流园区所在城市与周边区域的经济均衡化,促进整个区域经济相对均衡发展。这就是发展极理论中的“涓滴效应”。

(二)促进产业发展

1. 对现有资源整合,形成物流产业化

所谓的整合资源,即资源的集约和有效运用。从现有的物流资源开始入手进行整合,提高社会化的物流程度,提高物流资源的使用效率,优化物流市场环境。首先应该对园区内的企业进行数量上的整合,将园区作为一个小型的物流产业优化开发区。之后应该进行业务上的整合,注重内部的细化分工,把各个企业的特色显示出来,综合各个企业的业务,实现优势互补,形成集合优势。整合有助于推动物流产业向集约化、系统化和专业化的方向发展。

整合之后,可以采用"第三方物流"的产业组织形式,促使区域内的中小型生产企业、制造企业和加工企业将物流业务从生产经营中剥离出来,外包给这些专业的第三方物流公司。这样在很大程度上有助于降低企业成本,集中于核心竞争力。

2. 有助于推动物流企业的发展

物流园区在聚集各种物流服务提供商的同时,也为物流企业提供了一个良好的发展空间,有助于推动物流企业自身的发展。这些推动作用归结为资金推动、技术推动、人才推动和信息化管理水平推动。

(1)资金推动

由于物流园区的建设投资巨大,一般企业无法独立开发,从各国的物流园区建设来看,德国、日本等都由政府进行统一规划,筹集资金,以政府投资为主,采用信用贷款和企业投资为补充。

因此,一般认为,物流园区由政府出资进行物流基础设施建设,通过政府投资大大减轻物流企业发展的前期投入成本,从而促进物流企业将更多的资金投入到核心能力和物流服务的开发之中,在高质量的服务中所获得的竞争优势将为物流服务提供者带来丰厚的利润;而物流园区通过各种为物流企业的服务,获得良好的投资回报,由此可以进一步形成良性的资金链循环,促进物流服务的不断发展。

(2)技术推动

在物流园区内,存在着不同实力和水平的物流企业,尤其是一些行业领先者在物流园区的驻扎,能在很大程度上给物流行业带来最新的物流设备、技术的应用经验。

物流园区管理部门可不断关注最新的物流业界技术发展动向,通过各种信息传播平台共享给各企业,从而促进行业内的技术交流和传播。当然,物流园区还可通过建立各种物流辅助设施生产企业,如通过引入国家标准,统一托盘、条码、电子标签等的规格,将标准化的技术进一步结合到物流产业中,推动产业的标准化进程。

(3)人才推动

在传统的观念中,人才的培养是教育培训机构的责任,但在提供一体化服务的物流园区内,完全可以引入物流专业培训部门,使其与社会教育和培训机构合作,形成物流人才培养基地。这样,既可以为园区内企业输送人才,也可以为社会提供更多的物流知识,推动物流社会化的进程。

在对人才进行管理时,园区管理还能够集成园区内企业的人事管理职能,为部分进驻物流企业尤其是小型物流企业提供人力资源管理服务。

（4）信息化管理推动

综合性、大规模的物流园区,同时也是指挥、管理和信息的中心,通过园区将信息集中,达到指挥调度的功能。现代物流企业面向的是供应链管理环境,没有良好的竞争信息系统的支持几乎无法在市场竞争,但是,信息化的风险和巨额的投资又使一些中小物流企业观望不前。

物流园区通过引入技术较为成熟的信息系统,一方面,引入专业化的小企业；另一方面,也将这些企业在能力和管理上整合起来,通过整合园区内各企业的信息系统,可以在一定程度上形成一个统一的指挥管理中心,提高整个园区的工作效率。

信息技术的运用,既能使中小物流企业获得信息化管理带来的优势,也能逐步建立起具备现代管理水平的企业制度和文化,从而推动整个产业的信息化管理。

（三）优化城市结构和环境功能

对物流园区进行科学的规划和选址,不仅有助于实现产业的集成化和系统化,优化产业结构,而且在改善城市的结构和环境方面也有着重要的影响。

1. 改善交通状况

据有关专家估计,在城市合理的地点建设物流园区,可使城市内的交通量减少 15% ~ 20%,有利于改善交通状况,尤其是在大城市,交通问题在某种程度上是无可避免的。通过合理的规划和布局,将物流园区尽量建立在市中心区域之外,不仅可以缓解交通压力,而且对于城市面貌和物流运输作业环境的改善,都有巨大的推动作用。

2. 改善城市用地结构

随着经济的高速发展和城市化的加速,城市范围不断扩大。与此同时,房地产行业的不断扩大,城市土地的价格不断上涨,使得物流园区用地面临着功能调整问题。

因此,对于园区的规划和建设,不仅需要良好的场所保证园区的发展,而且将为城市用地结构的改善和调整创造有利的条件。

3. 改善生态和居住环境

物流园区一般具有较大规模,同时,由于其一般处在交通枢纽的位置上,相关的线路、货站、货场和设施的建设不仅会对城市交通产生影响,而且也可能对城市的景观和绿化有一定的破坏。

在物流园区的作业过程中,难免会产生一些噪声,影响周边居民的生活起居。结合可持续发展和绿色环保的要求,将园区建立在城市中心区域之外能有效解决这些问题。

二、物流园区的发展

(一)国外物流园区的发展

物流园区是现代物流发展中出现的新兴事物,与物流发展历史相比,物流园区的发展历史较短。即使是在西方物流较为发达的国家,物流园区的规划拥有的历史也不长。在这些国家中,以日本、德国和美国最具代表性。

1.日本物流园区的发展

物流园区最早出现在日本,其建立物流园区的历史较长,自1965年以来已建成20个大规模的物流园区,平均占地74公顷。日本物流园区的出现是为了解决城市中配送中心和物流中心布局不合理所带来的问题,如城市交通拥挤、环境污染等,使得土地建设和城市规划向更健康的方向发展。例如,当时在日本东京分别建设的葛西、和平岛、板桥和足立4个现代化的物流园区便是最好的代表。它们使得进入市区的货物集中在物流园区,化整为零,按照市内统一线路分送;出市区的货物集中到物流园区,集零为整,统一运输,充分提高了城市的物资流通效率。

日本在建设园区的过程中积累了宝贵的经验。

(1)重视园区发展规划和匹配的市政规划

由于园区的规模较大,影响的范围较广,政府重视通过制订园区发展规划和配套的市政规划,在城市的市郊边缘带、内环线外或城市之间的主要干道附近,规划有利于未来具体配套设施建设的土地作为物流园区。

(2)优惠的土地使用政策和政府投资政策

将规划的园区内土地分地块以生地价格出售给不同类型的物流行业协会,这些协会再以股份制的形式在其内部会员中招募资金,用来购买土地和建造物流设施,若资金不足,政府可提供长期低息贷款。

(3)良好的市政设施配套及投资环境

政府对规划的物流园区,积极加快交通、市政设施的配套建设,吸引物流企业进驻园区,并在促进物流企业发展的同时,促使物流园区的地价和房产升值,使投资者得到回报。

日本的物流园区对于经济贸易的增长起到了巨大的推动作用,高效有序的物流使得日本全国整体的物流水平迅速赶超欧美等发达国家。

2.德国物流园区的发展

由于历史文化、地理环境和经济环境的不同,德国政府在物流园区的规划和建设上与日本存在一定差别。20世纪90年代,德国存在众多的生产制造企业和私营者建立的各自分散的配送中心和物流中心,但是效率不是很高。

为了改变这一现状,德国政府提高货物运输的经济性和合理性,对多种交通运输资源进行整合,以发展综合交通运输体系。德国一般采取联邦政府统筹规划,州政府、市政府扶持建设,公司化经营管理,入驻企业自主经营的发展模式。

(1)联邦政府统筹规划

联邦政府在对交通干线、运输枢纽规划的基础上进行统筹考虑,还在全国范围内合理科学地规划物流园区的布局、用地规模与未来发展。

(2)州政府、市政府扶持建设

物流园区对地区经济有明显的带动和促进作用,德国政府扶持物流园区发展的重要原因是对园区公共服务职能的定位,认为园区建设并非为了单纯地追求赢利。在物流园区的建设和运营过程中,州及地方市政府扮演了主要投资人的角色。

(3)企业化经营管理

德国政府帮助物流园区的建设,效率与效益并重。德国物流园区的运营管理经历了由公益组织管理到企业管理两个阶段。负责管理物流园区的企业受投资人的共同委托,负责园区的土地购买、基础设施及配套设施建设以及园区建成后的地产出售、租赁、物业管理和信息服务等。

由于园区的投资人主要是政府或政府经济组织,因此,园区经营企业的经营方针不以赢利为主要目标,而更多的是主要侧重于平衡资金,实现管理和服务职能。

(4)园区企业自主经营

入驻物流园区的企业实行自主经营、照章纳税,依据自身经营需要建设相应的仓储设施、堆场、转运站,配备相关的机械设备和辅助设施。

从1985年德国建立第一个物流园区不莱梅物流园区以来,经过多年的探索和发展,德国的物流园区数量已经达到了30多个,形成了全国的网络体系。德国的物流园区有效地带动了经济的发展,积极整合了物流产业,对欧洲物流的发展也有着巨大影响。

3. 美国物流园区的发展

美国是物流发展最早的一个国家,其在物流园区的建设方面也可以说是积累了较为丰富的经验。

(1)税收优惠政策

政府为支持物流园区的开发和建设,提供了许多政策上的优惠以吸引投资和物流企业的进驻。

以圣安东尼奥市为例,该市政府制定了前10年免征财产税、销售税返还、对从事中转货运的企业免征财产税等一系列税收优惠政策。

(2)整合行业资源

为了使物流业在激烈的市场竞争中生存和发展,对国家物流节点进行合并优化,形成高效的物流体系,其中涌现了一些世界级别的大型公司,如 UPS、FedEx 等,它们规模庞大,网络资源丰富,效率高,推动了物流的快速发展。

对国外物流园区的发展综合分析,可总结出它们的 4 种运作模式。

第一种就是经济开发区模式。经济开发区模式,实际是将物流园区作为一个类似于目前的工业开发区、经济开发区或高新技术开发区项目进行有组织的开发和建设。

第二种是主体企业引导模式。从市场经济发展的角度,从利用市场进行物流资源和产业资源合理有效配置的角度,通过利用在物流技术和企业供应链管理中具有优势的企业,由其率先在园区开发和发展,并在宏观政策的合理引导下,逐步实现物流产业的聚集,依托物流环境进行发展的工业、商业企业的引进,达到物流园区开发和建设的目的。这就是主体企业引导下的物流园区开发模式。

第三种是工业地产商模式。所谓工业地产商模式是指将物流园区作为工业地产项目,通过给予开发者适合工业项目开发的土地政策、税收政策和优惠的市政配套等相关政策,由工业地产商主持进行物流园区的道路、仓库和其他物流基础设施及基础性装备的建设和投资,然后以租赁、转让或合资、合作经营的方式进行物流园区相关设施的经营和管理。

第四种就是综合运作模式。综合运作模式,具体是指对上述的经济开发区模式、主体企业引导模式和工业地产商模式进行一种混合运用的较为集中的物流园区开发模式。

（二）国内物流园区的发展

1. 物流园区现状

由于我国物流发展起步较晚,物流园区开发与建设的历史也不长。但是,随着现代物流在我国的快速发展,作为现代物流系统高级节点的物流园区获得了较快的发展。

目前,物流园区在我国主要有4种开发模式:经济开发区模式、主体企业引导模式、工业地产商模式、综合运作模式。然而,由于经济发展水平的制约,物流园区形成过程中的内在动力不足。

2. 发展中存在的问题

我国物流园区发展中存在的主要问题有:缺乏科学分析和定位,建设具有盲目性;缺乏科学合理的规划;管理体制混乱;重复建设;部分物流园区的"圈地倾向"等。

（1）缺乏科学分析和定位,建设具有盲目性

我国大部分物流园区,无论是在建的还是建成的物流园区都缺乏科学的分析和定位,物流园区建不建、建什么样的规模、地点在哪、建成后为谁服务、提供什么样的服务、功能定位如何等问题,规划者很多情况下不能完全回答清楚。

另外,政府满怀信心地建设各种规模的物流园区,企业态度不是很积极,园区的规划没有科学深入地分析当地的经济发展水平,而且忽视了对物流市场需求的培育。如北京市2001年建成的华通物流园区,虽在当时号称全国最大、设施最先进,但是,其中的高科技仓库在一年时间里,却没有与外界签订真正的商业合同。

（2）缺乏科学合理的规划

全国已建成大小物流园区近千个,但大规模投资包括了商贸、生产制造等项目,这种盲目追求大规模、高标准的规划建设与本地经济发展严重脱节,使我国物流园区平均空置率达60%以上。

具体来说,缺乏科学合理规划的原因较多,一是政府出发点与现实市场经济不符;二是许多物流园区成为政府的形象工程,存在对物流园区强制性的新建、扩建、迁移。

（3）管理体制混乱,重复建设

部分地方物流园区的规划不是从满足企业提高物流运作效率、提升整体经济运行效率的角度来发展物流,导致现有物流资源未能得到充分

利用,但从我国物流园区建设发展的状况分析看,物流园区的发展缺乏统一的规划和管理,各地、各部门物流园区建设中不可避免地出现草率规划的现象。

同时,各地物流发展极不平衡,物流园区空间布局不合理,综合性的大型物流园区建设尚处于起步阶段,与发达国家存在较大的差距。

因此,必须积极探讨目前适用于我国国情及物流发展水平的物流园区的开发模式,并借鉴他国成功的经验为我们提供有利的参考。

（4）部分物流园区的"圈地倾向"

在20世纪90年代初期,我国就存在开发区"圈地"的热潮。目前,不少地区又出现了新一轮的"圈地"现象——物流园区的"圈地倾向"。

某些地方打着兴建物流园区的幌子,实际上却是为了搞房地产。如浙江传化物流基地的"圈地"问题便引起了轩然大波。传化物流基地的规划用地是政府以低价划拨给民营企业的,但其实土地是经营性用地,按照国家相关政策应该拍卖。即使传化物流基地以后不进行物流活动,靠土地的大幅度增值也会带来巨大的利益。

（三）外国园区建设对我国园区建设的启示

1. 科学分析和规划

建设物流园区是一个浩大的工程,在建设之前必须进行详细的分析。目前,我国部分地区物流园区建设中出现草率规划和盲目建设的倾向,浪费了大量的人力物力,不但不会对经济和产业的发展起到促进作用,而且很有可能还会产生副作用。

因此,必须进行科学的预测和可行性分析,根据当地的经济发展水平、行业发展状况及物流需求特性预测等因素,充分考虑园区经济性、社会性和产业性。

物流园区的建设是一个系统工程,应该分阶段、分步骤,循序渐进,根据物流需求状况不断建设、完善物流园区,确定合适的规模和适合本地区的发展的模式,努力避免"求大、求全、求新"。

2. 强化政府在物流园区建设中的作用

虽然我国是经济发展大国,但在配送中心网络发展不成熟的独特背景之下,物流园区尚不足以构成对我国物流企业的吸引优势时,政府应该通过宏观调控的手段积极推动物流园区的建设。充分发挥政府的统筹规划和协调监控作用,通过制定优惠政策(如财政、税收、土地等手段),主动承担起必要的设施建设工作(如基础设施和交通设施建设),吸引、支持企业入驻。

同时,政府应成为运作秩序的维护者,积极成立各级物流行业协会,制定物流行业的管理法规和准则,规范物流企业的经营活动,创造公平、有序的竞争环境,并整合地区的物流行业资源,促使物流业朝健康的方向发展。

应该注意的是,当整个物流园区的营运进入正常发展轨道后,政府可以有步骤地实现作为一个统筹规划者退出,最终实现物流园区的市场化运作。

3.发展特色物流园区

(1)根据经济特征建设特色物流园区

各地区政府应该根据当地经济环境,建设符合本地特色的物流园区,物流园区的定位要置身于区域经济环境中来考虑。

(2)根据产业集群特征建设特色物流园区

建设有第一产业特征的农业物流园区,如化肥、农业机械、花卉等;有第二产业特征的工业物流园区;有第三产业特征的流通服务物流园区,如日用商品集散、建材批发等。

第二节　物流园区的规划

物流园区作为一个复杂的社会经济系统,系统要素间往往既相互联系又相互矛盾,处理不慎会导致系统总体恶化,达不到预期的效果。因此,做好物流园区的规划和设计,是物流园区持续运行、良好运行的前提。

一、物流园区总体规划的目标

(一)积聚物流企业,实现规模化运营

作为物流活动集中进行的场所,物流园区具有很强的集聚功能,通过物流运营实体的集聚,减少了货物无效转运、装卸和处理流程,缩短了物流作业时间,大大提高了物流效率。

对于周边商贸、制造企业以及入驻企业而言,规模化的物流运营也进一步降低了其物流运作成本,能为企业争取更多利润空间,从而获得市场竞争优势。一些物流园区定位明确、服务意识好、配套设施齐全,吸引了众多周边企业入驻,形成了车水马龙的良好态势,成为示范性园区。

(二)加强城市的基础设施建设

通过建立物流园区,形成新的城市功能区,可以对城市进行科学布局,完善城市功能,从而合理配置城市产业,提升城市服务能力,改善城市人居条件,集中利用一些数量众多、庞大且异常分散的旧的物流资源(如仓库、站场、营业网点等),提高物流资源利用率。

(三)节约土地资源,优化城市布局

土地作为不可再生资源,越来越受到各界的重视,而城市的现代化不得不面临发展空间有限、资源不足的压力。物流园区的建立可以将众多企业集聚到城市郊区,从而优化城市宏观布局。

同时,传统的仓储业规模小,布局散,占地面积大却效率低。建设物流园区,使仓储设施相对集中,将大大节约土地。目前我国物流园区的建设大多依托于城市郊区交通枢纽、港口、码头以及铁路货运中心等地,大大缓解了城市的发展压力,尤其是北京、上海、深圳等一线城市,更是面临土地和空间发展的压力,物流园区的建设为其发展起到非常重要的作用。

(四)改善交通状况,减轻道路压力

物流园区的建设可以实现对物流车辆的统一控制和管理,提高车辆的满载率和合理安排回程运输,缓解城市交通压力。传统的运输分散化运营,货运信息不畅通,各自为战,导致汽车运输空载率较高,形成资源浪费。

物流园区的建设,通过信息化系统为供需双方搭建平台,实现信息共享,发挥整体优势,大大提高货运运载率,也进而改善了交通状况,减轻了道路压力,具有很好的社会效益。

(五)减轻环境污染

大量的运输服务给周边环境以及居民生活造成了很多不利的影响,如有毒气体对空气的污染、二氧化碳的排放、噪声污染、交通事故等,同时物流量的增加及车辆的重型化、快速化加剧了负面影响。

而物流园区多建设于城市郊区,对车辆进行集中运营和管理,可减少汽车废气的排放和对中心城区的噪声污染,实现废物集中处理和用地结构的调整,减轻企业对周边环境的污染。

（六）带动区域经济发展

我国物流设施相对比较分散,而地区性需求不断增大,传统的商业流通模式很难满足区域的需求,流通效率很难提升。而物流园区的出现通过企业空间集聚、资源有效整合,解决了供需之间的匹配问题,促进了商贸流通,提升了物流服务能力和服务水平,从而带动了区域经济发展。

物流园区为周边众多的商贸、制造等相关企业提供一体化的物流服务,大大促进了区域相关产业的发展,同时自身成长为区域的龙头企业,为当地经济创收做出巨大贡献。

物流园区的存在可以提高城市与外界的经济交往能力,使城市与外界的物流实现一定程度的集中化和规模化,促进物流能力的提升,扩大经济联系,降低物流成本。物流园区可有效解决城市发展对物流需求不断增长的问题,物流园区的建立使城市各产业的物流需求有所依靠,能提高物流服务能力和水平,对城市各产业的发展都起到支持作用。

物流园区的建立能提高城市物流的现代化水平,进而提升整个城市的现代化水平。物流园区建设的规模化、科学化、技术化都促使物流产业实现现代化,从而提升整个城市的现代化水平。

（七）提供良好的、公平的、协作的、竞争的物流发展环境

物流园区可以实现集中对物流设施进行大规模建设,提供良好的、公平的、协作的、竞争的物流发展环境。这不仅改善了经济环境,而且改善了投资环境,促进经济的繁荣发展。就物流企业发展而言,有利的物流发展环境能够实现企业自身的高速发展,提高市场竞争力,提供方便高效的社会物流服务。

物流园区不仅仅为园区内企业提供服务,而且为更大范围乃至全国范围内物流企业进行物流运作提供平台。

二、物流园区总体规划的原则

物流园区总体规划的原则主要有:统一规划原则;科学选址原则;经济合理性原则;环境有利原则;高起点原则;发挥自身优势,整合现有

资源原则；市场化运作原则；循序渐进原则；风险预防原则；人才优先原则等。

（一）统一规划原则

物流园区功能的发挥，需要政策、基础设施等宏观因素和条件的支持。政府从宏观经济出发规划建设物流园区，对国内及区域市场的发展和货运量等进行调查分析和预测，同时，对物流企业和交通运输设施等的分布和发展做调查。

根据长远和近期的货物流通量情况，确定物流园区长远和近期的建设规模。按照区域经济的功能、布局和发展趋势，根据物流需求量的不同特点进行统一规划，以科学布局、资源整合、优势互补、良性循环的思路为原则，防止各自为营、盲目布点、恶性竞争、贪大求多的现象发生。

物流园区作为城市的重大基础设施，且具有重要的交通功能，占据区位良好的地区，其规划建设的好坏直接影响城市的发展。物流园区的规划应该以城市总体规划和布局为蓝本，顺应城市产业结构调整和空间布局的变化需求，与城市功能定位、远景发展目标相协调。

（二）高起点原则

现代物流园区是一个具有关联性、综合性、集聚性和规模性的总体，它的规划应该是一个高起点、高重心的中长期规划。

因此，在规划物流园区时应以物流企业为核心，以现代先进物流技术为指导，以市场为导向，以信息管理系统为重点，使物流园区成为集研发、应用和转化的主要基地。

（三）科学选址原则

现代物流园区以现代化、多功能、社会化、大规模为主要特征，选址时必须要充分利用现有资源，选择交通便利、土地资源开发较好及物流需求旺盛的地方，要有利于物流网络优化及信息资源的利用。

物流园区的营运效率与进入园区的货物处理量有直接关系，如果物流园区设在主要货物流向上，则能最大限度地吸引货物，提高物流设施的利用率，从而实现集约运输。

（四）经济合理性原则

物流园区的设计是为物流企业提供有利空间，必须尽最大可能地吸引物流企业的加入。在物流园区选址和确定用地规模时，必须以物流现状分析和预测为依据，按服务空间范围的大小，综合考虑影响物流企业布局的各种因素，选择最佳地点，确定最佳规模，尽量利用已有的设施，如仓储设施、交通设施等。

（五）环境有利原则

缓解城市交通压力、减轻物流对环境的不利影响是物流园区设计的主要目的。环境合理性原则有：远离交通拥挤、人口密集和人类活动比较集中的城市中心区；减少噪声污染；减少尾气排放；减少废物的丢弃等。

（六）发挥自身优势，整合现有资源原则

由于现代物流的发展所需要的高水平物流设施不可能一步到位，因此，在物流园区系统网络规划时必须充分考虑利用和重新整合现有资源，合理规划物流基础设施的新建、改建和与现有物流服务相关的企业功能，从而最大限度地发挥物流服务的系统功能。

（七）市场化运作原则

物流园区的规划与建设离不开市场经济运作的原则。在园区的功能开发建设、企业的进驻和资源整合等方面，都要靠园区优良的基础设施、先进的物流功能、健康的生活环境、优惠的各项政策和周到有效的服务吸引物流企业和投资者共同参与，真正使物流园区成为物流企业发展的舞台。

（八）循序渐进原则

物流园区的规划具有超前性，但是，任何盲目的、不符合实际的超前规划都有可能造成不必要的浪费。

因此，必须坚持循序渐进原则，结合城市的实际情况，在客观分析物流业发展现状和未来趋势的基础上，合理规划物流园区。

（九）风险预防原则

物流园区的建设投资大、周期长、效益慢、风险大，因此，必须有合理的风险评估报告，通过定性、定量相结合的风险评估机制，提高规划的科学性和可行性，起到风险预防的作用。

（十）人才优先原则

物流园区的建设是非常复杂、庞大的工程，涉及的专业领域相当广泛，需要各种类型的专业人才进行建设。

因此，物流园区的规划和建设必须坚持人才优先原则，充分发挥其专业知识和技能，从而促进物流园区的发展。

三、物流园区总体规划的程序和内容

物流园区的规划设计应以系统的角度来进行。物流园区具体的规划程序如图 7-1 所示。

（一）规划筹备

物流园区是一个非常复杂的系统，对物流园区的规划要做好充分的筹备工作。筹备工作是物流园区规划取得成功的前提，同时也有助于明确问题，增强工作的针对性，提高工作效率。

物流园区的规划筹备工作主要包括以下内容。

1. 确定规划目标

确定规划目标是准备工作的开始阶段。规划目标的确定主要按图 7-2 过程进行。

（1）确定指导思想和基本原则

物流园区的规划思想因开发方式的不同而不同。政府规划物流园区的目的是促进区域经济物流发展，其指导思想是区域经济的综合、协调发展，增强区域发展能力。企业规划物流园区的目的是实现企业经营目标，实现投资回报，获得利益。

（2）划定园区边界

从主要功能讲，物流园区大致分为国际性物流园区、全国枢纽型物流园区、区域组织型物流园区、城市配送型物流园区。从区域、层次、功能来

看,物流园区规划主要分为三个级别：国家级物流规划、省市区域级物流规划、行业及公司专项物流规划。因为不同功能和层次的物流园区规划的内容和侧重点不同,在规划时一定要明确规定。

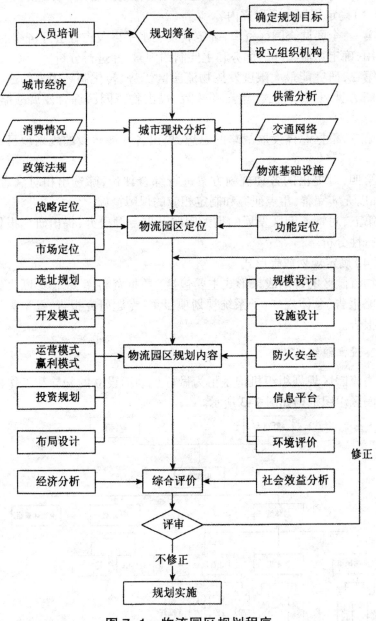

图 7-1　物流园区规划程序

图7-2 物流园区规划目标确定程序

（3）确定规划主要研究内容

第一，全面调查园区资源，确定其发展水平以及在社会经济中的定位和作用，确定物流园区的优势和主要制约因素，并进行分析。

第二，研究能最大限度发挥物流园区优势、转化制约因素的途径，确定战略方针、目标、模式、重点及政策，提出物流园区综合发展战略研究报告。

第三，根据总体发展战略的思想，提出各发展阶段的规划项目、规划目标。

第四，对提出的各种规划方案进行综合评价，筛选出相对满意的方案，加以充实完善，重点研究和制定相应的保障措施。

第五，对物流园区发展的重大问题开展专题研究，提出研究报告，进行可行性分析。

（4）确定规划成果形式

物流园区的规划成果形式主要包括：数据资料库、总体诊断报告、总体战略报告、总体规划、子系统规划项目集、专题研究报告、模型集、工作总结报告。

2.设立组织机构

物流园区规划组织机构是指为做好规划而设立的领导和工作机构。物流园区组织机构如图7-3所示。

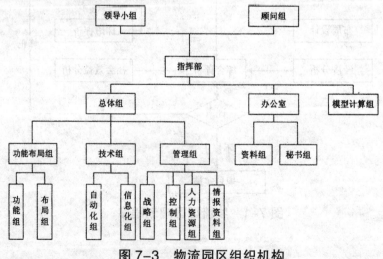

图7-3 物流园区组织机构

3.人员培训

人员培训的具体过程如图 7-4 所示。

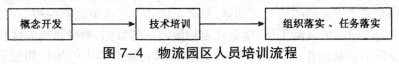

图 7-4　物流园区人员培训流程

（二）城市现状分析

在规划筹备工作做好后，需要对城市现状进行分析。具体内容包括了解城市目前的政策法规、经济状况、产业结构及分布、城市生产与居民消费情况、生产总值，企业现有的物流运作模式等。

关键是了解城市的物流需求及进行物流流量流向分析，同时，还需要进一步地了解支持物流服务的交通网络、节点分布、物流运输方式等，目的是分析城市和城市物流的特点及现有物流的优势与劣势，为物流园区的规划与设计确定方向。

（三）物流园区定位

在物流体系的建设中，对物流园区的定位是：物流园区是有效的综合物流资源，实行物流现代化作业，减少重复运输，实现设施共享，建立一体化、标准化的中心节点。

通过对物流园区的高效作业，能够达到的效果主要包括：①通过综合物流园区的整顿，货物的运输量大增，使设施的大型化（运输、装卸工具）成为可能，有效地提高了运送、装载效率。②推进装卸机械化，降低装卸费用。③共同运输，减少重复、交错运输（车站和仓库，或者仓库和仓库间进行都市内二次、三次输送，或者交错运输），有效使用运输工具，提高作业效率，降低能耗，减少社会道路占用面积等。④建立一体化的运输体系，设置标准化集装箱和托盘的流转基地，把各地运输公司导入整体运输体系，包括低温冷库、特种仓储设备基地的设立，实现设施共享，达到生鲜食品、特种商品的运输现代化，进而促进物价的稳定。

具体而言，物流园区的定位主要包括三种方式的定位，分别是战略定位、市场定位、功能定位。

1. 战略定位

从本质上讲,战略定位就是选择与竞争对手不同的经营活动,或以不同的方式完成类似的经营活动等,战略定位是企业竞争战略的核心内容。

物流园区的战略定位,就是确定物流园区的目标,明确物流园区在区域经济中所起的作用,以及其在全国或区域物流节点中的地位和创造的社会价值。在进行物流园区规划时,必须把握物流园区的战略环境,采用适当的战略工具对其进行分析,如可以采用SWOT分析法对其优势、劣势、机会和威胁进行分析,而且如果物流园区的某类资源或服务,如空港和海港等在其中所占比例较大,还必须对其进行专项的SWOT分析,从而进行准确的战略定位。

在进行物流园区的战略定位过程中,需要充分考虑可能的各类相关物流运作单位的联系。如道路运输经营者、多式联运经营者、邮政系统、集中的物流服务提供者、货运代理、铁路运输等。有时还需要考虑第三方物流公司对物流园区建设的要求,如信息系统、联合运输协调、库存管理等。

同时,还要考虑制造企业、商贸企业等物流需求单位的要求,如货物处理能力、联合运输能力、运输服务质量、时间、成本、安全、货损、快速与可靠性等。

2. 市场定位

在进行物流园区规划时,分析物流园区周边地区的经济发展情况、产业结构、市场需求、基础设施、区位条件、服务竞争等开发环境是非常重要的。

市场定位是物流园区获得长久竞争优势的主要手段之一,对物流园区的生存和发展具有举足轻重的意义。不同的物流园区有着不同的市场定位,分别从服务行业、服务范围、服务内容等角度来分析。

(1)服务行业

一个物流园区不可能为所有的行业提供物流服务,不同的行业因为其物流费用构成、产品特性、生产和经营方式等的不同,它们对物流服务的需求也不相同,而且有的行业对物流设施及专业知识等有很高的要求。因此,物流园区应明确其重点服务行业。

(2)服务范围

从物流园区提供物流服务的区域看,有区域组织型物流园区、城市配送型物流园区、全国枢纽型物流园区和国际型物流园区。不同地域的经济规模、地理环境、需求程度和要求等差异非常大,使物流活动的物流成本、物流技术、物流管理、物流信息等方面会存在较大的差异,而且不同地域的客户对物流服务的需求也会各有特色。这就使物流园区必须根据不同区域的物流需求进行不同的市场定位。

（3）服务内容

所谓服务内容,也就是物流园区为客户所提供的服务项目及具体内容,或者说是物流园区应具备的各项基本功能、增值功能和配套功能。

3. 功能定位

物流园区的功能主要分为两个方面:一是社会功能;二是业务功能。业务功能主要包括基础功能、配套功能和增值功能。

社会功能:促进区域经济发展,完善城市功能,整合区域资源及提升产业竞争力。

基础功能有运输功能、仓储功能、配送功能、装卸搬运功能、包装功能、流通加工功能、集散中转功能、生产加工功能等。

物流园区增值功能有展示、交易功能、保税物流功能、物流规划咨询功能、资金结算功能、物流需求预测功能、信息服务功能、教育培训功能等。

物流园区配套功能有:工商管理、税务管理服务;公证、法律咨询服务;海关报关、通关代理服务;园区管理及物业管理服务;金融、保险服务;邮政、电信服务;车辆停靠、维修、配件供应、加油、清洗服务;医疗、卫生、保健服务;住宿、餐饮、购物、娱乐、健身服务。

（四）物流园区规划内容

物流园区规划内容主要包括选址规划、用地规划、开发模式、投资规划、布局设计、规模设计、设施设计、消防安全、信息平台、环境评价。

1. 选址规划

物流园区的选址是指在一个具有若干需求点和供应点的经济区域范围内,选择一个合适的地址进行园区建设的规划过程。一般而言,较好的物流园区选址方案是使货物从流入园区到流出园区,直至到需求点的全过程,其效率最好、效益最好的方案。

物流园区选址的目标是实现成本最小、物流量最大、服务最优、发展潜力最大等。明确物流园区的选址原则和程序,运用较优的定性和定量的选址方法对物流园区的总体规划是非常重要的。

2. 开发模式、运营模式、赢利模式

考虑到我国的经济发展特点和对物流发展的需求,我国物流园区开发模式主要有四种方式：政府规划、企业主导开发；政府规划、工业地产商主导开发；企业自主开发；综合运作开发。

典型的物流园区运营模式主要有：管理委员会制运营模式、公司化运营模式、业主委员会运营模式、协会制运营模式、物业管理公司运营模式。

物流园区赢利模式主要有土地增值、租赁收入、服务收入等。

3. 投资规划

物流园区的投资规划主要是根据物流园区的功能定位、服务对象、服务范围等因素，分析物流园区的各种资源要素的投入和产出情况（包括土地、资金、人力资源投入等）。物流园区投资是一个多投入、多产出的长期决策问题，可以用数据包络分析法（DEA）对物流园区经济性进行分析。

4. 布局设计

物流园区的布局规划是指根据物流园区的战略定位和经营目标，在已确认的空间场所内，按照从货物的进入、组装、加工等到货物运出的全过程，力争将人员、设备和物料所需要的空间做最适当的分配和最有效的组合，以获得最大的经济效益。

在物流园区布局设计中，必须明确物流园区的布局形式和布局方法，以及物流园区布局方案评价方法等。

5. 规模设计

物流园区的规模的含义包括两部分：区域内物流园区的总规模以及各个物流园区的规模。区域物流园区总规模确定的方法主要是参数法，而各个物流园区的规模有多种确定方法，主要有功能区计算法、时空消耗法和类比法。

物流园区建设规模过小，会限制区域潜在物流需求，不利于园区的持续发展；而如果园区规模过大，则可能造成投资浪费和资源闲置的现象。因此，园区的规模需要经过科学论证，否则会给园区后期运营带来不利影响。

6. 设施设计

设施设计是物流园区规划的很重要的环节，主要包括：库房的设计、月台的设计、停车场的设计、通道和道路的设计、地面设计及其他建筑公用基础设施设计等内容。

7. 消防安全

由于物流园区规模大、层次高、人员集中,而且园区中的仓库设备先进、功能多,仓库中货物数量巨大,有的价值极高,一旦产生火灾,可能带来巨大的经济损失,甚至生命的损失。

因此,物流园区消防已经成为物流园区规划时不可缺少的重要组成部分,有着极为重要的意义。物流园区消防主要包括仓库消防和室外设施消防。

8. 信息平台

物流园区信息平台是指利用信息平台对物流园区内物流作业、物流过程和物流管理的相关信息进行采集、分类、筛选、储存、分析、评价、反馈、发布、管理和控制的通用信息交换平台。物流园区信息化主要包括物流园区信息平台、物流园区信息技术、物流园区信息安全等内容。

9. 环境评价

物流园区环境影响评价,是分析、预测和评估物流园区建成后可能对环境产生的影响,并提出污染防止或减轻对策和措施。

物流园区环境评价主要涉及的内容有评价标准、评价方法、影响因素和相应措施、评价制度体系等。

(五)综合评价

物流园区规划评价是判定物流园区各方案是否达到了预定的各项性能指标,能否实现预定目的。对物流园区进行综合评价主要是进行经济分析和社会效益分析。

物流园区评价不仅要在建设之前对物流园区方案进行评价,而且要对建设过程中的方案进行跟踪评价,对建设完成后的物流园区进行回顾评价,对已投入运营的物流园区进行现状评价。

物流园区评价的目的包括按照预定的评价指标体系评出参评的各方案的优劣,为最终的选择实施打下基础,物流园区评价工作的好坏决定了决策的正确程度。

1. 评价指标体系

(1)政策性指标。主要包括:政府的方针、政策以及法律法规约束、发展规划等方面。

(2)技术性指标。主要包括:产品或物流性能、寿命、可靠性、质量、安全性等。

（3）经济性指标。主要包括：成本、效益、建设周期、投资回收期、净现值、内部收益率、现值指数、投资利润率、投资净效益率等。

（4）社会指标。主要包括：社会福利、社会节约、综合发展等。

（5）环境保护指标。主要包括：废弃物排放量、污染程度、生态环境平衡等。

（6）资源性指标。主要包括：消耗的能源种类和数量、能源的可得性等。

（7）时间性指标。主要包括：建设周期、完全发挥功能时间等。

2.评价步骤

物流园区具体的评价步骤如图7-5所示。

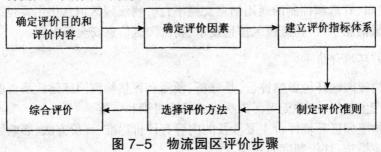

图7-5　物流园区评价步骤

3.评价方法

评价方法需要根据物流园区的具体情况来确定。目前使用较多的评价方法有：定量分析评价、定性分析评价、定性和定量相结合。

根据评价因素的不同主要分为单因素评价和多因素评价。物流园区的评价是多因素评价，考虑因素有：物流成本、营业利润、投资回收期、产量和材料消耗等。

（六）规划实施

规划实施是一项系统工程。规划实施只是规划工作的阶段成果，规划的科学性、合理性和效益性，必须通过规划的实施以及实施的效果来检验。

规划实施必须遵循的原则有：适度合理性原则；统一领导、统一指挥原则；权变原则。而规划实施实质上是园区新的战略的实施过程，做好实施发动、实施计划、规划战略的匹配与战略调整等多方面的工作，是实施的关键。

第三节 物流园区的开发

一、国外物流园区的开发模式

(一)日本物流园区的开发模式

物流园区最早出现在日本东京,被称为物流基地或物流园地。在其开发过程中,日本政府始终起着宏观调控的作用,使得物流体系在全国范围内得到了良好的宏观规划和控制。

1. 日本政府对物流园区进行统筹规划

物流园区的选址大都是在市郊边缘带、内环线外或城市之间的主要干道附近。地址选好后,将园区分成不同价格的土地块,然后出售给不同类型的物流行业协会,这些协会再以股份制的形式在其内部会员中招募资金,用来购买土地和建造物流配套设施设备。

2. 政府提供长期低息贷款

交通和物流基础设施建成后,物流园区的运作和管理也得到了政府的大力支持和鼓励。政府在宏观调控物流园区的建设过程中,不仅大大缓解了交通压力,而且促进了物流企业发展,提高了投资者的回报。最重要的是促进了物流的发展和经济实力的提升。

(二)德国物流园区的开发模式

德国物流园区的开发周期一般都很长,从科研、立项、规划、建设大多需要 10 年以上的时间。一个物流园区项目需要联邦政府、地方政府乃至居民委员会的层层审批。如威廉港 2001 年开始规划,2012 年 8 月才投入运营,其规划的邻港物流园预计需用 7 年时间进行开发。

德国物流园区的建设和发展得益于联邦政府、州政府、企业、行业协会等多方面的共同努力。德国政府对物流园区的规划和建设则是层层深入的发展模式,联邦政府统筹规划,州政府、市政府扶持建设,公司化经营管理,入驻后企业自主经营。规划步骤是:

1.联邦政府统筹规划

联邦政府在统筹考虑交通干线、运输枢纽规划的基础上,通过对经济布局、物流现状进行调查,在全国范围内对物流园区的布局、用地规模与未来发展进行合理的规划。

2.州政府、市政府扶持建设

为引导各州按统一的规划建设物流园区,德国交通主管部门对符合规划的物流园区给予资助或提供贷款担保。

3.企业化经营管理

负责管理物流园区的企业受投资人的共同委托,主要负责园区的生地购买、基础设施及配套设施建设以及园区建成后的地产出售、租赁、物业管理和信息服务等。

4.入驻园区企业自主经营

入驻企业自主经营、照章纳税,依据自身经营者需要建设相应的库房、堆场、车间、转运站,配备相关的机械设备和辅助设施。

(三)美国物流园区的开发模式

美国是物流发展最早的一个国家,其在物流园区的建设方面也积累了丰富的经验。

1.政府的优惠政策

为支持物流园区的开发和建设,政府提供许多政策上的优惠以吸引投资和物流企业的进驻。以得克萨斯州的圣安东尼奥市为例,为使其尽快成为北美自由贸易区的贸易走廊,该市政府制定了前10年免征财产税、销售税返还、对从事中转货运的企业免征财产税等一系列税收优惠政策。

2.物流资源整合

州政府和市政府为了达到物流资源的优化组合,出台了一些优化政策,鼓励物流企业及物流相关企业并购和建立战略合作伙伴关系,利用并购后的优势对国内外各地的物流节点进行合并优化,将各种物流业务在时间、空间上运作达到最佳状态,形成了"快速、高效、优质、安全"的物流配送体系。

二、我国物流园区的开发模式

考虑到经济发展特点和对物流发展的需求，我国物流园区开发主要有四种模式：政府规划、企业主导开发；企业自主开发；政府规划、工业地产商主导开发；综合运作开发。

（一）政府规划、企业主导开发

政府统筹安排物流园区用地，通过招商引资把企业吸引进来，企业征得土地后自行建设。在该模式中，由于各企业从自身利益出发，各自为政，因此，物流园区整体布局混乱，与政府最初设想相去甚远。如大连国际物流园区分别由港务局投资 1 亿元、保税区投资 0.5 亿元进行开发。

（二）企业自主开发

该模式通过由一个或几个在物流服务领域具有资金和技术等方面领先优势的大型企业牵头，根据市场需求，自行征用土地，率先进行物流园区的开发，并在宏观政策的合理引导下，逐步形成物流产业集聚，引进依托物流环境进行发展的物流密集型工商业，达到物流园区开发和建设的目的。代表性物流园区如上海港浦东集箱物流园区，由上海国际港务（集团）有限公司控股的上海港集装箱有限公司独资建设而成的物流园区，由上海港浦东集箱物流有限公司全权负责物流园区的运营与管理。

（三）政府规划、工业地产商主导开发

政府对物流园区进行统一规划，然后由工业地产商进行统一开发建设，即物流地产商进行物流园区的道路、仓库和其他物流基础设施及基础性装备的建设和投资。建成后，物流企业通过租赁或出让的方式进入物流园区，工业地产商负责园区的物业管理。该模式要求投资量很大，但统一建设可以使园区布局变得更加合理。

一般占有战略性资源的物流园区，如依靠空港、海港的物流园区采用该模式。代表物流园区如深圳的平湖物流基地，建设初期就由政府主导，政府通过优惠政策和其他方式吸引一些有实力的物流地产商的进驻，再由物流地产商进行物流园区的全面开发。

（四）综合运作开发

综合运作开发模式，是指对上述的三种模式进行混合运用的物流园区开发模式。物流园区建设规模大、涉及经营范围广，既要求在土地、税收等政策上支持，也需要在投资方面的保证，还要求具备园区的经营运作能力的保证。

因此，单纯采用一种开发模式，往往很难使园区建设能顺利推进，必须根据实际情况，综合采用上述几种开发方式。如上海深水物流园区是由普洛斯国际物流发展有限公司受上海港的委托，全权负责物流园区的开发和建设，统一开发、统一管理，包括仓库和堆场的建立，以租赁的形式吸引500强企业入驻，获得租赁权的企业可直接入驻并使用相关仓库和堆场，属于典型的物流地产商开发模式和经济开发区模式的结合，既有物流地产的开发特点，也有经济开发区模式的特点。

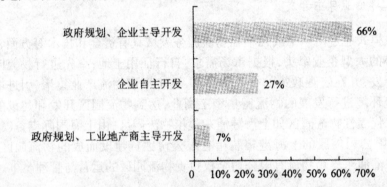

图 7-6　2012 年第三次全国物流园区（基地）调查——开发模式

由图 7-6 可以看出，政府规划、企业主导开发仍是目前物流园区开发的主导模式，占比超过 60%。

在这三种开发模式中，政府规划、企业主导开发和政府规划、工业地产商主导开发模式是一种自上而下的模式，政府在园区建设中始终起着关键作用。企业自主开发是自下而上的模式，由市场自发形成，企业自行发起成立。但是，无论是哪种模式，政府的各种政策支持都是非常关键的。

第四节　物流园区的运营

对于物流园区规划后的运营方式,很多国家进行了探索。日本物流园区的运营方式多样化,可分为个别方式、协同组合方式、共同出资方式以及半官半民的方式等,其中协同组合方式占比最大,为44%。

在欧洲国家,物流园区的运营由中立的机构来组织,并能全面地为入驻企业提供服务。而这种中立机构需独立经营、自负盈亏,这个中立机构可以是公共机构,也可以是私人性质的企业。而在一些国家则将中立的运营机构称为物流园区管理公司。

一、典型的物流园区运营模式

管理委员会制运营模式、公司化运营模式、业主委员会运营模式、协会制运营模式、物业管理公司运营模式是典型的物流园区运营模式。

(一)管理委员会制运营模式

管理委员会制运营模式是由政府派遣人员组建管委会,全面负责物流园区的规划建设、招商引资等各项工作的管理,并为园内企业提供工商、税务等配套服务,将物业管理交给专门的公司。

园区管委会在身份上是行政管理主体,是政府在物流园区内的派驻机构,行使行政管理职能,为园区内企业提供政府服务,方便园区企业办事。其特点是优惠政策的落实比较到位,但行政色彩较浓,缺乏灵活性。

如厦门象屿保税物流园区就是由象屿保税区管委会作为市政府派出机构负责园区行政事务的日常管理,配合和协调其他行政管理部门对园区进行业务管理,并为企业提供必要的服务,通过物流企业的活动获得税收、物业费用、管理费用等收入;秦皇岛临港物流园区管理委员会在对物流园区进行整体规划的基础上,主要负责招商引资、项目建设、基础设施建设、土地集中经营管理和新民居建设等重点工作。

(二)公司化运营模式

公司化运营模式是由物流园区的开发商成立专门的经营管理公司,全面开展园区的总体策划、物业管理、项目管理、基础设施开发以及为入驻企业提供各种配套服务,主要侧重经营和服务。物流园区管理公司负责园区总体平台的经营管理,为入园企业提供良好的发展平台。优点是专业、运营效率高、经济效益好,但操作难度较大。

具体而言,有综合商社(General Trading Company)型运营模式和物流超市型运营模式。综合商社模式是在借鉴日本综合商社管理模式的基础上形成,主要是由园区功能及主体开发企业的业务范围决定,成立物流园区经营管理公司,主体企业本身的特点是以贸易为主体,多种经营并存,集贸易、金融、信息、仓储、运输、组织与协调等。综合功能于一体的跨国公司,是集实业化、集团化、国际化于一身的贸易产业集团,主要通过自身的物流贸易、金融支持服务、生产援助服务或信息平台服务进行赢利。

物流超市类似于网络上的京东商城或实体店中的红星美凯龙等,主体企业在对物流园区完成总体规划,建设后,具体负责园区的招商、入驻企业标准的制定与管理、入驻企业经营过程中具体开票和物业管理等,园区管理企业通过收入租赁费、管理费以及金融融资获取利润。

(三)业主委员会运营模式

业主委员会运营模式是由参与园区开发的多个企业成立业主委员会,组建园区管理部门,成为园区的决策机构,负责物流园区的经营管理,负责具体的运作管理。由于该模式决策层松散,易发生扯皮现象,效率低下,目前较少使用。如德国的不莱梅物流园区就是由52家货运企业自发聚集而成。

这些物流企业每家出资4.5万马克,共同成立了一家专门从事协调、组织、管理园区事务的业主委员会来管理园区,后来由联邦政府出资成立德国物流园区有限公司进行管理。

(四)协会制运营模式

该模式是在政府或物流协会主导开发物流园区的基础上形成的运营方式,在物流园区规划建设完成之后,政府以委托方式直接转交给物流协会或物流协会直接进行整个园区的经营管理,组织协调入园企业开展物流、贸易等服务,同时,政府给予必要的支持。

(五)物业管理公司运营模式

物流园区开发商完成物流园区的整体规划、建设与配套服务功能之后,把土地、仓库、办公楼、信息平台等设施出租给入园企业,自己退居幕后成立物业管理公司,负责物业管理,只收取租金,不参与入园企业的经营管理,侧重点在前期招租和后期物业管理。

因此,这种运营模式属于一种纯投资的具体行为,对整个物流园区的开拓能力不强。如新加坡樟宜机场物流园区向包括敦豪速递(DHL)、联邦快递(FedEx)和联合包裹速递(UPS)等在内的二百多家专业物流公司出租仓库、写字间和物流设备。

二、影响物流园区运营的关键因素

根据《第三次全国物流园区(基地)调查报告》,影响物流园区运营的关键因素主要有服务效率、物流标准化、物流基础设施、物流公共信息平台、规范市场、政策法规体系建设。其中,影响最大的是政策体系建设,占比59%。其次是规范市场,占比55%。如图7-7所示。

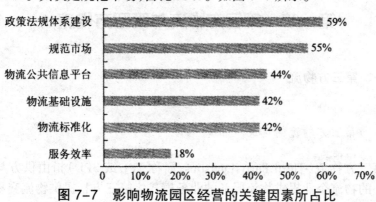

图7-7　影响物流园区经营的关键因素所占比

第八章　物流的发展趋势

随着全球经济一体化进程加快,企业面临着尤为激烈的竞争环境,资源在全球范围内的流动和配置大大加强,世界各国更加重视物流发展对于本国经济发展、民生素质和军事实力增强的影响,更加重视物流的现代化,从而使现代物流呈现出一系列新的发展趋势。

第一节　第三方物流与第四方物流

一、第三方物流

(一)第三方物流的定义

第三方物流(Third Party Logistics,简称 TPL 或 3PL)指由供方与需方以外的物流企业提供物流服务的业务模式。第三方指提供物流交易双方的部分或全部物流功能的外部服务提供者,它本身不拥有任何物流实体,而是通过签订合作协定或结成合作联盟,在特定时段内按照特定的价格向客户提供个性化的物流代理服务。

第三方物流的主要目标是为客户降低总物流成本,提高对消费者的服务水平;同时,通过扩大运输规模、提高运输效率增加其自身的赢利能力。

(二)第三方物流产生的原因

1.第三方物流的产生是社会分工的结果

各企业为增强市场竞争力,选择将企业的资金、人力、物力投入到其核心业务上,寻求社会化分工协作带来的效率和效益的最大化。专业化分工的结果导致许多非核心业务从企业生产经营活动中分离出来,其中包括物流业务。将物流业务委托给第三方专业物流公司负责,可以降低物流成本,完善物流活动的服务功能。

2. 第三方物流的产生是新型管理理念的要求

进入 20 世纪 90 年代,信息技术,特别是计算机技术的高速发展与社会分工的进一步细化,推动着管理技术和思想的迅速更新,由此产生了供应链、虚拟企业等一系列强调外部协调和合作的新型管理理念,既增加了物流活动的复杂性,又对物流活动提出了零库存、准时制、快速反应、有效的客户反应等更高的要求,这使得一般企业很难承担此类业务,由此产生了专业化物流服务的需求。

第三方物流正是为满足这种需求而产生的。它的出现一方面迎合了个性化需求时代企业间专业合作(资源配置)不断变化的要求,另一方面实现了进出物流的整合,提高了物流服务质量,加强了对供应链的全面控制和协调,促进供应链不断趋于完善。

3. 第三方物流的产生是物流领域竞争的日趋激烈导致综合物流业务发展的必然

随着经济自由化和贸易全球化的发展,物流领域的政策不断放宽,物流企业自身竞争的日趋激烈,物流企业不断拓展其服务内涵和外延,从而导致第三方物流的出现。这是第三方物流概念出现的历史基础。

(三)第三方物流的主要特点

1. 以合同为导向

第三方物流有别于传统的外包,外包只限于一项或一系列分散的物流功能,如运输公司提供运输服务,仓储公司提供仓储服务。第三方物流则根据合同条款规定的要求,而不是临时需求,提供多功能甚至全方位的物流服务。

企业在选择第三方物流服务时一般都签订专门的合同,规定服务项目和目标,并且包括一定的惩罚措施,一部分企业还制定了一系列激励条款。

2. 新型客户关系

企业选择第三方物流服务的动机主要包括降低成本、提高核心竞争力、寻求增值服务等,各类企业与第三方物流企业合作的方式有整体外包供应链物流业务、聘请物流公司来管理运作企业自有物流资产设备等多种形式。

虽然形式各异,但是本质上是合作双方为了共同的战略目标,在信息共享的条件下,共同制订物流解决方案,其业务深深地触及客户企业销售计划、库存管理、订货计划、生产计划等整个生产经营过程,远远超越了与客户一般意义上的买卖关系,而是紧密地结合成一体,形成了一种战略伙伴关系。

3. 个性化

由于行业性质、产品特点、市场状态等方面的不同,传统的第三方物流提供的运输、仓储等基础性服务已远远不能满足目前企业的需要,这促使当今的第三方物流企业的经营理念从供给推动模式向需求拉动模式转换,第三方物流企业正在努力采用"一企一策"的方式为工商企业提供特殊的、个性化的专属服务。

4. 以信息技术为基础

信息技术的发展是第三方物流发展的必要条件。信息技术实现了数据的快速、准确传递,提高了库存管理、装卸运输、采购、订货、配送发运、订单处理的自动化水平,使订货、包装、保管、运输、流通加工实现了一体化;企业可以更方便地采用信息技术与物流企业进行交流和协作,企业间的协调和合作有可能在短时间内迅速完成。

同时,电子信息软件的飞速发展,使混杂在其他业务中的物流活动成本能被准确地计算出来,还能有效地管理物流渠道中的商流,这就使企业有可能把原来在内部完成的作业交由独立的物流公司运作。常用于支撑第三方物流的信息技术有:实现信息快速交换的 EDI 技术、实现资金快速支付的 EFT（Electronic Funds Transfer,电子资金转账）技术、实现信息快速输入的条形码技术、实现网上交易的电子商务技术、实现信息化管理的软件技术与信息系统等。

(四)第三方物流的优越性与风险

1. 第三方物流的优越性

第三方物流自 20 世纪 80 年代在欧美等工业发达国家出现以来,以其独特的魅力受到了企业的青睐,并得到迅猛发展,被誉为企业发展的"加速器"和 21 世纪的"黄金产业"。其优越性主要体现在以下五个方面。

（1）有利于企业集中核心业务，培育核心竞争力

对于绝大部分企业而言，其核心竞争力并不是物流，生产企业的核心能力是设计、制造和新产品开发。生产企业使用第三方物流可以使企业实现资源的优化配置，将有限的人力、财力集中于核心业务，进行重点研究，发展基本技术，努力开发新产品，参与世界竞争，增强企业的核心竞争力。

北京图书大厦专注于图书的采购、宣传和销售，对电话或网上购书的客户，委托邮政系统作为第三方物流进行配送，企业没有在物流上耗费太大的精力，却取得了很好的效果。当当网也是采用与邮政系统、速递企业合作的方式，迅速把业务触角伸向了大江南北。

（2）降低成本，减少资本积压

第三方物流利用规模生产的专业优势和成本优势，通过提高各环节的能力和利用率节省费用，使企业能从分离费用结构中获益。

根据对工业用车的调查结果，通用汽车公司解散自有车队而代之以公共运输服务的主要原因就是为了减少固定费用，这不仅仅包括购买车辆的投资，还包括与车间仓库、发货设施、包装器械和员工有关的开支。国外咨询公司的一项调查显示：使用第三方物流使企业的物流成本下降了118%，货物周转期平均从71天缩短到39天，库存降低了82%。

（3）减少库存

企业不能承受原料和库存的无限拉长，尤其是高价值的部件要被及时送往装配点以保证库存的最小量。第三方物流提供者借助精心策划的物流计划和适时运送手段，最大限度地减少了库存，改善了企业的现金流量，从而实现成本优势。日本丰田集团的准时制生产方式得以实现的基本前提就是优质高效的第三方物流服务。

（4）提升企业形象

第三方物流提供者与客户是战略伙伴关系，他们的共同目标是为客户提供体贴的服务。通过全球性的信息网络使客户的供应链管理完全透明化，客户随时可通过互联网了解供应链的情况；第三方物流提供者是物流专家，他们利用完备的设施和训练有素的员工对整个供应链实现完全的控制，减少物流的复杂性；通过自己的网络体系，不仅帮助客户改进服务，树立品牌形象，而且使客户在竞争中脱颖而出。

第三方物流提供者通过"量体裁衣"式的设计，制订出以客户为导向、低成本高效率的物流方案，为企业在竞争中取胜创造了有利条件。

（5）提高企业经营效率

第三方物流的介入可以使企业专心致志地从事自己熟悉的业务，将

资源配置在核心业务上；另外，作为专业的物流行家里手，第三方物流提供者具有丰富的专业知识和经验，有利于提高货主企业的物流水平。

第三方物流企业面对社会多方企业提供物流服务，可以站在比单一企业更高的角度。随着市场环境的不断变化，企业的生产经营活动越来越复杂，要实现物流活动的合理化，仅仅将物流系统局限在企业内部是远远不够的。建立企业间、跨行业的物流系统网络，将原材料生产企业、制品生产企业、批发零售企业等生产流通全过程上下游相关的物流活动有机地联合起来，形成一个链状的商品供应系统，是现代物流系统的要求。

第三方物流系统通过其掌握的物流系统开发设计能力、信息技术能力，成为企业间物流系统网络的相关组织者，开展个别企业特别是中小型企业无法完成的工作。

2. 第三方物流的风险

虽然第三方物流的机制是先进的，但是企业在使用这种模式时，仍然要承担一定的风险，这是由企业的内外部环境决定的。

（1）技术与信息资源风险

信息共享使企业能够及时了解市场供求，更好地安排生产作业，及时配送产品，在降低成本的同时提高客户的满意度。但信息共享会增加企业的风险成本，按照公共选择理论，具有公共物品性质的集体利益与排他的私利有着严重冲突，成员不会为推进集体的利益采取自愿行动。企业可能会由于物流服务商的"不忠"而导致企业信息资源损失，以及核心技术和商业机密泄露。

（2）交易费用过高的风险

在最广泛的意义上，交易费用指经济系统的运行成本，其中包括信息成本、谈判成本、起草和实施合约的成本、界定和实施产权的成本、监督管理的成本和改变制度安排的成本等。较之于单一的第三方物流合作而言，与多家第三方物流合作必然会进一步增加发现信息、谈判、组织、协调、监督和评价对方劳动等各种费用。

按照总成本最小化原则的要求，在总收益不变的情况下，与多家第三方物流合作会增加企业使用第三方物流的成本，不利于物流需求企业利益最大化目标的实现。

（3）企业联盟中的信任风险

与生产销售不同，物流活动是一项委托与被委托、代理与被代理的关系，是完全以信用体系为基础的。在第三方物流运作体系中的企业都是独立的利益主体,相互之间缺乏信任,这使得供应链运行成本较高。

零售企业、供应商与第三方物流企业之间的信用关系非常微妙,物流责任界限的划分方面存在变数,这就致使物流外包中的联盟企业之间存在很大的信任风险。

（4）业务流程失控的风险

将物流业务外包后,企业的生产运营便在一定程度上依赖于第三方物流企业的绩效。随着第三方物流介入程度的加深,其物流运营能力越强,对企业形成的潜在威胁越大,企业面临的一个更大的难题是某些控制权将逐渐削弱。

因此,多数企业都宁愿有一个"小而全"的物流部门,也不愿把对这些功能的控制权交给外人。此外,供应链流程的部分功能需要与客户直接打交道,多数企业担心如果失去内部物流能力,会在客户交往和其他方面过度依赖第三方物流企业。

（5）企业内部结构变革的风险

诸多生产与流通企业本身有较强的物流能力,实施第三方物流意味着裁员和资产出售,企业管理结构将会发生巨大变化。企业内部管理结构的重大调整可能会引发一系列的经营风险,这种疑虑使得企业掌舵者不敢轻易将物流业务外包出去。

综上所述,在竞争日益激烈的21世纪,进一步降低物流成本,选择最佳的物流服务,提升自身产品的竞争力,必将成为企业在激烈的商战中取胜的主要手段。虽然企业在选择第三方物流合作方时存在一定的风险,但总体上说还是利大于弊。企业在与第三方物流提供者合作时如能有效地"趋利"而"避害",将极大地提升企业竞争力,使企业在激烈的市场竞争中占据一席之地。

二、第四方物流

（一）第四方物流的定义

第四方物流(Fourth Party Logistics,简称FPL或4PL)是一个供应链的集成商,是供需双方及第三方物流的领导力量。它通过拥有的信息技术、整合能力及其他资源提供一套完整的供应链解决方案,以此获取一定的利润。

第四方物流帮助企业实现降低成本和有效整合资源,并且依靠优秀的第三方物流供应商、技术供应商、管理咨询公司以及其他增值服务商,为客户提供独特而广泛的供应链解决方案。

（二）第四方物流的主要功能

第四方物流的主要功能有以下三个。

（1）供应链管理功能。第四方物流负责管理从货主、托运人到客户的全程活动。

（2）运输一体化功能。第四方物流负责管理运输公司、物流公司之间在业务操作上的衔接与协调。

（3）供应链再造功能。根据货主在供应链战略上的要求，及时改变或调整运营方案与规划，使其保持高效率运作。

（三）第四方物流的运作模式

结合自身的特点，第四方物流的主要运作模式包括协同运作模式、方案集成商模式和行业创新者模式。

1. 协同运作模式

这种运作模式下，第四方物流只与第三方物流有内部合作关系，即第四方物流服务供应商不直接与企业客户接触，而是通过第三方物流服务供应商将其提出的供应链解决方案、再造的物流运作流程等实施。

于是，这就意味着第四方物流与第三方物流共同开发市场，在开发的过程中第四方物流向第三方物流提供技术支持、供应链管理决策、市场准入能力和项目管理等，它们之间的合作关系可以采用合同方式绑定或采用战略联盟方式进一步形成。

2. 方案集成商模式

这种运作模式下，第四方物流作为企业客户与第三方物流的纽带，将企业客户与第三方物流连接起来，企业客户不需要与众多第三方物流服务供应商进行接触，而是直接通过第四方物流服务供应商实现复杂的物流运作管理。

在这种模式下，作为方案集成商，第四方物流除了提出供应链管理的可行性解决方案以外，还要在一定程度上对第三方物流资源进行整合，统一规划为企业客户服务。

3. 行业创新者模式

行业创新者模式与方案集成商模式有相似之处：它们都是作为企业

客户与第三方物流沟通的桥梁,将物流运作的两个端点连接起来。两者的不同之处在于:行业创新者模式的客户是同一行业的多个企业,而方案集成商模式只针对一个企业客户进行物流管理。在这种模式下,第四方物流提供行业整体物流的解决方案,其运作规模更大限度地得到扩大,使整个行业在物流运作上获益。

第四方物流无论采取哪一种模式,都突破了单纯发展第三方物流的局限性,能够真正地低成本运作,实现最大范围的资源整合。因为第三方物流缺乏跨越整个供应链运作和真正整合供应链流程所需的战略及专业技术,第四方物流则可以不受约束地将每一个领域的最佳物流提供商组合起来,为客户提供最佳物流服务,进而形成最优物流方案或供应链管理方案。

(四)第三方物流和第四方物流的联系与区别

1. 第三方物流与第四方物流的联系

第三方物流是由物流劳务的供方、需方之外的第三方完成物流服务的物流运作模式。第三方物流供应商为客户提供所有的或一部分供应链物流服务,以获取一定的利润。第三方物流供应商提供的服务范围很广,其可以简单到只是帮助客户安排一批货物的运输,也可以复杂到设计、实施和运作一个企业的整个分销和物流系统。

第四方物流是供应链的集成者、整合者和管理者,它通过对物流资源、物流设施和物流技术的整合,提出物流全过程的方案设计、实施办法和解决途径,形成一体化的供应链物流方案,根据方案将所有的物流运作和管理业务全部外包给第三方物流公司。

第四方物流以第三方物流为基础,整合了整个供应链的物流资源和技术,能够使企业更有效率地快速反应供应链的整体需求,最大限度地满足客户的需求,从而提高客户满意度,提升供应链的竞争力。第四方物流的思想必须依靠第三方物流的实际运作来实现并得到验证;第三方物流又迫切希望得到第四方物流在优化供应链流程与方案方面的指导。

要发展第四方物流,就必须大力发展第三方物流,为第四方物流的发展做铺垫,提高物流产业水平。只有二者有机结合起来,才能更好及全面地提供完善的物流运作和服务。

第三方物流与第四方物流联合成为一体以后,将第三方物流与第四方物流的外部协调转化为内部协调,使得两个相对独立的业务环节能够更和谐、更一致地运作,物流运作效率会得到明显提高,进而增大物流成本降低的幅度,扩大物流服务供应商的获利空间。

2.第三方物流与第四方物流的区别

(1)第三方物流建立在企业物流业务外包的基础上,而第四方物流是建立在第三方物流基础上的企业物流规划,通过整合资源进行物流软件的开发、运营和管理,促进企业运作效率的提高。

(2)第四方物流能够提供比第三方物流范围更广的服务,包括进入市场的技术、供应链策略技能及能力。

(3)第四方物流主要是物流软件的运营者,而第三方物流则是物流硬件的供应商。

第二节　绿色物流与逆向物流

一、绿色物流

(一)绿色物流的产生

自 20 世纪 90 年代初起,西方国家的企业界及物流学术界的学者们就提出绿色物流(Green Logistics)的概念,绿色物流很快得到了政府、学术界和企业界的高度重视。

多数国家的政府部门通过立法限制物流过程中的环境影响,例如:欧盟国家、美国和日本等都制定了严格的法规限制机动车尾气排放和废弃物污染;很多跨国公司如施乐、柯达、美辛、惠普等都实施了可利用废弃物的回收项目,收益显著。归纳绿色物流产生的原因,主要包括下述四个方面。

1.环境问题广受关注

自 20 世纪 70 年代始,环境问题受到越来越多的关注,几乎融入社会经济的每一个领域,这其中也包括环境问题对物流行业的影响,绿色物流应运而生。绿色物流可以追溯到 20 世纪 90 年代初人们对运输引起环境退化的关注:道路、码头和机场等交通基础设施的建设占用了大量的土地;汽车等交通工具尾气排放成为城市空气的主要污染源之一。

因此,一些专家学者建议把环境问题作为物流规划的一个影响因素,这成为绿色物流的雏形。此后,绿色物流从运输逐渐扩展到包装、仓储等活动中,逐渐形成一个比较完整的概念和体系。

同时,绿色消费运动在世界各国兴起,消费者不仅关心自身的安全和健康,还关心地球环境的改善,拒绝接受不利于环境保护的产品、服务及相应的消费方式,进而促进绿色物流的发展。

2. 物流市场的不断拓展

从传统物流到现代物流,物流市场在不断地扩张和发展。传统物流只是关注从生产到消费的流通过程,现代物流则将这一过程延伸至从消费到再生产的流通。逆向物流由此诞生。

具体而言,它包括废旧商品的循环流通和废弃物的处理、处置、运输、管理。逆向物流可以减少资源消耗,控制有害废弃物的污染,因此也属于绿色物流的范畴。

3. 经济全球化潮流的推动

随着经济全球化的发展,一些传统的关税和非关税壁垒逐渐淡化,环境壁垒逐渐兴起。为此,ISO 14000成为众多企业进入国际市场的通行证。

ISO 14000 的两个基本思想是预防污染和持续改进,它要求建立环境管理体系,使企业经营活动、产品和服务的每一个环节对环境的影响最小化。ISO 14000 不仅适合于第一产业、第二产业,也适合于第三产业,尤其适合于物流行业。物流企业要想在国际市场上占有一席之地,发展绿色物流是其理性选择。

4. 各国政府和国际组织的倡导

绿色物流的发展与政府行为密切相关。凡是绿色物流发展比较快的国家,都得益于政府的积极倡导。各国政府在推动绿色物流发展方面所起的作用主要表现在以下几个方面。

(1)追加投入以促进环保事业的发展。

(2)组织力量监督环保工作的开展。

(3)制定专门政策和法令引导企业的环保行为。

联合国环境署、WTO 环境委员会等国际组织举行了许多环保方面的国际会议,签订了许多环保方面的国际公约与协定,这在一定程度上为绿色物流的发展铺平了道路。

(二)绿色物流管理的内容

绿色物流是一个多层次的概念,既包括企业的绿色物流活动,又包括社会对绿色物流活动的管理、规范和控制。从环保物流活动的范围来看，它既包括各个单项的绿色物流作业（如绿色运输、绿色包装、绿色流通加工等），还包括为实现资源再利用而进行的废弃物循环物流，是物流操作和管理全程的绿色化。

绿色物流作为当今经济可持续发展的重要组成部分，对经济的发展和人民生活质量的改善具有重要的意义，无论政府有关部门还是企业界，都应强化物流管理，共同构筑绿色物流发展的框架。

1. 政府部门绿色物流管理的内容

（1）对发生源的管理

它主要是对物流过程中产生环境问题的来源进行管理。由于物流活动的日益增加和配送服务的发展，在途运输车辆随之增加，这必然导致大气污染的加重。为此可以采取以下措施对发生源进行控制。

一是制定相应的环境法规，对废气排放量、噪声及车种进行限制；二是采取措施促进使用符合限制条件的物流运输工具；三是普及使用低公害物流运输工具等。我国自 20 世纪 90 年代末开始不断强化对污染源的控制，如：北京市为治理大气污染发布两阶段治理目标，不仅对新生产的车辆制定了严格的排污标准，而且对在用车辆进行治理改造；在鼓励更新车辆的同时，采取限制行驶路线、增加车辆检测频次、按排污量收取排污费等措施；经过治理的车辆，污染物排放量大为降低。

（2）对交通量的管理

它主要包括：第一，发挥政府的指导作用，推动企业从自用车运输向第三方物流运输转化；第二，促进企业选择合理的运输方式，发展共同配送；第二，政府统筹物流中心的建设；第四，建设现代化的物流管理信息网络等。

通过这些措施来减少货流，可有效地消除对流运输，缓解交通拥挤状况，从而最终实现物流效益化，提高货物运输效率。

（3）对交通流的管理

它主要包括：第一，政府投入相应的资金，建立都市中心环状道路，制定有关道路停车管理规定，采取措施实现交通管制系统的现代化；第二，促进公路与铁路的立体交叉发展，从而在一定程度上减少交通堵塞，提高配送的效率，达到环保的目的。

（4）对物流包装的管理

它指对物品的包装制定相关政策，采取行政措施，限制包装污染，尤其是"白色污染"。为此应鼓励采用可回收利用的包装（如啤酒瓶等），并对产生污染包装的企业采取严厉的惩罚措施,以减少因包装产生的对环境的压力,减少资源的浪费,形成资源的可持续发展。

2. 企业绿色物流管理的内容

(1)绿色运输管理

第一,开展共同配送。共同配送指由多个企业联合组织实施的配送活动。几个中小型配送中心联合起来,分工合作对某一地区的客户进行配送,主要适用于某一地区的客户所需要物品数量较少而使用车辆不满载、配送车辆利用率不高等情况。从货主的角度来说,通过共同配送可以提高物流效率,如:中小批发商如果各自配送难以满足零售商多批次、小批量的配送要求,而采取共同配送,送货者可以实现少量配送,收货方可以进行统一验货,从而达到提高物流服务水平的目的;从物流企业的角度来说,特别是一些中小物流企业,由于受资金、人才和管理等方面的制约,运量少、效率低、使用车辆多、独自承揽业务,难以实现物流合理化和提高物流效率,如果分工合作,开展共同配送,则可以筹集资金运输大宗货物,通过信息网络提高车辆利用率。

因此,共同配送可以最大限度地提高人力、物资、资金等资源的利用效率,使经济效益最大化,同时可以避免多余的交错运输,并取得缓解交通、保护环境等社会效益。

第二,采取复合一贯制运输方式。复合一贯制运输是指吸取铁路、汽车、船舶和飞机等基本运输方式的长处,把它们有机结合起来,实行多环节、多区段、多运输工具相互衔接进行商品运输的一种方式。这种运输方式以集装箱作为连接各种工具的通用媒介,因而要求装载工具及包装尺寸都要做到标准化。

采取复合一贯制运输方式的优势在于:一方面,克服了单个运输方式固有的缺陷,在整体上保证了运输过程的最优化和效率化;另一方面,从物流渠道来看,有效地解决了由于地理、气候、基础设施建设等各种市场环境差异造成的商品在产销空间、时间上的分离,促进了产销之间的紧密结合,以及企业生产经营的有效运转。

第三,大力发展第三方物流。第三方物流是由供方和需方以外的物流企业提供物流服务的业务方式。由专门从事物流业务的企业为供方和需方提供物流服务,可以从更高、更广泛的层面考虑物流合理化问题,通过简化配送环节,进行合理运输,有利于在更广泛的范围内对物流资源进行合理利用和配置,避免自有物流带来的资金占用、运输效率低、配送环节烦琐、城市污染加剧等问题。

除此之外,企业对各种运输工具还应采用节约资源、减少污染环境的原料作为动力,如使用液化气、太阳能作为城市运输工具的动力;响应政府的号召,加快运输工具的更新换代等。

(2)绿色包装管理

绿色包装指节约资源、保护环境的包装。绿色包装管理的内容有:促使生产部门采用尽量简化的、由可降解材料制成的包装;在流通过程中,应采取措施实现包装的合理化与现代化。其实现途径主要有以下四种。

第一,包装模数化。确定包装基础尺寸的标准,即包装模数化。包装模数标准确定后,各种进入流通领域的产品便需要按模数规定的尺寸包装。包装模数化有利于小包装的集合,利用集装箱及托盘装箱、装盘。包装模数如能与仓库设施、运输设施尺寸模数统一,也有利于运输和保管,从而实现物流系统的合理化。

第二,包装大型化和集装化。包装大型化和集装化有利于物流系统在装卸、搬运、保管和运输等过程中的机械化,提高这些环节的作业速度,减少单位包装,节约包装材料和包装费用,保护货体。

第三,包装多次反复使用和废弃包装的处理。采用通用包装,不用专门安排返回使用;采用周转包装,可多次反复使用,如饮料盒、啤酒瓶等;梯级利用,即一次使用后的包装物,用后转作他用或简单处理后转作他用;对废弃包装物经再生处理,转化为其他用途或制作新材料。

第四,开发新的包装材料和包装器具。其发展趋势是包装物的高功能化,用较少的材料实现多种包装功能。

(3)绿色流通加工

流通加工指物品在从产地到使用地的过程中,根据需要施加包装、分割、计量、分拣、组装、价格贴付、标签贴付和商品检验等简单作业的总称。绿色流通加工主要包括两方面的措施。

第一,变消费者分散加工为专业集中加工,以规模作业的方式提高资源利用率,减少环境污染,如餐饮服务业对食品进行集中加工,以减少家庭分散烹调所带来的能源和空气污染。

第二,集中处理消费品加工过程中产生的边角废料,以减少消费者分散加工所造成的废弃物污染,如流通部门对蔬菜进行集中加工,可减少居民分散加工造成的垃圾丢放问题。

(4)废弃物物流的管理

从环境的角度来看,大量生产、大量流通、大量消费的结果必然会导致大量的废弃物产生,尽管已经采取了许多措施加速废弃物的处理并控制废弃物物流,但从总体上来看,大量废弃物的出现仍然对社会造成了严重的消极影响,会引发社会资源的枯竭及自然环境的恶化。因此,21世纪的物流活动必须利于有效利用资源和维护地球环境。

废弃物物流指将经济活动中失去原有使用价值的物品,根据实际需要进行搜集、分类、加工、包装、搬运和存储,并分送到专门处理场所时形成的物品实体流动。废弃物物流是指,无视对象物的价值或对象物没有再利用价值时,仅从环境保护出发,将其进行焚化、化学处理或运到特定地点堆放、掩埋。降低废弃物物流,需要实现资源的再使用(回收处理后再使用)、再利用(处理后转化为新的原材料使用),为此应建立一个包括生产、流通和消费的废弃物回收利用系统。

要达到上述目标,企业不仅要考虑自身的物流效率,还必须与供应链上其他的关联者协同起来,从整个供应链的视野组织物流,最终在整个社会中建立包括供应商、生产商、批发商、零售商和消费者在内的循环物流系统。

(三)绿色物流的实施战略

1.树立绿色物流理念

政府要加强宣传环保的重要性和紧迫性,唤醒企业、社会组织和公众的危机意识,为绿色物流的实施营造良好的舆论氛围和社会环境。物流企业要打破"环保不经济、绿色等于消费"的传统观念,应着眼于企业和社会的长远利益,树立集体协作、节约环保的团队精神,将节约资源、减少废物、避免污染等作为企业的长远发展目标。

2.推行绿色物流经营

物流企业要从保护环境的角度制定其绿色经营管理策略,以推动绿色物流的进一步发展。

(1)选择绿色运输

通过有效利用车辆,减少车辆运行,提高配送效率。如:合理规划网点及配送中心、优化配送路线、提高共同配送及往返载货率;改变运输方式,由公路运输转向铁路运输或海上运输;使用绿色工具,降低废气排放量等。

(2)提倡绿色包装

包装不仅是商品卫士,而且也是商品进入市场的通行证。绿色包装要醒目环保,还应符合4R要求,即少耗材、可再用、可回收和可再循环。

（3）开展绿色流通加工

由分散加工转向专业集中加工,以规模作业方式提高资源利用率,减少环境污染;集中处理流通加工中产生的边角废料,减少废弃物污染等。

（4）搜集和管理绿色信息

物流不仅是商品空间的转移,也包括相关信息的搜集、整理、储存和利用。绿色物流要求搜集、整理、储存的都是各种绿色信息,并及时运用于物流中,促进物流的进一步绿色化。

3. 开发绿色物流技术

推行绿色物流的关键不仅依赖于绿色物流观念的树立、绿色物流经营的推行,更离不开绿色物流技术的应用和开发。没有先进物流技术的发展,就没有现代物流的立身之地;同样,没有先进绿色物流技术的发展,就没有绿色物流的立身之地。

国内的物流技术与绿色要求有较大的差距,如物流机械化方面、物流自动化方面、物流的信息化及网络化,与发达国家的物流技术相比,大概有 10 ～ 20 年的差距。要大力开发绿色物流技术,否则绿色物流就无从谈起。

4. 制定绿色物流法规

绿色物流是当今经济可持续发展的一个重要组成部分,它对社会、经济的不断发展和人类生活质量的不断提高具有重要意义。正因为如此,绿色物流的实施不仅是企业的事情,而且还必须从政府约束的角度,对现有的物流体制进行强化管理。

一些发达国家的政府非常重视制定政策法规,在宏观上对绿色物流进行管理和控制,尤其是要控制物流活动的污染发生源。物流活动的污染发生源主要表现在:运输工具的废气排放污染空气,流通加工的废水排放污染水质,一次性包装的丢弃污染环境,等等。因此,他们制定了诸如污染发生源、限制交通量、控制交通流等的相关政策和法规。

5. 加强对绿色物流人才的培养

作为新生事物,绿色物流对营运筹划人员和各专业人员的素质要求较高,因此,要实现绿色物流的目标,培养和造就一批熟悉绿色理论和实务的物流人才是当务之急。

二、逆向物流

（一）逆向物流的定义

从整个供应链的角度看，一条完备的供应链不仅应包含正向物流的运作，而且应包括逆向物流的运作。与正向物流相比，逆向物流似乎一直都处于后台，很多企业都认为逆向物流是一件很不光彩的事，不愿意给予逆向物流更多的关注目光。

但在近些年，自然资源的日渐枯竭、人们环境保护意识的加强，以及各国有关环境保护立法的加强，都迫使企业不得不开始重视逆向物流。逆向物流运作开始从后台逐步走到幕前。西尔斯负责物流的执行副总裁曾这样说："逆向物流也许是企业在降低成本中的最后一块处女地了。"

关于逆向物流的定义，国内外学者提出了各自的看法。综合概括起来，逆向物流指为了恢复价值或合理处置，通过有计划地实施和控制，使原材料、在制品、最终产品、包装材料、废弃物等，以及相关信息从供应链下游的客户一端回到上游的起始端的有效实际流动过程。

（二）逆向物流的特点

1. 缓慢性

逆向物流在开始的时候数量少、种类多，只有在不断汇集的情况下，才能形成较大的流动规模。废旧物资的产生也往往不能立即满足人们的某些需要，它需要经过加工、改制等环节，甚至只能作为原料回收使用，这一系列过程的时间是较长的。

同时，废旧物资的搜集和整理也是一个较复杂的过程。这一切都决定了逆向物流缓慢性这一特点。

2. 分散性

逆向物流产生的地点、时间、质量和数量是难以预见的。废弃物物流可能产生于生产领域、流通领域或生活消费领域，涉及任何领域、任何部门、任何个人，在社会的每个角落都在日夜不停地发生。

正是这种多元性使其具有分散性。正向物流则不然，按量、准时和指定发货点是其基本要求。这是由于逆向物流发生的原因通常与产品质量或数量的异常有关。

3. 混杂性

回收的产品在进入逆向物流系统时往往难以划分,因为不同种类、不同状况的废旧物资常常是混杂在一起的。当回收产品经过检查、分类后,逆向物流的混杂性会逐渐衰退。

4. 多变性

由于逆向物流的分散性及消费者对退货、产品召回等回收政策的滥用,有的企业很难控制产品的回收时间与空间,这就导致逆向物流的多变性,主要表现在三个方面。

(1)逆向物流具有极大的不确定性。

(2)逆向物流的处理系统与方式复杂多样。

(3)逆向物流技术具有一定的特殊性。

(三)逆向物流运行的内容

逆向物流可分成三部分:退货产生的回收物流、有回收价值的再生资源物流、无回收价值的废弃物物流。

1. 回收物流

由于产品质量问题、物流过程中造成的货损,以及客户由于消费倾向造成的合理退货,均属于回收物流。

退货的过程是:产品送回供应商,进行修理和再销售,或者把产品作报废处理,回收其中的有用部分,包装物一般可以再循环使用。退货产品大多并未丧失使用价值,可以采取综合开发方式继续实现它的使用价值,如开辟新的市场。

退货产品也可以用于募捐,发挥其应有的作用。退货产品一般纳入本企业的生产经营计划统筹管理,也可以由相关企业联合设立退货基地,或者承包给第三方物流进行外部商业化运作。

2. 再生资源物流

对有回收价值的物品和资源的回收加工活动是再生资源物流。所有非一次性资源均有再生价值,特别是废金属、废纸和废玻璃器具。由于再生资源数量大、种类多、来源地广泛,再生资源主要由专业化的商业组织进行回收处理。其过程是:

(1)集中回收废旧物品和物资。

(2)分类处理,去除有害物品,再包装。

（3）加工回收有价值的资源。

（4）再生资源重新进入市场。

绝大部分再生资源的成本空间很大，有条件进行商品化运作，由此产生专门处理再生资源的部门。

3. 废弃物物流

废弃物物流是将完全无价值的废料进行搜集与分类包装，送到专门场所处理的物品实体流动。废弃物品处理方式有以下三种。

（1）废弃物掩埋

废弃物集中到政府规划的区域内进行分类、消毒处理后掩埋。经长期监测完全无害后，可以改建为工业区域或其他公共设施。

（2）焚烧

对有机物含量高、易污染环境的废弃物集中起来焚毁。在目前的技术条件下，使用垃圾发电比较经济。在确定垃圾发电成本与一般商业发电成本的差额后，由政府对垃圾发电厂商进行补贴，这样可以鼓励垃圾处理行业的发展。

（3）净化处理加工

对废水、废物进行净化处理，可以减少对环境的危害，尤其是对废水的净化处理，已经成为废弃物物流的流动加工产业。废弃物物流的合理化必须从能源、资源和生态环境保护三个战略高度综合筹划，形成一个将废弃物的所有发生源包括在内的广泛的物流系统。

第三节　供应链管理

一、供应链概述

（一）供应链的定义

供应链是围绕核心企业，通过对商流、信息流、物流、资金流的控制，从采购原材料开始到制成中间产品及最终产品，最后由销售网络把产品送到消费者手中的一个由供应商、制造商、分销商、零售商直到最终用户所连成的整体功能网链结构。

中华人民共和国国家标准《物流术语》对供应链的定义为：生产和流

通过程中,涉及(将产品或服务提供给最终客户)活动的上游与下游企业所形成的网络结构。

(二)供应链的结构模型

供应链的网链结构模型如图 8-1 所示。

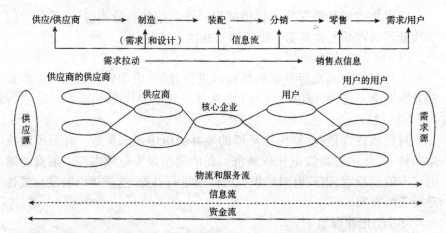

图 8-1 供应链的网链结构模型

从图 8-1 中可以看出,供应链由所有加盟的节点企业组成,其中一般有一个核心企业(可以是产品制造企业,也可以是大型零售企业)。节点企业在需求信息的驱动下,通过供应链的职能分工与合作(生产、分销、零售等),以资金流、物流、服务流为媒介,实现整个供应链的不断增值。

(三)供应链的主要类型

根据不同的划分标准,可以将供应链分为以下几种主要类型。

1. 稳定的供应链和动态的供应链

根据供应链存在的稳定性,可以将供应链划分为稳定的供应链和动态的供应链。基于相对稳定、单一的市场需求而组成的供应链稳定性较强,而基于变化相对频繁、复杂的需求而组成的供应链动态性较高。

2. 平衡的供应链和倾斜的供应链

根据供应链容量与客户需求的关系,可以将供应链划分为平衡的供应链和倾斜的供应链。一条供应链具有一定的、相对稳定的设备容量和生产能力(所有节点企业能力的综合,包括供应商、制造商、运输商、分销商、零售商等),但客户需求处于不断变化的过程中,当供应链的容量能满足客户需求时,供应链处于平衡状态;平衡的供应链可以实现各主要职能(采购/低采购成本、生产/规模效益、分销/低运输成本、市场/产品多样化和财务/资金运转快)之间的均衡。

而当市场变化加剧,造成供应链成本、库存和浪费的增加时,企业就不是在最优状态下运作的,此时供应链处于倾斜状态。

3. 有效性供应链和反应性供应链

根据供应链的功能模式(物理功能和市场中介功能),可以将供应链划分为有效性供应链和反应性供应链。有效性供应链主要体现供应链的物理功能,即以最低的成本将原材料转化成零部件、半成品、产品,以及在供应链中的运输等;反应性供应链主要体现供应链的市场中介的功能,即把产品分配到能够满足客户需求的市场,对未预知的需求做出快速反应等。

有效性供应链和反应性供应链的比较如表 8-1 所示。

表 8-1　有效性供应链和反应性供应链的比较

比较项目	有效性供应链	反应性供应链
基本目标	以最低的成本供应可预测的需求	尽可能快地对不可预测的需求做出反应
制造的核心	保持高的设备平均利用率	配置富余的缓冲库存
库存策略	实现高周转,保持整个供应链中库存最小化	配置零部件和成品的缓冲库存
提前期	在不增加成本的前提下,尽可能缩短提前期	大量投资以缩短提前期
选择供应商的标准	主要根据成本和质量	主要根据速度、柔性和质量
产品设计策略	最大化绩效和最小化成本	用模型设计以尽可能地减少产品差别

(四)供应链的特征

1. 复杂性

供应链节点企业组成的跨度(层次)不同,有生产、加工、服务等类型;有上游、下游、核心层,即供应链是一个包含多个、多类型和多国度的节点企业网链。在这种网链结构上,各节点企业相互依赖,各工序环环相扣,构成了一个不可分割的有机系统。

2. 动态性

为了使企业战略适应市场需求变化的需要,节点企业需要不断地进行更新,这就使得供应链具有明显的动态性。

3. 多层次性

供应网链上涉及的各节点企业往往分布在不同行业、区域或阶段,且各节点企业又自成体系地承担着在供应链中不同的工序。同时,该节点企业为完成该工序又可能构筑一条相应的分支供应链,从而形成了多层次、多维度、多功能、多目标的立体网链。

4. 竞合性

供应链是由多个企业组成的虚拟组织,这些具有独立经济利益的单个企业是供应链运作的主体。

一方面,供应链上的各企业单纯追求自身利益的最大化,往往使得个体目标与供应链整体目标发生冲突,从而出现单个企业的行为与整体目标相违背的情形。其结果势必造成供应链整体效率下降。

另一方面,在由各企业组成的供应链上,任何企业要实现利润最大化,必须以整条供应链的价值增值为基础,换句话说,单个企业的赢利是以各合作伙伴的"共赢"为基础的。

因此,企业间的竞争将向着有利于实现供应链整体目标的方向发展。

5. 面向客户需求

供应链的形成、存在、重构,都是基于最终客户需求而发生的,并且在供应链的运作过程中,客户的需求拉动是供应链中的信息流、服务流、资金流运作的驱动源。

6. 交叉性

供应链上各节点企业可以既是这个供应链的成员,同时又是另一个供应链的成员。众多的供应链形成交叉结构,增加了协调管理的难度。

二、供应链管理概述

(一)供应链管理的定义

供应链管理指在满足一定的客户服务水平的条件下,为了使整个供应链系统成本达到最小而把供应商、制造商、仓库、配送中心和渠道商等有效地组织在一起进行的产品制造、转运、分销及销售的管理方法。中华人民共和国国家标准《物流术语》对供应链管理的定义是：对供应链涉及的全部活动进行计划、组织、协调与控制。

供应链管理主要涉及四个领域：供应、生产计划、物流、需求。供应链管理以同步化、集成化生产计划为指导，以各种技术为支持，尤其以Internet/Intranet为依托，围绕供应、生产计划、物流、需求来实施。供应链管理活动主要包括计划、合作及控制从供应商到客户的物料和信息。

(二)供应链管理的基本特征

1.供应链管理是对物流的一体化管理

供应链管理的实质是通过物流将企业内部各部门及供应链各节点企业连接起来，改变交易双方利益对立的传统观念，在整个供应链范围内建立起共同利益的协作伙伴关系。

2.以客户为中心

供应链管理以客户满意为最高目标，其本质是满足客户需求。它通过降低供应链成本的战略，实现对客户的快速反应，以此提高客户满意度，获取竞争优势。

3.集成化管理

供应链管理应用网络技术和信息技术，重新组织和安排业务流程，实现集成化管理。离开信息及网络技术的支持，供应链管理就会丧失其应有的价值。可见，信息已经成为供应链管理的核心要素。

4.跨企业的贸易伙伴之间密切合作、共享利益、共担风险

在供应链管理中，企业之间建立起新型的客户关系，通过与供应链参与各方进行跨部门、跨职能和跨企业的合作，建立共同利益的合作伙伴关系，发展企业之间稳定的、良好的、共存共荣的互助合作关系。

(三)供应链管理的目标

供应链管理的目标是通过协调总成本最小化、总周期时间最短化、客户服务最优化、总库存最低化及物流质量最优化等目标之间的冲突，实现供应链绩效最大化。

1. 总成本最小化

采购成本、库存成本、运输成本、制造成本及供应链物流的其他成本费用都是相互联系的。

因此,总成本最小化目标并不是指运输成本或库存成本,或其他任何单项活动的成本最小,而是整个供应链运作与管理所有成本的总和最小。为了实现有效的供应链管理,必须将供应链各成员企业作为一个有机整体来考虑,并使实体供应物流、制造装配物流与实体分销物流之间达到高度均衡。

2. 总周期时间最短化

当今的市场竞争不再是单个企业之间的竞争,而是供应链与供应链之间的竞争。从某种意义上,就是供应链之间时间的竞争。这就要求供应链企业间必须实现快速有效的反应,最大限度地缩短从客户发出订购单到获取满意交货的总周期。

3. 客户服务最优化

因为企业提供的客户服务水平直接影响到其市场份额及物流总成本,并且最终影响到整体利润,所以,供应链管理的实施目标之一,就是通过上下游企业协调一致的运作,保证达到客户满意的服务水平,吸引并留住客户,最终实现企业价值的最大化。

4. 总库存最低化

供应链管理的目标之一就是要实现零库存,使整个供应链的库存控制在最低。总库存最低化目标的达成,有赖于实现对整个供应链的库存水平与库存变化的最优控制,而不只是单个成员企业库存水平的最低。

5. 物流质量最优化

供应链企业间服务质量的好坏直接关系到供应链的存亡。因此,达到与保持服务质量的高水平,也是供应链管理的重要目标。而这一目标的实现,必须从原材料、零部件供应的零缺陷开始,直至供应链管理全过程、全方位质量达到的最优化。

从传统的管理思想而言,上述目标之间容易呈现出互斥性,无法同时达到最优。这就必须要运用集成化管理思想,从系统的观点出发,改进服务,缩短时间,提高品质与减少库存,从而降低成本。

（四）供应链管理的方法

1. 供应链采购管理

供应链采购，准确地说是一种供应链机制下的采购模式。在供应链机制下，采购不再由采购者操作，而是由供应商操作，成为供应商管理库存（Vendor Managed Inventory，VMI）。VMI 是一种战略贸易伙伴之间的合作性策略，其以系统的、集成的管理思想进行采购与库存管理，使供应链系统能够同步优化运行。

（1）VMI 采购的产生背景

第一，供应链管理中的"牛鞭效应"。供应链中信息流从最终客户端向原始供应商端传递时，无法有效地实现信息的共享，使得信息扭曲而逐级放大，导致需求信息出现越来越大的波动，此信息扭曲的放大作用在图形上很像一根甩起的牛鞭，因此被形象地称为"牛鞭效应"。利用传统的采购模式会增加供应链体系中的整体库存，给供应链节点企业带来不必要的成本负担。

因此，为了避免由需求与供给不确定性造成的"牛鞭效应"，应改进传统的采购模式，利用信息共享、契约机制和业务集成等策略改善供应链模式下的库存状况，增强供应链体系的竞争力。这就是 VMI 采购产生的基础与目标。

第二，供应链管理中"牛鞭效应"的启示。"牛鞭效应"产生的原因归纳起来有四个方面：需求预测修正、订货批量决策、价格波动和短缺博弈。

通过上述原因可了解在供应链管理中库存波动，即供应链中不确定性存在的渊源。而不确定性来自供应商、制造商、分销商和客户等所有成员，并沿着供应链逐级传播。

显然，在供应链管理环境下，仍采用传统的采购模式已不适合，因为它不可能解决诸如需求放大现象这样一些新的增加库存的问题。因此，致力于探讨新的适应供应链管理的采购管理新模式，对供应链管理思想能否很好地实施起着关键作用。VMI 采购模式被认为是供应链上的库存管理策略，因为在实践活动中，采购是库存发生的前提，库存会制约采购。

（2）VMI 采购的特点

第一，VMI 采购是基于友好合作的环境进行的，传统采购则是基于利益互斥、对抗性竞争的环境进行的，由于采购环境的根本不同，导致二者在观念上、操作上的不同，从而有了各自的优点和缺点。VMI 采购的环境是供应链采购的一个根本特征,也是它最大的优点。

第二,VMI采购是由供应商管理库存。供应商管理库存,可以根据需求变动情况,适时地调整生产计划和送货计划,既可以避免盲目生产造成的浪费,也可以避免库存挤压所造成的浪费及风险。同时,客户可以致力于核心业务,发挥核心竞争力,提高工作效率。

第三,VMI采购是由供应商负责连续小批量、多频次的送货。采用连续小批量、多频次的送货机制,可以大大降低库存水平,实现零库存。供应商可以根据需求的变化,随时调整生产计划,实现按需生产,从而节省原材料费用和加工费用。同时,可以紧跟市场需求的变化,能够灵活适应市场变化,避免库存风险。

第四,VMI采购活动中供需双方是一种战略联盟的合作关系。在VMI采购中,供需双方是一种友好合作的战略伙伴关系,互相协调、互相配合、互相支持,有利于各个方面工作的顺利开展,提高工作效率,最终实现双赢。

第五,VMI采购过程实现了企业之间的信息共享。在VMI采购过程中,供应商能随时掌握客户的需求信息,掌握企业需求变化的情况,能够根据企业需求和需求变化情况,主动调整自己的生产计划和送货计划。供应链中各个企业可以通过计算机网络进行信息沟通。信息共享首先要求每个企业内部的业务数据要信息化、电子化。

因此,VMI采购的基础就是要实现企业的信息化及企业间的信息共享,构建起企业管理信息系统。

(3)VMI采购的实施方法

第一,建立客户情报信息系统。要有效地管理采购与库存,供应商必须能够获得客户的有关信息。通过建立客户的信息库,供应商能够掌握需求变化的有关情况,把由分销商进行的需求预测与分析功能集成到供应商的系统中来。

第二,建立销售网络管理系统。供应商要很好地管理采购与库存,必须建立完善的销售网络管理系统,保证产品需求信息和物流的畅通。为此,必须保证产品条码的可读性和唯一性,解决产品分类与编码的标准化问题,解决商品存储运输过程中的识别问题。

第三,建立供应商与销售商的合作框架协议。供应商和销售商一起通过协商,确定处理订单的业务流程及控制库存的有关参数(如再订货点、最低库存水平等)、库存信息的传递方式等。

第四,组织机构的变革。VMI采购策略改变了供应商的组织模式,在订货部门产生了一个新的职能,负责客户库存的控制、库存补给和服务水平。

2.联合库存管理

在传统的供应链活动过程模型中,供应链活动过程是从供应商、制造商到分销商,各个供应链节点企业都有自己的库存。供应商作为独立的企业,其库存为独立需求库存。制造商的材料、半成品库存为相关需求库存,而产品库存为独立需求库存。分销商为了应付客户需求的不确定性也需要库存,其库存也为独立需求库存。其结果是出现库存浪费的现象,增大了整个供应链的库存成本,并削弱了整个供应链的竞争力。

为了解决上述库存成本过大的问题,出现了联合库存管理的思想。联合库存管理(Jointly Managed Inventory, JMI)是解决供应链系统中由于各节点企业的相互独立库存运作模式导致的需求放大问题,提高供应链的同步化程度的一种有效方法。JMI强调供应链中各个节点同时参与,共同制订库存计划,使供应链过程中的每个库存管理者都从相互之间的协调性考虑,保持供应链各个节点之间的库存管理者对需求的预期保持一致,从而消除需求变异和放大的现象。任何相邻节点需求的确定都是供需双方协调的结果,库存管理不再是各自为政的独立运作过程,而是供需连接的纽带和协调中心。

(1)JMI的优点

第一,为实现供应链的同步化运作提供了条件和保证。

第二,减少了供应链中需求扭曲的现象,降低了库存的不确定性,提高了供应链的稳定性。

第三,减少了各个供应链重复建设仓库的成本支出,有利于进行集约化的库存管理。

第四,库存作为供需双方信息交流和协调的纽带,可以反映出供应链管理中的缺陷,为改进供应链管理水平提供依据。

(2)JMI的实施策略

第一,建立供应链协调管理机制。为了发挥JMI的作用,供应链双方应从合作的精神出发,建立供应链协调管理机制,构筑合作沟通的渠道;明确各自的目标和责任,为JMI提供有效的机制。没有一个协调的管理机制,就不可能进行有效的联合库存管理。建立供应链协调管理机制,要从以下几个方面着手。

①建立供应链共同愿景。

②建立联合库存的协调控制方法。

③建立利益的分配、激励机制。

第二,建立信息沟通渠道。为了提高整个供应链需求信息的一致性和稳定性,减少由于多重预测导致的需求信息扭曲,应增加供应链各方对需求信息获得的及时性和透明性。整个供应链通过构建库存管理网络系统,使所有的供应链信息与供应商的管理信息同步,提高供应链各方的协作效率,降低成本,提高质量。

为此,应建立一种信息沟通的渠道或系统,以保证需求信息在供应链中的畅通和准确性。

第三,发挥第三方物流系统的作用。实现联合库存可借助第三方物流具体实施:把库存管理的部分功能代理给第三方物流企业,使企业更加集中于自己的核心业务,进而增加供应链的敏捷性和协调性,提高服务水平和运作效率。

3. 连续库存补充计划

连续库存补充计划也称为自动补货模式(Continuous Replenishment Program, CRP),是利用及时准确的销售时点信息确定已销售的商品数量,根据零售商或批发商的库存信息和预先规定的库存补充程序确定发货补充数量与配送时间的计划方法。

CRP 的决策由客户(存货所在地)负责,即存货的决策权及所有权与存货的物流位置一致。仅从决策主体的角度来看,CRP 与传统的推式库存补货模式并没有什么不同,但 CRP 是基于事实上的需求数据即时补货,而推式库存补货是基于预测需求数据超前补货。

CRP 主要适用于没有 IT 系统或基础设施来有效管理其库存的下游企业,以及实力雄厚、市场信息量大、有较高的直接存储交货水平的上游厂商。

4. 分销资源计划

分销资源计划(Distribution Resource Planning, DRP)是管理企业分销网络的系统,其目的是使企业具有对订单和供货的快速反应以及持续补充库存的能力。

通过互联网将供应商和经销商有机地联系在一起,DRP 为企业的业务经营及与贸易伙伴的合作提供了一种全新的模式。供应商和经销商之间可以实时地提交订单、查询产品供应和库存状况,并获得市场、销售信息及客户支持,实现了供应商和经销商之间端到端的供应链管理,有效地缩短了供销链。

新的模式借助互联网的延伸性及便利性,使商务过程不再受时间、地点和人员的限制,企业的工作效率得到提高,业务范围得到拓展。企业也可以在兼容互联网时代现有业务模式和现有基础设施的情况下,迅速构建 B2B 电子商务的平台,扩展现有的业务范围,提升销售能力,实现零风险库存,大大降低分销成本,提高周转效率,确保获得领先一步的竞争优势。

5. 快速反应

快速反应(Quick Response, QR)是供应链管理的主要方法之一,它并不单纯是某种技术,而是一种全新的业务方式,是一种由技术支持的业务管理思想,即在供应链中为了实现共同的目标,至少在两个环节之间进行紧密合作,这种合作的实施降低了成本,提高了企业的效益与核心竞争力。

(1)QR 的含义

QR 是美国纺织服装业发展起来的一种供应链管理方法。它是美国零售商、服装制造商和纺织品供应商开发的整体业务概念,目的是减少原材料到销售点的时间和整个供应链上的库存,最大限度地提高供应链管理的运作效率。

QR 指在供应链中,为了实现共同的目标,零售商和制造商建立战略伙伴关系,利用 EDI 等信息技术,进行销售时点的信息交换,以及订货补充等其他经营信息的交换。

(2)实施 QR 成功的条件

第一,改变传统的经营方式、经营意识和组织结构。

一是企业不能局限于仅依靠本企业的力量提高经营效率的传统经营意识,而要树立通过与供应链各方建立合作伙伴关系,努力利用各方资源提高经营效率的现代经营意识。

二是在垂直型 QR 系统内部,通过 POS 数据等销售信息和成本信息的相互公开与交换,来提高各个企业的经营效率。

三是必须改变传统的事务作业方式,通过利用信息技术实现事务作业的无纸化和自动化。

四是零售商在垂直型 QR 系统中起主导作用,零售店铺是垂直型 QR 系统的起始点。

五是明确垂直型 QR 系统内各个企业之间的分工协作范围和形式,消除重复作业,建立有效的分工协作框架。

第二,与供应链各方建立战略伙伴关系。首先,要积极寻找和发现战略合作伙伴;然后,在合作伙伴之间建立分工和协作关系。合作的目标为削减库存,避免缺货现象的发生,降低商品风险,避免大幅度降价现象的发生,以及减少作业人员和简化事务性作业等。

第三，改变传统的对企业商业信息保密的做法。要与合作伙伴之间交流和共享信息，并在此基础上，要求各方在一起发现问题、分析问题和解决问题。

第四，缩短生产周期和降低商品库存。缩短商品的生产周期，降低零售商的库存水平，提高客户服务水平，在商品实际需要将要发生时，采用 JIT 生产方式组织生产，减少供应商自身的库存水平。

第五，开发和应用现代信息处理技术。现代信息技术主要有条码技术、POS 系统、EOS（电子订货系统）、EDI 技术、VMI、EFT（电子资金转账）和 CRP 等。

（3）QR 的发展

随着技术的发展，QR 策略和技术今非昔比。最初，供应链上的每一个业务实体都单独发挥作用。但是，随着市场竞争的加剧，业主及经营者逐渐开始考虑评估和重构其经营的方式，从而导致对供应链和信息流的重组。20 世纪 80 年代，人们优化供应链的焦点是技术解决方案，现在已转变为重组经营方式及与贸易伙伴的密切合作方面。

目前，欧美 QR 的发展已跨入第三个阶段，即联合计划、预测与补货（Collaborative Planning, Forecasting and Replenishment, CPFR）阶段。CPFR 是一种建立在贸易伙伴之间密切合作和标准业务流程基础上的经营理念。

CPFR 研究的重点是供应商、制造商、批发商、承运商及零售商之间协调一致的伙伴关系，以保证供应链整体计划、目标和策略的先进性。通过实施 CPFR 可以达到如下目标：

第一，减少新产品开发的前导时间。

第二，通过供应商与零售商的联合，保证 24 小时供货，因此，可补货产品的缺货现象将大大减少，甚至消除。

第三，提高库存周转率。

第四，通过敏捷制造技术，企业产品的 20% ~ 30% 将根据客户的特定需求而制造。

QR 策略在过去的 10 年中取得了巨大的成功。它作为一种全新的供应链管理理念，使供应商和零售商能为客户提供更好的服务，同时也减少了整个供应链上的非增值成本。随着时代的发展，QR 必将向更高的阶段发展，为供应链上的贸易伙伴——供应商、分销商、零售商和最终客户带来更大的价值。

第九章　大数据与智慧物流

随着大数据时代的到来,云计算和大数据技术加快向物流业渗透,通过海量的物流数据挖掘新的商业价值。物流之争在一定程度上逐渐演变为大数据技术之争。在大数据技术的支持下,人与物流设备之间、设备与设备之间更加密切地结合,形成一个功能庞大的智慧物流系统,实现物流管理与物流作业的自动化与智能化。可以说,大数据技术是构建智慧物流的基础。

第一节　智慧物流的发展现状

一、智慧物流发展概述

目前,以智慧物流为代表的现代物流产业在国外已经有了较大的发展,美国、欧洲和日本等已经成为智慧物流产业发展的领头羊,市场规模巨大,相关技术处于国际一流水平;智慧物流已经成为美国、欧洲和日本等国家发展现代物流产业,降低物流成本,推动产业升级的重要推动引擎和国民经济发展的一个重要支柱产业。

随着信息技术不断发展和国家政策推动,实现智慧物流,同时更好地提高资源利用率与经营管理水平成了中国发展现代物流的大方向。总的来说,我国很多先进的现代物流系统已经具备了信息化、数字化、网络化、集成化、智能化、柔性化、敏捷化、可视化、自动化等先进技术特征,并且我国已经拥有多家着手发展智慧物流的雏形企业,如中储股份、外运发展、中海发展、铁龙物流、武汉长江智能物流、上海三尔施智能物流、江苏双茂智能物流等,各地政府在智慧物流发展方式上也开展了大量研究。

但是与美国、日本等发达国家相比,我国的智慧物流尚处于初级阶段。由于传统体制影响,基础设施不完善,管理技术及水平、服务质量等方面发展不均,加上新兴技术应用不足、企业对物流认知不够等因素的限制,物流发展相对滞后,物流总体水平不高,产业总体规模不大。

后金融危机时代,为了提高竞争力、降低运营成本,生产和销售等企业不断吸收经验,对物流业的重视程度也越来越高。

二、国外智慧物流发展现状

近年来,随着物流信息化不断提高,美国、日本等发达国家现代物流朝着智慧物流不断发展,并取得了很好的效果。

(一)美国智慧物流发展现状

1. 总体现状

美国有着宽松有序的物流发展环境、良好的物流基础设施、较强的第三方物流企业、全球物流服务管理能力、先进的物流技术、职业素养良好的职工等。从物流成本构成上看,美国物流管理成本占总成本的 3.8%,而物流总成本仅占 GDP 不到 10%。

美国物流企业的物流设备几乎都实现了高度的机械化和计算机化,同时美国物流业积极推动物流供应链的集约化、协同化发展。基于先进的信息化技术和运作管理水平,美国物流发展中利用多样的物流理论研究方法和大数据思想,紧密结合市场的实际需求和发展趋势,研究具体对象,同时物流发展环境的数据采集、数据存储、数据分析、数据应用渠道十分顺畅、系统。

2. 代表企业发展现状

目前的智慧物流先进物流技术及应用,代表性企业应用突出,主要包括沃尔玛、FedEx 和 UPS 等。作为物流强国,代表性企业只是美国智慧物流发展呈现的一瞥。

零售巨头沃尔玛采用的基于 RFID 的智能物流系统,使其配送成本仅占销售额的 2%,远低于同行业水平,同时利用专用卫星实现全球店铺的信息传送与运输车辆的定位及联络,同时在公司 5 500 辆运输卡车上装备卫星定位系统(GPS),每辆车的位置、装载货物、目的地皆可实时查询,可合理安排运量和路程,最大限度地发挥运输潜力。

国际性速递公司 FedEx 应用实时跟踪系统,每日处理全球 200 多个国家的近 250 万件包裹,确保 JIT-D 能够达到 99% 的成功率。

UPS 创建的全国无线通信网络,可把实时跟踪的信息从卡车传送到公司中央电脑中,将每天上百万笔递送业务存储为电子数据,其开发的供应商管理系统,可以使客户通过 UPS 信息系统对国外供应商的订单履行状态进行在线跟踪,其建立的 www.ups.com,可为顾客提供全方位的服务。

(二)日本智慧物流发展现状

1.总体现状

日本物流业几十年的发展过程,经历了开始的以生产为出发点,后来以市场营销为出发点,再后来从消费者的角度推进物流发展。在当今信息化时代,日本物流充分发挥第三方物流的作用,以现代物流技术为支撑,重视精细物流的发展,物流配送社会化程度高,物流信息系统发达。

2.先进物流技术及应用现状

现代技术装备是日本物流企业占据制高点的关键所在,主要包括:物流系统的信息化,如进出口报单无纸化、一条龙服务,物流电子数据交换技术;物流系统的标准化;软件技术和物流服务的高度融合,物流行业充分利用电子信息化手段来实现物流全过程的协调、管理和控制,实现从网络前端到最终客户端的所有中间服务的过程管理;通过实现企业之间、管理信息系统之间及资金流、物流和信息流之间的无缝连接,为供应链的上下游企业提供一种透明的可视性功能,帮助企业最大限度地控制和管理物流的全过程,实现物流低成本高效率的目标。

在日本,几乎所有的物流企业都充分利用当今最新的物流技术来开展物流服务业务。比如,日本大型物流企业或从事长途运输的货运车辆都安装了全球定位系统(GPS),不仅便于企业实时掌握车辆所处位置,随时调度就近车辆应付客户的紧急需求,还有利于客户及时了解服务的进展和动态。

除此之外,近年来日本大规模物流设施增幅明显,与传统设施只具有保管功能不同,其具备了高效率的分拣功能,能够实现快速配送。

(三)欧洲智慧物流发展现状

1.总体现状

欧洲在物流产业上具有明显的特色,科技进步尤其是 IT 技术的发展及相关产业的合并联盟,促进了欧洲物流业的快速发展。在过去的几年中,欧洲物流市场一直在增长,潜在市场达 1 910 亿美元,特别是第三方物流市场发展迅猛,服务收入占物流总收入的24.42%。随着国际物流的不断发展,其物流业也在重组,但是与美国和日本相比,欧洲的智慧物流发展相对缓慢。

2. 先进物流技术及应用现状

目前的智慧物流先进物流技术及应用,以法国代表性企业为例,主要实现的是有效的物流过程控制和信息传输。

世界上最大的汽车配件供应商之一 Faurecioa 公司建立的 EX WORD 模式,通过对分散的供应商进行集成管理、优化,促使每个产品形成一个标准或流程,使公司物流管理费用在营业额中所占的比重下降到4.3%,大大提高了对市场的反应速度;全球领先的运输公司 KN 自行开发的全程物流信息系统,分为六个渐进的层次提供信息服务,包括跟踪集装箱、确定订货单位置、跟踪每个货物、优化物流服务、物流配送等,同时信息系统能够做到传导图像资料,如发票、过关资料等。在没有轮船、汽车、飞机的情况下,公司通过应用该系统,对世界各地的物流资源进行有效组织利用,使公司的空运和海运达到全球领先地位。

三、国内智慧物流发展状况

（一）智慧技术应用现状

以物联网、云计算、大数据等为代表的智慧技术也已经开始在我国进行了广泛的应用,并已经显现成效。

但由丁各种因素的影响,物流产业目前在我国仍然是智慧技术应用的"洼地",中国物联网应用市场结构调查显示,物流应用仅占相关产业规模的3.4%。智慧技术在智慧物流领域的应用还有巨大的发展空间。智慧技术应用主要包括物联网技术、大数据技术等。

1. 物联网技术应用现状

（1）感知技术应用状况

在物流信息化领域,我国应用最普遍的物联网感知技术为 RFID 技术,占38%,目前 RFID 技术在各大物流公司已经迈出了一大步;其次是GPS/GIS 技术,占32%;视频与图像感知技术居第三位,占9%;传感器感知技术居于第四位,不到4%;其他感知技术在物流领域也有应用,不足4%。各类感知技术在物流领域的应用情况如图9-1所示。

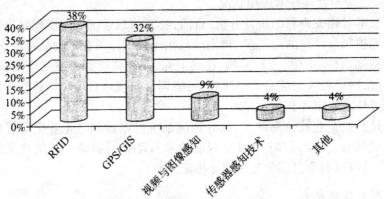

图 9-1　各类感知技术在物流领域的应用情况

根据对相关资料的统计分析,多项感知技术集成应用的情况也较多,如 RFID 技术与传感器技术结合、GPS/GIS 技术与 RFID 技术结合、车载视频与 GPS 技术结合等。

（2）网络与通信技术应用状况

目前,在物流公司面对大范围的物流作业时,由于货物分布在全国各地,并且货物在实时移动过程中,因此,物流的网络化信息管理往往借助于互联网系统与企业局域网相结合应用,但也有企业全部采用局域网技术。在物流中心,物流网络往往基于局域网技术,也采用无线局域网技术,组建物流信息网络系统。

在数据通信方面,往往是采用无线通信与有线通信相结合,新的物流信息系统还大量采用了 4G 通信技术等先进的技术手段。根据对物流信息化案例的不完全统计,采用互联网技术的占 68%,采用局域网技术的占 63%,采用无线局域网技术的占 24%,有的系统采用多种网络技术,如图 9-2 所示。

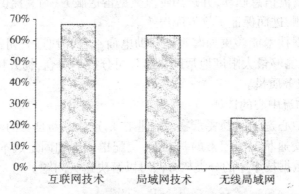

图 9-2　各类网络技术在物流行业应用情况

（3）智能管理技术应用状况

根据对相关资料的统计分析，目前，物流信息系统能够实现对物流过程智能控制与管理的还不多。物流信息化还仅仅停留在对物品自动识别、自动感知、自动定位、过程追溯、在线追踪、在线调度等一般的应用，离数据挖掘、网络融合与信息共享优化、智能调度与线路自动化调整管理等智能管理技术应用还有很大差距。

只是在企业物流系统中，部分物流系统可以做到与企业生产管理系统无缝结合，智能运作；部分全智能化和自动化的物流中心的物流信息系统，可以做到全自动化与智能化物流作业。

2. 大数据技术

大数据技术能够让物流企业做到有的放矢，甚至可以做到为每一个客户量身定制符合他们自身需求的服务，从而颠覆整个物流业的运作模式。但是大数据技术在国内智慧物流领域应用还处在起步阶段，有更广阔的发展空间。

目前，大数据技术在物流企业中的应用主要包括以下几个方面。

（1）市场预测

依靠数据挖掘及分析，大数据技术能够帮助企业完全勾勒出其客户的行为和需求信息，通过真实而有效的数据反映市场的需求变化，从而对产品进入市场后的各个阶段做出预测，进而合理地控制物流企业的库存和安排运输方案，提高服务质量。

以天猫为例，大数据技术的应用主要来自天猫与菜鸟网络的合作。在 2014 年的"双十一"期间，菜鸟网络根据历史数据，以及当年参与"双十一"活动的商家名单、备货量等信息进行了综合的数据分析预测。由于菜鸟网络早已提前掌握了大数据技术，用于指导商家、物流快递公司、消费者的物流信息联动，并运用物流数据雷达服务，为其提供详细的区域和网点预测，进而保证了物流配送效率。

大数据技术能够更加客观地帮助电商平台和快递公司做决策，优化物流体系，能够最大限度地帮助快递公司分拨不爆仓，提升快递"最后一公里"的服务质量。

（2）物流中心的选址

物流中心选址问题要求物流企业在充分考虑到自身的经营特点、商品特点和交通状况等因素的基础上，使配送成本和固定成本等之和达到最小。大数据技术中的分类树方法可以解决这类问题。

（3）优化配送线路

配送线路的优化是一个典型的非线性规划问题，它一直影响着物流企业的配送效率和配送成本。物流企业运用大数据来分析商品的特性和规格、客户的不同需求（时间和金钱）等问题，从而用最快的速度对这些影响配送计划的因素做出反应（比如选择哪种运输方案、哪种运输线路等），制定最合理的配送线路。而且企业还可以通过配送过程中实时产生的数据，快速地分析配送路线的交通状况，对事故多发路段做出预警。

精确分析配送整个过程的信息，使物流的配送管理智能化，提高了物流企业的信息化水平和可预见性。

（4）仓库储位优化

合理地安排商品储存位置对于仓库利用率和搬运分拣的效率有着极为重要的意义。对于商品数量多、出货频率快的物流中心，储位优化就意味着工作效率和效益。哪些货物放在一起可以提高分拣率，哪些货物适合存储的时间较短，大数据技术中的关联模式法能够分析商品数据之间的相互关系，以便合理地安排仓库位置。

（二）智慧物流公共信息平台建设现状

1. 总体现状

我国学者对现代物流公共信息平台的研究起步较晚，但是随着各级政府对现代物流公共信息平台建设的重视，以及物流行业发展对现代物流公共信息平台建设的要求，近几年在平台研究上取得了一系列成果。

我国关于现代物流公共信息平台的研究多集中于平台功能、体系结构和技术应用方面，并简单研究了平台的层次级别和运营模式。但是有关研究多处于理论层面，成果缺乏转化能力。而对于具体的运营模式缺乏足够的关注和分析，不利于平台建设运营，影响了平台的运营效率和效益，不能体现出平台的支撑服务作用。

因此，针对现有研究的不足，有必要在认识平台功能需求的基础上研究平台的运营模式，实现现代物流公共信息平台的可持续运营。

我国最具有代表性的现代物流公共信息平台案例主要包括：国家交通运输物流公共信息平台（LOGINK）、山东交通物流公共信息平台和阿里巴巴物流服务平台。

物流公共信息平台发展从功能设置上看，各地物流信息平台的功能设置呈多样化特征，但以电子商务和数据交换作为核心功能的平台居多，均占到平台总数的三成以上，各地物流市场对物流信息平台电子商务服务和数据交换服务的需求也最为集中；从服务对象上看，各地物流信息平台规划设计服务对象以物流企业为主，其中物流园区占比较高，但是平台的智慧性还是有很大提升空间的。

2. 代表企业发展现状

为满足企业、用户不同物流信息化需求，代表性的物流信息服务平台各具特色，有致力于打造第四方物流，专为中小物流企业提供会员服务与管理服务的平台，如上海"物流汇"；有致力于打造既可以为用户提供"一站式"集成化的物流信息与交易服务、增值服务及云服务的智慧物流平台，如成都物流公共信息平台；也有致力于为天猫、淘宝平台上的电商提供基础设施和数据云服务的电子商务平台，如"聚石塔"。

3. 不足与展望

目前，我国智慧物流服务平台初步实现了物流信息的发布、共享、交易撮合及简单的增值服务，但就物流信息化水平而言，多数平台在技术及功能方面还远未达到智慧物流的水平，缺乏有效的产品和技术支撑，应用功能大多停留在信息发布，且发布的信息缺乏有效审核、监管等。平台作用发挥受限、落地难，平台"叫好不叫座"，因此我国的智慧物流公共信息服务平台建设仍然处在雏形阶段。先进的物联网及云计算技术还未充分应用，如何实现运输透明化、路径最优化、配送智能化及管理和决策的科学化等，还是现代物流发展的短板。

第二节　大数据技术的发展现状与应用

一、大数据技术概述

大数据是一个较为抽象的概念，正如信息学领域大多数新兴概念，不同的行业对于大数据的定义不尽相同。

麦肯锡（美国首屈一指的咨询公司）是研究大数据的先驱。在其报告 *big data: The next frontier for innovation, competition and productivity* 中给出的大数据定义是：大数据指的是大小超出常规的数据库工具获取、存储、管理和分析能力的数据集。但它同时强调，并不是说一定要超过特定 TB 值的数据集才能算是大数据。

国际数据公司（IDC）从大数据的四个特征来定义，即数据体量巨大

（volume）、数据生成和处理的速度快（velocity）、数据类型繁多（variety）、数据价值密度低（value）。

亚马逊（全球最大的电子商务公司）的大数据科学家John Rauser给出了一个简单的定义：大数据是任何超过了一台计算机处理能力的数据量。

维基百科中只有短短的一句话："巨量资料（big data），或称大数据，指的是所涉及的数据量规模巨大到无法通过目前主流软件工具，在合理时间内达到撷取、管理、处理并整理成为帮助企业经营决策更积极目的的资讯。"

本书对于大数据的定义为：大数据是在多样的或者大量数据中，迅速获取有价值信息的能力。大数据是指无法用现有的软件工具提取、存储、搜索、共享、分析和处理的海量的、复杂的数据集合。它不仅包含了海量数据和大规模数据，而且还包括更为复杂的数据类型。在数据处理方面，数据处理的响应速度由传统的周、天、小时降为分、秒的时间处理周期，需要借助云计算、物联网等技术降低处理成本，提高处理数据的效率。

大数据技术是基于云计算的数据处理与应用模式，是可以通过数据的整合共享，交叉复用形成的智力资源和知识服务能力，是可以应用合理的数学算法或工具从中找出有价值的信息，为人们带来利益的一门新技术。大数据核心问题的解决需要大数据技术。大数据领域已经涌现出大量新的技术，它们成为大数据采集、存储、处理和呈现的有力武器。

今后，大数据技术将在多个领域得到发展应用，大数据技术在我国物流领域的应用，有利于整合物流企业，实现物流大数据的高效管理，从而降低物流成本，提升物流整体服务水平，满足客户个性化需求。

（一）大数据的基本特征

大数据通常是指数据规模大于10 TB以上的数据集。它除了具有典型的4V特征（volume、velocity、variety、value），即体量巨大、类型繁多、价值密度低、处理速度快的特征外，还具有数据采集手段的智能化、数据预测分析的精准化等特点，如图9-3所示。

1. 数据体量巨大

大数据最显著的特征是数据量巨大，一般关系型数据库处理的数据量在TB级，大数据所处理的数据量通常在PB级以上。随着信息化技术的高速发展，数据呈现爆发性增长的趋势，如图9-4所示。导致数据规模激增的原因有很多。首先是随着互联网的广泛应用，使用网络的人、企业、机构增多,数据获取、分享变得相对容易;其次是随着各种传感器数据获取能力的大幅提高,使得人们获取的数据越来越接近原始事物本身,描述同一事物的数据量激增。社交网络(微博、Twitter、Facebook 等)、移动设备、车载设备等都将成为数据的来源,数据来源的广泛必将带来巨大的数据量。

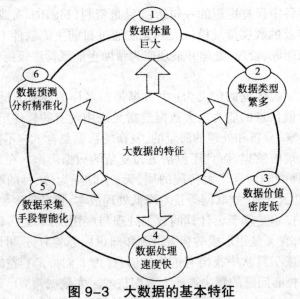

图 9-3 大数据的基本特征

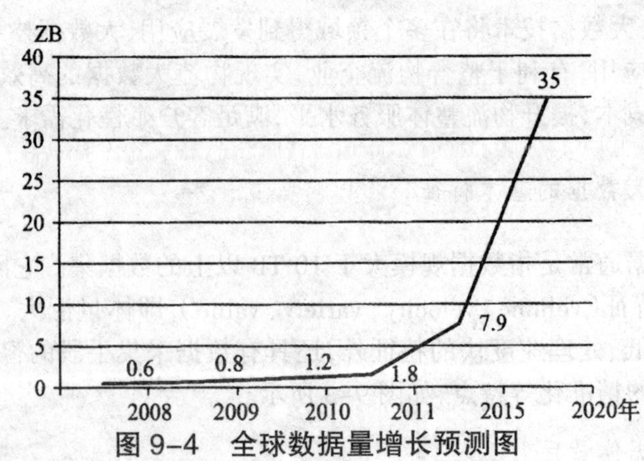

图 9-4 全球数据量增长预测图

2. 数据类型繁多

大数据所处理的计算机数据类型早已不是单一的文本形式或者结构化数据库中的表,它包括订单、日志、博客、微博、音频、视频等各种复杂结构的数据。大数据环境下的数据类型分为结构化数据、半结构化数据、非结构化数据。以最常见的 Word 文档为例,最简单的 Word 文档可能只有寥寥几行文字,但也可以混合编辑图片、音乐等内容,成为一份多媒体的文件,来增强文章的感染力。这类数据通常称为非结构化数据。与之相对应的另一类数据,就是结构化数据。这类数据可以简单地理解成表格里的数据,每一条都和另外一条的结构相同。每个人的工资条依次排列到一起,就形成了工资表。与传统的结构化数据相比,大数据环境下存储在数据库中的结构化数据仅约占 20%,而互联网上的数据,如用户创造的数据、社交网络中人与人交互的数据、物联网中的物理感知数据等动态变化的非结构化数据占到 80%。数据类型繁多、复杂多变是大数据的重要特性。

3. 数据价值密度低

大数据中有价值的数据所占比例很小,大数据的价值性体现在从大量不相关的各种类型的数据中,挖掘出对未来趋势与模式预测分析有价值的数据。数据价值密度低是大数据关注的非结构化数据的重要属性。大数据为了获取事物的全部细节,不对事物进行抽象、归纳等处理,直接采用原始的数据,保留了数据的原貌。由于减少了采样和抽象,呈现所有数据和全部细节信息,可以分析更多的信息,但也引入了大量没有意义的信息,甚至是错误的信息,因此相对于特定的应用,大数据关注的非结构化数据的价值密度偏低。

以当前广泛应用的监控视频为例,在连续不间断监控过程中,大量的视频数据被存储下来,许多数据可能是无用的。但是大数据的数据价值密度低是指相对于特定的应用,有效的信息相对于数据整体是偏少的,信息有效与否也是相对的,对于某些应用是无效的信息对于另外一些应用则成为最关键的信息,数据的价值也是相对的。

4. 数据处理速度快

速度快是指数据处理的实时性要求高,支持交互式、准实时的数据分析。传统的数据仓库、商业智能等应用对处理的时延要求不高,但在大数据时代,数据价值随着时间的流逝而逐步降低,因此大数据对处理数据的响应速度有更严格的要求。实时分析而非批量分析,数据输入处理与丢弃要立刻见效,几乎无延迟。数据呈爆炸的形式快速增长,新数据不断涌现,快速增长的数据量要求数据处理的速度也要相应地提升,才能使得大量的数据得到有效的利用,否则不断激增的数据不但不能为解决问题带来优势,反而成了快速解决问题的负担。数据的增长速度和处理速度是大数据高速性的重要体现。

5. 数据采集手段智能化

大数据的采集往往是通过传感器、条码、RFID 技术、GPS 技术、GIS 技术、Web 搜索等智能信息捕捉技术获得所需的数据,这体现了大数据采集手段智能化的特点,与传统的人工搜集数据相比更加的快速,获取的数据更加完整真实。通过智能采集技术可以实时、方便、准确地捕捉并且及时有效地进行信息传递,这将直接影响整个系统运作的效率。

6. 数据预测分析精准化

预测分析是大数据的核心所在,大数据时代下预测分析已在商业和社会中得到广泛应用,预测分析必定会成为所有领域的关键技术。通过智能数据采集手段获得与事物相关的所有数据,包括文字、数据、图片、音视频等类型多样的数据,利用大数据相关技术对数据进行预测分析,得到精准的预测结果,从而可以对事物的发展情况做出准确的判断,获得更大的价值。

(二)大数据技术数据处理的基本环节

大数据来源于互联网、企业、物联网等系统,用于支撑企业决策或业务的自动智能化运转。目前大数据已广泛应用于医疗、娱乐、金融业、商业服务、运输物流业、通信、工程建设等诸多领域。大数据的成功应用,要经过数据捕捉、数据存储管理、数据计算处理、数据挖掘分析、数据知识展现五个主要环节,如图 9-5 所示。

1. 数据捕捉环节

主要是从本地数据库、互联网、物联网等数据源导入数据,包括数据的提取、转换和加载(Extract Transform Load, ETL)。大数据的来源多种多样,既包括企业 CRM/ERP 等内部数据库、网页索引库或 SNS 等公众互联网,也可包括传感网或 M2M 等物联网,不仅数量庞大,而且更加参差不齐、杂乱无章。这就要求系统在采集环节能够对数据去粗取精,同时还能尽可能保留原有语义,以便后续分析时参考。

2. 数据存储管理环节

数据的存储、管理是数据处理的两个细分环节,这两个细分环节之间的关系极为紧密。数据管理的方式决定了数据的存储格式,而数据如何存储又限制了数据分析的广度和深度。除了对海量异构数据进行高效率的存储之外,还要适应多样化的非结构化数据管理需求,具备数据格式上的可扩展性并且能够提供快速读写和查询功能。

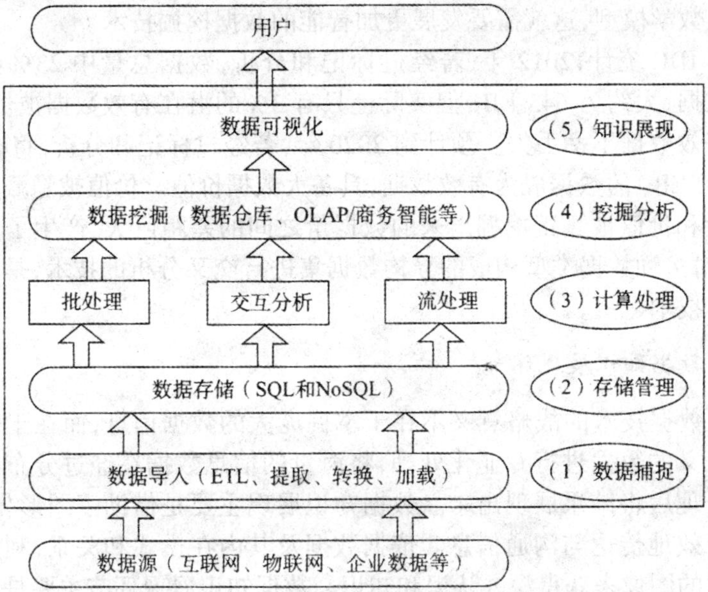

图 9-5　大数据技术数据处理框架

3. 数据计算处理环节

　　该环节需要根据处理的数据类型和分析目标,采用适当的算法模型快速处理数据。海量数据处理要消耗大量的计算资源,就传统单机或并行计算技术来说,速度、可扩展性和成本上都适应不了大数据的新需求。分布式计算成为大数据的主流计算机构,但在实时性方面还需要大幅度提升。

　　由于数据的价值会随着时间的推移不断减少,实时性成了大数据处理的关键。而数据规模巨大、种类繁多、结构复杂,使得大数据的实时处理极富挑战性。数据的实时处理要求实时获取数据,实时分析数据,实时绘制数据,任何一个环节慢都会影响系统的实时性。

　　当前,互联网络及各种传感器快速普及,实时获取数据难度不大,而实时分析大规模复杂数据是系统的瓶颈,也是大数据领域亟待解决的核心问题。

4. 数据挖掘分析环节

　　此环节需要从纷繁复杂的数据中发现规律,提取新的知识,是大数据体现价值的关键。传统数据挖掘对象多是结构化、单一对象的小数据集,挖掘更侧重根据先验知识预先人工建立模型,然后依据既定模型进行分析。对于非结构化、多源异构的大数据集的分析,往往缺乏先验知识,很难建立数学模型,这就需要发展更加智能的数据挖掘技术。

据 IDC 统计,2012 年,若经过标记和分析,数据总量中 23% 将成为有效数据,大约为 643 EB;但实际上只有 3% 的潜在有效数据被标记,大量的有效数据不幸丢失。预计到 2020 年,若经过标记和分析,将有 33%(13 000 EB)的数据成为有效数据,具备大数据价值。价值被隐藏起来的数据量和价值被真正挖掘出来的数据量之间的差距巨大,产生了大数据鸿沟,对多种数据类型构成的异构数据集进行交叉分析的技术,是大数据的核心技术之一。

5. 数据知识展现环节

大数据技术的战略意义不在于掌握庞大的数据信息,而在于对这些含有意义的数据进行专业化处理,将海量的信息数据在经过分布式数据挖掘处理后将结果展现出来。数据知识展现主要是借助于图形化手段,清晰有效地传达与沟通信息。依据数据及其内在模式和关系,利用计算机生成的图像来获得深入认识和知识。数据知识展现环节主要是以直观的便于理解的方式将分析结果呈现给用户,进而通过对数据的分析和形象化,利用大数据能够推导出量化计算结论,同时应用到行业中去。

二、大数据技术的基本思想

大数据是继云计算之后抢占市场制高点的又一领地,它既是社会经济高度发展的结果,也是信息技术发展的必然。大数据开启了一次重大的时代转型,正在改变生活及理解世界的方式,它是一场生活、工作与思维的大变革。大数据的出现,使得通过数据分析可以预测事物发展的未来趋势,探索得知事物发展的规律。大数据将逐渐成为现代社会基础设施不可或缺的一部分,在社会、经济等各个领域发挥越来越重要的作用。大数据时代,数据成为越来越有用的资源,大数据技术的基本思想主要体现在以下三个方面,如图 9-6 所示。

(一)由分析随机样本转变为分析全体数据

在小数据时代,由于记录、储存和分析数据的工具不够发达完善,只能收集少量数据进行分析,信息处理能力受到一定的限制,只能随机抽样进行分析,抽样的目的就是用最少的数据获得最多的信息。

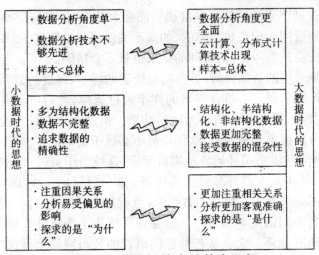

图9-6 大数据技术的基本思想

　　苹果公司的传奇总裁乔布斯在与癌症斗争的过程中采用了不同的方式,成为世界上第一个对自身所有 DNA 和肿瘤 DNA 进行排序的人。他得到的不是一个只有一系列标记的样本,而是包括整个基因密码的数据文档。乔布斯的医生们能够基于乔布斯的特定基因组成,按所需效果用药。如果癌症病变导致药物失效,医生可以及时更换另一种药。乔布斯曾说我要么是第一个通过这种方式战胜癌症的人,要么就是最后一个因为这种方式死于癌症的人。虽然他的愿望都没有实现,但是这种获得所有数据而不仅是样本的方法还是将他的生命延长了好几年。

　　此外,谷歌流感趋势预测也不是依赖于对随机样本的分析,而是分析了整个美国几十亿条互联网检索记录。分析整个数据库,而不是对一个样本进行分析,能够提高微观层面分析的准确性,甚至能够推测出某个特定城市的流感状况,而不只是一个州或是整个国家的情况。因此在大数据时代,需要放弃样本分析这种方法,选择收集全面而完整的数据;需要足够的数据处理和存储能力,也需要最先进的分析技术。

　　在大数据时代,随着数据分析技术的不断提高,可处理的数据量大大增加,对事物理解的角度将比以前更大更全面,分析更多甚至所有的数据,不再依赖于随机抽样。大数据技术就是指不采用随机分析方法而采用所有数据的方法。在大数据时代由分析随机样本转变为分析全体数据。

（二）由追求数据精确性转变为接受数据混杂性

　　过度注重精确性是小数据时代的特点。对"小数据"而言,最基本、最重要的要求就是减少错误,保证质量。因此收集的信息量比较少,所以必须保证记录下来的数据尽量准确。而在大数据时代只有5%的数据是结构化且能适用于传统数据库的,如果不关注混杂的数据,95%的非结构化数据都无法被利用,分析得到的结果也就不会精确。

小数据时代的数据分析,更多的是精确的样本、深度的数据挖掘,"精确"就是其代名词。不符合规格的样本被过滤掉,然后再深度挖掘数据字段间的关系,得出几个精确无比的结果。但是大数据更多的是通过对各种数据分析得出某种趋势,这种趋势不必过于精确。

2006年,谷歌公司开始涉足机器翻译,这被当作实现"收集全世界的数据资源,并让人人都可享受这些资源"这个目标的一个步骤。谷歌翻译开始利用一个更大更繁杂的数据库,也就是全球的互联网,而不再只利用两种语言之间的文本翻译。谷歌翻译系统为了训练计算机,会吸收它能找到的所有翻译。它会从各种各样语言的公司网站上寻找对译文档,还会去寻找联合国和欧盟这些国际组织发布的官方文件和报告的译本。它甚至会吸收速读项目中的书籍翻译。因此较其他翻译系统而言,谷歌的翻译质量相对而言是最好的,而且翻译的内容更多。谷歌翻译之所以更好并不是因为它拥有一个更好的算法机制。和微软的班科和布里尔一样,这是因为谷歌翻译系统增加了很多各种各样的数据。

相比依赖于小数据和精确性的时代,大数据因更强调数据的完整性和混杂性,使得事情的真相更加清晰。因此只有接受数据的不精确性和完整性,才能发现事物的真相。

(三)由注重因果关系转变为注重相关关系

在小数据时代,因果关系对事物的发展起着很关键的作用,但在大数据背景下,相关关系发挥的作用更大。通过应用相关关系,使得对事物的分析更容易、更快捷、更清楚。通过寻找相关关系,可以更好地捕捉现在的状态和预测未来的发展状况。如果A和B经常一起发生,我们只需要注意到B发生了,就可以预测A也发生了。这有助于我们捕捉可能和A一起发生的事情,即使我们不能直接测量或观察到A。更重要的是,它还可以帮助人们预测未来能发生什么。

沃尔玛公司是世界上最大的零售商,拥有超过200万的员工,年销售额约4 500亿美元,比大多数国家的国内生产总值还多。在20世90年代,零售链通过把每一个产品记录为数据而彻底改变了零售行业。沃尔玛公司通过对历史交易记录这个庞大的数据库进行观察,深入分析每一个顾客的购物清单、消费额、购物篮中的物品、具体的购买时间甚至购买当日的天气,发现了其中有趣的相关关系。沃尔玛公司注意到,每当在季节性飓风来临之前,不仅手电筒销售量增加了,而且蛋挞的销量也增加了。因此当季节性飓风来临时,沃尔玛会把库存的蛋挞放在靠近飓风用品的位置,以方便行色匆匆的顾客,也增加了销量。

因此在大数据时代相关关系已被证明大有用途,建立在相关关系分析法基础上的预测是大数据的核心,大数据相关关系分析法更准确、更快,而且不易受偏见的影响。大数据时代探求的是事物本身而不是事物背后的原因,相关关系使事物更加清晰地呈现。

三、大数据技术组成

根据大数据技术处理的五个主要环节,大数据处理关键技术包括大数据捕捉技术、大数据存储管理技术、大数据处理技术、大数据预测分析技术、大数据可视化技术五类技术,其中大数据捕捉技术是其他技术应用的基础,如图 9-7 所示。

图 9-7 大数据关键技术组成

(一)大数据捕捉技术

大数据捕捉是指通过社交网站、搜索引擎、智能终端等方式获得的包括普通文本、照片、视频、位置信息、链接信息等类型多样的海量数据。数据捕捉环节是大数据预测分析的根本,是大数据价值挖掘最重要的一环,其后的集成、分析、管理都构建于数据捕捉的基础之上。大数据捕捉技术包括条码技术、RFID 技术、GPS/GIS 技术、Web 搜索、社交媒体等技术。

（二）大数据存储管理技术

大数据存储管理是用存储器把采集到的数据存储起来，建立相应的数据库，并进行管理和调用。大数据存储系统不仅需要以极低的成本存储海量数据，还要适应多样化的非结构化数据管理需求，具备数据格式上的可扩展性。大数据存储管理技术包括云存储技术、SQL/NoSQL 技术、分布式文件系统等。云存储技术是通过集群应用、网络技术或分布式文件系统等，将网络中大量各种不同存储设备集合起来协同工作，共同对外提供数据存储和业务访问功能的一个系统。

NoSQL 技术是通过不断增加服务器节点从而扩大数据存储容量的技术。分布式文件系统可以使用户更加容易访问和管理物理上跨网络分布的文件，可实现文件存储空间的扩展及支持跨网络的文件存储。

（三）大数据处理技术

大数据处理技术主要完成对已接收数据的辨析、抽取、清洗等操作。因获取的数据可能具有多种结构和类型，数据抽取过程可以将复杂的数据转化为单一的或者便于处理的构型，以达到快速分析处理的目的。大数据处理技术包括批处理技术、交互式处理技术、流式处理技术。批处理技术适用于先存储后计算，实时性要求不高，同时数据的准确性和全面性更为重要的情况。

流式数据处理是对实时数据进行快速的处理。交互式数据处理是操作人员和系统之间存在交互作用的信息处理方式，具有数据处理灵活、直观、便于控制的特点。

（四）大数据预测分析技术

大数据预测分析技术除了对数量庞大的结构化和半结构化数据进行高效率的深度分析、挖掘隐性知识外，还包括对非结构化数据进行分析，将海量复杂多元的语音、图像和视频数据转化为机器可识别的、具有明确语义的信息，进而从中提取有用的知识。

大数据预测分析技术包括关联预测分析、聚类预测分析及联机预测分析。关联预测分析是一种简单、实用的分析技术，用来发现存在于大量数据集中的关联性或相关性，从而描述事物中某些属性同时出现的规律和模式。聚类预测分析是一组将研究对象分为相对同质的群组的统计分析技术，是一种探索分析技术。联机预测分析是处理共享多维信息的、针对特定问题的联机数据访问和联机分析处理的快速软件技术。

（五）大数据可视化技术

数据可视化是把数据转换为图形的过程。通过可视化技术，大数据可以以图形、图像、曲线甚至动画的方式直观展现，使研究者观察和分析传统方法难以总结的规律。可视化技术主要分为文本可视化技术、网络可视化技术、时空数据可视化技术、多维数据可视化技术等。

文本可视化是将文本中蕴含的语义特征直观地展示出来，典型文本可视化技术是标签云，将关键词根据词频或其他规则进行排序，按照一定规律进行布局排列，用大小、颜色、字体等图形属性对关键词进行可视化。网络（图）可视化的主要内容是将网络节点和连接的拓扑关系直观地展示，H状树、圆锥树、气球图等都属于网络可视化技术。时空数据是指带有地理位置与时间标签的数据。时空数据可视化重点对时间与空间维度及与之相关的信息对象属性建立可视化表征，对与时间和空间密切相关的模式及规律进行展示，流式地图是一种典型的时空数据可视化技术。多维数据指的是具有多个维度属性的数据变量，常用的多维可视化技术有散点图、投影、平行坐标等。

四、大数据技术在物流领域的应用分析

大数据技术应用指的是从多种渠道中收集电子信息并进行应用分析，从而识别发展模式、趋势及其他智能信息。这种分析会帮助行业识别那些已经发生但不易被察觉的信息，也会帮助行业预测未来将要发生的情况。大数据技术在物流领域中的应用需要依靠相关技术的进步和提升，同时还要有掌握相关技术的人才及相关的软件及硬件基础设施。

大数据技术在物流领域的应用流程如图9-8所示，从图中可知大数据最终应用于物流领域，需要前期数据的收集、分发处理、汇总及与物流系统的融合，整个过程都可能会对物流领域的活动产生重大影响。

基于大数据技术在物流领域的应用流程，下面将从宏观层面商物管理、中观层面物流供应链管理、微观层面物流业务管理三个方面，分析大数据技术在物流领域的应用情况，以使得物流业可以提供更加优质高效的服务，实现物流业的一体化、智慧化、协同化发展。

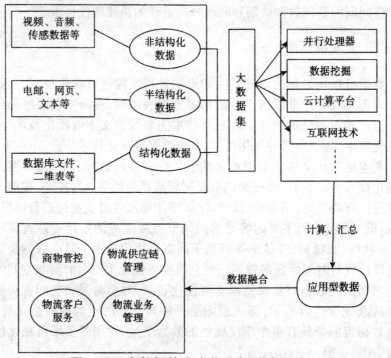

图 9-8　大数据技术在物流领域应用流程

（一）大数据技术在智慧物流商物管控中的应用分析

　　大数据背景下智慧物流商物数据包括智慧物流大宗商品数据和智慧物流零售商品数据。大宗商品数据是指大宗商品在智慧物流过程中产生的相关物流数据。零售商品数据主要包括零售商品在运输、仓储、配送等物流环节产生的相关数据，如零售商品本身的数据、生产销售商的数据、客户需求数据等。

　　运用大数据技术采集捕捉商品的品类数量、流量流向、需求分配、生产厂商、供应商等数据，对这些数据加以分析挖掘，实现对商品货物在业务方面、管理控制方面及应用方面的服务。

　　在业务方面，根据商品的类型可为客户提供食品类物流服务、五金类物流服务、化工类物流服务等。根据货物的性质，可以为客户提供针对普通货物和特殊货物的服务。根据产品的类型可以为客户提供工业商物物流服务和农业商物物流服务。

　　在管理控制方面，可以实现对商物核心节点及商物通道的管控，区分哪些节点是枢纽型节点，哪些节点是资源型节点，哪些节点是加工型节点及哪些节点是综合型节点，同时对涉及商物的基础设施网络、能力网络、信息网络、组织网络实现管理控制。

在应用服务方面,可以通过对一系列数据的预测分析,进一步实现货物的流量流向预测、流量调控、流向分布分析,线路优化选择及运输方式选择等方面的管控。

(二)大数据技术在智慧物流供应链管理中的应用分析

供应链是物流的扩展和延伸,物流供应链主要涉及采购物流、生产物流、销售物流等物流环节,在各个环节会产生海量的数据。采购物流数据主要指包括原材料等一切生产物资的采购、进货运输、仓储、库存管理、用料管理和供应管理过程中产生的数据,主要包括供应商基本数据、采购计划数据、原料运输数据、原料仓储数据、采购成本数据。

销售物流数据是指生产企业、流通企业出售商品时,物品在供方与需方之间的实体流动的过程中所产生的数据,主要包括销售计划数据、包装数据、仓储数据、运输配送数据、装卸搬运数据、流通加工数据、订单数据、销售网络数据等。生产物流数据是生产工艺中的物流活动中产生的数据,主要包括生产计划数据、生产成本数据、生产原料数据、生产状态数据。这些数据中既包括数据库、二维表等结构化数据,网页、文本文件等半结构化数据,也包括视频、音频等非结构化数据。

在大数据背景下,运用大数据技术对数据进行采集捕捉、存储管理、计算处理、分析挖掘,进而应用于智慧物流供应链管理中,可以为客户提供包括核心业务服务、辅助业务服务及增值业务服务等多样化的供应链物流服务。下面简要介绍核心业务和辅助业务。

1.核心业务

核心业务主要是针对采购物流、生产物流、销售物流等物流环节。采购物流环节,主要是根据系统平台已有信息,由大数据驱动选择合适的供应商并提出采购需求,供应商按照采购要求的时间和配送方式完成配送;生产物流环节,利用智慧物流关键技术,对生产过程的物料管理、物流作业、物流系统状态监控等物流活动和信息进行组织与控制等;销售物流是物流供应链的最后一个环节,该环节在智慧物流情境下,货物的信息被自动感知设备感知,销售出货品,货架能够自动识别并向系统报告该货物的移动情况,使用者通过货物标签接入系统,也可以获得关于货物的所有信息。

2. 辅助业务

辅助业务主要针对加工和流通环节,大数据技术的应用可以对该环节实现全程控制,提供实时服务。增值业务环节主要是根据大数据分析,为客户提供资源整合、物流供应链优化延伸、物流供应链集成等方面的服务。

在大数据背景下,通过对信息流、物流、资金流的控制,从采购原材料开始,再到生产,最后由销售网络把产品送到消费者手中,为客户提供优质、高效、全方位的服务,最终实现物流供应链的一体化。

(三)大数据技术在智慧物流业务管理中的应用分析

智慧物流业务数据包括运输数据、仓储数据、配送数据、包装加工数据、装卸搬运数据等。

(1)运输业务作为智慧物流的核心业务,其进行过程中的数据较多。按照其作用的不同,分为运输基础数据、运输作业数据、运输协调控制数据和运输决策支持数据等。

(2)仓储业务是智慧物流业务中的静态业务,主要业务内容是将产品及相关信息在进行分类、挑选、整理、包装加工等生产活动后,集中到相应空间进行保存的过程。仓储业务数据可以分为仓储基础数据、仓储作业数据、仓储协调控制数据和仓储决策支持数据。

(3)配送是物流的最后一个环节,在智慧物流中,可以实现动态地配送,利用物联网等先进技术及时获得交通信息、用户需求等因素的变化情况,制订动态的配送方案,完成高效率、高品质的配送。配送数据就是在这个过程中产生的数据,可以分为配送基础数据、配送作业数据、配送协调控制数据和配送决策支持数据。

在智慧物流中,除了运输、仓储和配送这三大核心业务之外,还有包装、流通加工和装卸搬运这三个辅助业务。根据数据的作用不同,可以将其分成其他业务基础数据、其他业务作业数据、其他业务协调控制数据和其他业务决策支持数据。

在物流业务过程中,采用 RFID、GPS/GIS、传感器等智能终端完成海量数据的采集捕捉,运用大数据存储管理技术实现大数据的管理,通过云计算、并行处理器、互联网技术对数据进行计算处理分析,得出最优的解决方案,从而实现智能运输、自动仓储、动态配送和信息控制核心业务的管理。

智能运输可以实现实时运输路线追踪、货物在途状态控制和自动缴费等功能,极大限度地提高了货物运输的安全性和智能性;自动仓储能够对货物验收、入库、定期盘点和出库等环节实现自动化和智能化,并在提供货物保管服务的同时监控货物状态;动态配送可以根据及时获得的交通条件、价格因素、用户数量及分布和用户需求等因素的变化情况,对其考虑、制订动态的配送方案,在提高配送效率的同时提高服务品质;智能信息控制的应用可进一步提高整个物流的反应速度和准确度。

除此之外,大数据背景下的智慧物流业务管理还要为客户提供增值的服务,如物流系统的设计与优化、物流决策支持、物流咨询等,最终达到一体化及信息化的管控服务。

通过分析大数据技术在智慧物流商物管控、智慧物流供应链管理、智慧物流业务管理不同层面的应用,明确了大数据背景下物流发展的方向和提供的服务内容。大数据技术的应用可以实现商物管控在时间、空间上的智能化,实现物流供应链管理的一体化,实现物流业务在智能运输、自动仓储、动态配送等方面的科学管理控制。

第三节　大数据背景下智慧物流的运营与服务模式

一、大数据背景下智慧物流运营框架设计

(一)大数据背景下一般企业发展模式

大数据技术为传统行业带来巨大的挑战和机遇。在大数据时代,需要对传统行业概念进行重新审视。大数据不仅仅是一种技术,更多的是一种思维方式。根据一般企业利用大数据思想的发展模式,分析总结其经历的三个阶段,具体如图9-9所示。

1. 数据原始积累

大数据的基础就是数据的积累。企业只有通过长期的日常运营,才能获得最原始、最真实的数据,完成原始积累。数据的积累符合"飞轮效益",即在积累的初期往往较为困难,很容易被忽视,而随着数据增长速度越来越快,累积数据量剧增,数据将成为企业的财富,成为未来发展的基石。这些数据具有不同数据类型,以格式化或非格式化的形式体现。

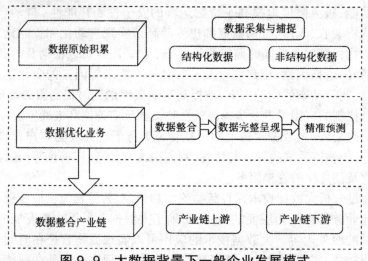

图 9-9 大数据背景下一般企业发展模式

2. 数据优化业务

（1）对数据进行整合

因为数据之和的价值远远大于数据的价值之和，分散的数据并不能产生价值，只有将这些数据进行整合，消除数据孤岛，才能用现有数据挖掘所在行业的潜力，真正展现数据的价值。

（2）数据完整呈现

在传统时代，企业的决策判断大部分基于经验。但在大数据时代，数据的积累和整合能将整个数据的场景完整地呈现出来，数据在整个行业里的流动过程、业务的衔接过程清晰透明。

（3）实现精准预测

根据数据的呈现，将传统业务进行整合，提高传统业务效率，实现对原有业务的优化，最终实现资源的最佳配置。

3. 数据整合产业链

数据不仅能够优化现有的业务，更大的价值在于数据能够成为新的生产要素，成为企业的核心资产。企业更加关注如何创造性地利用数据这一资产，挖掘出数据的最大价值，产生新的业务机会这一战略命题。当企业拥有了广泛的产业数据，不仅拥有了对本行业基本信息的掌握和洞察，更重要的是拥有了其他企业没有的生产资料。拥有了大数据的企业将成为该产业的主导者和规则的制定者。企业完全可以突破原有的行业疆域和边界，向行业以外扩展。从产业链的角度分析，企业可以实现向产业链上游的跃升,实现对产业链下游的控制,从而实现整条产业链的垂直整合。

（二）大数据背景下智慧物流运营流程

智慧物流的运营需要运用物流信息的捕捉技术、推送技术、处理技术、分析技术和预测技术等,在大数据背景下,智慧物流服务呈现出一体化、网络化、移动化、智能化等新特点。分析其运营的全过程,智慧物流运营流程主要包括数据采集、数据存储、数据应用、客户服务等环节,具体如图 9-10 所示。

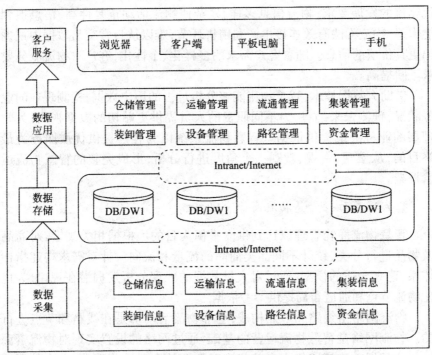

图 9-10　大数据背景下智慧物流运营流程

从图 9-10 可以看出,智慧物流的运营首先利用物流数据感知与采集工具,通过 RFID、GPS、GIS、红外传感器等技术采集物流现场数据,通过移动互联网、有线网络、卫星等与云计算中心进行即时的、分时的或离线的数据交流;然后通过网络将物流数据传递到数据中心,所传输的数据包括普通物流数据、物流管理数据、物流金融数据和物流设备数据,这些数据以格式化或非格式化的形式体现;通过虚拟化等技术实现物流数据的存储,运用数据分析、关联、挖掘等处理技术对数据进行计算、整合,对物流所需软件、设备、物资进行资源化管理、仓储管理、路径计算、运输管理、装卸管理甚至包括资金管理,并能够根据数据中心提供的数据整合掌握更加清晰的物流企业运营状态,为物流企业管理者掌握企业发展动态提供科学和翔实的数据。

企业能够通过客户端应用程序获取物流相关信息并发布对应的措施,物流客户能够通过普通的 PC 浏览器、平板电脑、手机的客户端查询物资流通的具体状态。

(三)大数据背景下智慧物流运营框架

传统物流体系具有成本高、效率低、决策缓等不足,早已不能满足现代物流的发展要求,物流信息多样、复杂使物流活动重复性高、信息追溯能力差,物流无法有效连接生产和销售环节,难以从日常交易数据中挖掘出更具价值的信息。随着客户需求的多样化、个性化,客户对物流服务要求不断提高。

借助大数据技术,智慧物流能够分析过去的历史数据,检测现在的业务状况,预测未来趋势,为不同职责的人员提供更贴切的数据视图,为管理层的业务决策提供依据。智慧物流系统以为客户提供优质服务为最终目的,从宏观、中观、微观三个角度进行分析,形成完整的智慧物流运营框架。

1. 宏观层面:智慧物流商物管理

智慧物流商物管理以达到供需平衡为目的。根据相关规定,对商品及物品进行分类,统计不同品类商品的流量和流向。针对需求构建指标体系,建立合适的模型,通过对大量数据的处理分析发掘潜在规律,为优化物流节点和通道布局提供参考依据。

物流网络由线路和节点构成,全部物流活动都是在线路和节点进行的。物流网络是智慧物流运营的基础,通过网络的设置实现对物流资源的优化配置。物流网络本身就代表对资源的布局进行管控,在大数据背景下,利用历史数据能够精准预测未来趋势,科学地规划节点的布局和线路的建设,还能够优化现有布局或路径选择,提升资源管控能力和资源利用水平。

2. 中观层面:智慧物流供应链管理

智慧物流供应链管理是从企业物流出发。供应链管理是物流发展的必然趋势,是所有实业经济发展的必然趋势。供应链是智慧物流的发展方向。供应链是指从原材料采购开始,制成中间产品及最终产品,最后把产品送到消费者手中,将供应商、制造商、分销商、零售商,直到最终用户连成一个整体的功能网链结构。智慧物流中供应链管理就是对整个供应链系统进行计划、协调、操作、控制和优化的各种活动和过程。

企业在进行采购、供应、生产、销售、回收等流程中,通过对协同合作、流程处理与使用者行为等进行分析,以业务整合与以用户为核心的观点看待整个物流流程,并立即针对分析结果进行反应,以达到提高业务销售、行销成效、供应链效率与消费者满意度等效果。

智慧物流供应链体现了整合与协调的思想,是一种全过程的集成化管理模式,从消费者的角度,通过企业间的协作,谋求供应链整体最佳化。在大数据背景下,数据在整个供应链中的流动过程清晰呈现,有助于构建面向生产企业、流通企业和消费者的社会化共同物流体系,实施商流、物流、信息流、资金流的一体化运作。

3. 微观层面：智慧物流业务管理

智慧物流业务管理是从物流企业的角度出发,物流业务包括库存、运输、包装、配送等多环节。传统的物流服务仅限于提供一项或数项独立的物流功能,而现代物流,特别是在大数据背景下的现代物流,更关注于物流服务的一体化。智慧物流业务管理就是通过对物流业务的再造和优化形成精简化、核心化、高效化的流程。

在大数据背景下,实现对货物仓储、配送等流程的有效控制,整个物流过程可视化,在此基础上整合原有作业流程,提升管理精细化与协同水平,从而降低成本,提高效益,优化服务。

4. 智慧物流服务

为客户提供更加高效便捷的物流服务是发展智慧物流的最终目的。一体化、网络化、移动化、可视化、虚拟化成为物流的新趋势和新特点。

一体化服务强调物流服务的便捷性和可延伸性;移动化服务基于移动互联技术的发展,满足物流信息时效性要求;网络化服务强化分散资源的整合,以获得资源的高效、充分利用;战略联盟服务重点突出合作发展的优势,能够凸显各合作方的长处;可视化服务基于先进的信息采集捕捉技术,使整个物流过程完整呈现,增加物流活动的可控性;虚拟化服务侧重物流资源共享和优化配置。

二、智慧物流服务模式研究

服务模式选择是智慧物流提供客户高效快捷服务的前提。基于智慧物流服务的全面化、智能化和系统化,以及不同的服务模式的特点和内容,在大数据背景下的智慧物流服务模式中,平台模式是智慧物流服务的主要方式,典型的智慧物流服务模式包括基于 SOA 物流服务模式、基于物联网物流服务模式等。

（一）智慧物流服务模式

智慧物流服务模式根据不同的分类方式分为不同的类别。按照物流服务提供方不同可分为第一方物流服务、第二方物流服务、第三方物流服务和第四方物流服务;按照提供方式不同可分为自营、第三方、"1+3"和基于管理平台的服务模式;按照平台方式可以分为一体化服务模式、网络化服务模式、虚拟化服务模式和移动化服务模式。如图 9-11 所示。

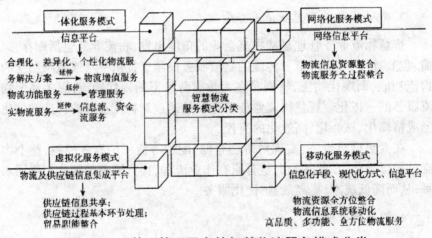

图 9-11　基于管理平台的智慧物流服务模式分类

1.一体化服务模式

一体化服务模式是以信息平台为基础,根据客户需求,从原材料采购到产成品分销的整个供应链的流程方案,整合、协调和管理涉及整个流程的资源。一体化服务不是若干物流功能服务的简单汇总,而是提供综合物流服务整体解决方案,扮演物流参与者的角色;将多个物流功能服务进行整合,对物流运作进行总体设计和管理,扮演的是物流责任人角色。一体化物流服务的市场竞争,实际上是物流解决方案合理性的竞争。

一体化服务模式强调和客户之间的关系不是价格博弈的关系,而是双赢的合作伙伴关系。站在客户的立场上,为其提供合理化、差异化、个性化的物流服务解决方案,进而延伸物流增值服务,即由物流核心业务服务(通过运输、仓储、配送等功能实现物品时间与空间的转移)向增值服务延伸;由物流功能服务向管理服务延伸;由物流服务向信息流、资金流服务延伸。

2. 网络化服务模式

网络化服务模式是以互联网和实体网络为支撑,并将分散的物流资源有效整合的一种服务模式。它使得原本呈现出分散态势的物流信息资源,通过网络信息平台实现了整合,使物流企业之间突破了地域的界限,在计算机网络这个空间相互交流、协作,并且实现了优势互补;每个智慧物流服务通过网络平台实现相互衔接,最终实现物流服务全过程的整合。

与此同时,为了能够使各种物流服务整体优化,网络化服务模式将服务功能建立在满足服务使用者的基础之上,做到高效益、高精确度的服务,促进智慧物流服务由智慧物流服务的规模化、综合化逐渐向自动化和信息化迈进。

3. 虚拟化服务模式

虚拟化服务模式是以计算机网络技术进行物流运作与管理,实现企业间物流资源共享和优化配置的物流服务方式。其依靠物流及供应链信息集成平台,通过物流组织、交易、服务、管理方式的虚拟网络化,以获取物流领域的规模化效益为纽带,以先进的信息技术为基础,以达到供应链信息共享为目的,实现物流的高速、安全、可靠、低费用。

虚拟化服务模式一般借助虚拟物流企业,它是由功能合理分配的、信息和运作一体化的、利益共享的,对于社会物流需求而言又是整合众多原先物流各环节承担者所组成的物流共同体。

由于智慧物流服务已不仅仅局限于运输与仓储领域,还包括上游的采购职能和下游的配送和销售职能及对反向物流的处理职能,因此,虚拟化服务不仅要处理供应链过程中的基本环节,还要实现对贸易职能的整合。虚拟化服务是前端服务与后端服务的集成,前端服务包括咨询服务(确认客户需求)、网站设计及管理、客户集成方案实施等;后端服务主要包括订单管理、仓储与分拨、运输与交付、退货管理、客户服务及数据管理与分析等。

4. 移动化服务模式

物流信息具有很强的时效性、动态性,信息价值衰减速度快,对物流信息的管理及时性要求高,如订单处理、配送管理和运输管理对信息的实效性要求很高。因此为了进一步降低运作成本,提高工作与沟通效率,加强企业竞争力,移动信息化服务彰显出自己的优势。

移动化物流服务模式充分运用信息化手段和现代化方式,以信息平台为依托,对物流市场做出快速反应,对物流资源进行全方位整合,实现了物流信息系统的移动化,提供高品质、多功能、全方位的物流服务。

移动化服务模式从最初的信息采集概念拓展为包括前端数据采集、数据无线传递及集成管理的物流管理信息系统,具体地说如实时货运查询、及时主动推送给用户、工作人员之间需要及时交互、实时调度、信息发布和企业内部移动办公等。移动化服务模式可以有效地满足物流行业的服务特点与需求特征,实现物流企业不受时空限制,实现信息共享,提高运输过程的合理性与安全性,提高了企业精细化管理程度,从而真正满足了物流信息的时效性要求和物流服务的全方位多功能需求。

(二)典型智慧物流服务模式

平台模式作为智慧物流服务的主要实现方式,根据技术类型分类包括基于 SOA 的物流服务模式、基于物联网的物流服务模式、基于大数据的物流服务模式、"云物流"服务模式四个典型模式。

1. 基于 SOA 物流服务模式

基于 SOA 的物流服务模式是一种基于 SOA 构建的物流信息平台实现服务的模式,以信息技术为依托,通过集成供应商、物流服务商、企业用户的资源信息,协调优化供应链上的物流资源,整合和升级物流服务的各个系统,完成"一站式"专业化的智慧物流综合服务,实现行业资源共享,发挥物流的整体优势,促进物流资源的整合。

基于 SOA 的物流信息平台以透明方式提供了物流管控功能服务,如物流信息发布、配载服务、车辆调度服务、货物跟踪及运输计划制订、物流企业业务管理等,也提供了一系列的增值服务和决策服务,如智能配载、物流配送车辆调度优化、虚拟仓库、物流方案设计、客户价值分析、决策支持、供应链物流解决方案等。

基于 SOA 的物流服务模式通过平台达到信息共享、用户物流服务需求下达和系统与用户的交互;对供应商、物流服务商、企业用户等物流信息进行集成。运用物流数据,物流服务实现供应链上的各种物流资源优化。

2. 基于物联网的物流服务模式

基于物联网的物流服务模式是基于物联网构建的物流信息平台实现

的一种服务模式,将物联网技术应用到包括原材料采购、生产制造、包装再加工、出库入库、装卸搬运、仓储运输及物流配送等物流服务在内的物流业务运作过程和解决方案制订中,同时采取信息化的方案和手段进行综合优化和处理,从而提高智慧物流系统对于各项物流资源的整合能力,并在上下游企业物流供应链范围内实现物流信息资源的共享和高效率运作,实现企业与政府之间、物流企业之间、企业与客户之间的物流信息和物流功能共享,以优化物流业务流程和实现物流运作过程的智能化和可视化,从而达到智慧物流服务的全面和高效。基于物联网的物流服务架构如图 9-12 所示。

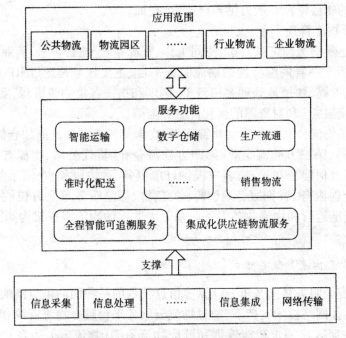

图 9-12　基于物联网的物流服务架构

3. 基于大数据的物流服务模式

基于大数据的物流服务模式是以物流平台为依托,利用大数据和通信网络技术,提供物流信息、技术、设备等资源共享服务,依靠大数据处理能力、标准的作业流程、灵活的业务覆盖、精确的环节控制、智能的决策支持及深入的信息共享来完成物流行业各环节所需要的信息化要求和服务需求,面向社会用户提供信息服务、管理服务、技术服务和交易服务。

基于大数据的物流服务模式依靠以下几步实现。

（1）大数据系统

这是在端前跟客户相联系与沟通,通过电子商务、社交网络、传感器等方式探测客户,收集和提取数据;然后进行数据分析,建立大数据仓库,对数据信息整合,提供完整的数据生命周期管控。

（2）依靠物流公共信息平台

该平台一方面通过数据接口端向客户市场开放,另一方面通过数据接口端接收大数据信息。大数据为客户提供了海量物流服务信息,包括各类物流装备资源信息、物流人力资源信息、物流方案设计能力和资源信息、物流公共服务信息和政策资源信息、物流金融信息等,这些信息汇聚成虚拟的物流资源和能力供客户搜索、查询。

（3）物流管理平台

它是集物流商信息共享、协同工作、资源整合、流程再造、商业智能和决策分析于一身的综合性的物流服务平台,主要任务是通过 RFID、GPS 等技术,准确、快捷地处理客户订单,调度和指挥各类物流资源,实现"一站式物流服务"和对资源的优化配置和监管。

依靠物流公共信息平台和管理平台,聚集所有的物流商如仓储公司、运输公司、第三方物流企业、第四方物流企业、货代公司、物流方案咨询商、银行及保险公司等,向客户提供订单服务、运输服务、仓储服务、信息服务、金融服务、咨询服务、代理一关三检、保险服务等全方位的商务管控、供应链运营和物流业务服务。基于大数据的物流服务架构如图 9-13 所示。

4."云物流"服务模式

物流云服务是指基丁云计算等信息技术的一种面向供应链的物流服务模式,在网络技术支持下,通过物流云服务平台整合物流资源和客户资源,并按照客户需求智能管理和调配物流资源(物流云),为客户定制和提供安全、高效、优质廉价、灵活可变的个性化物流服务的新型物流服务模式。

物流云服务模式实现各类物流资源包括运输工具、运输线路、仓储资源、信息资源和客户资源,为物流服务系统全生命周期过程提供可随时获取、按需使用的个性化物流服务。"云物流"服务模式包括以下三点鲜明特征。

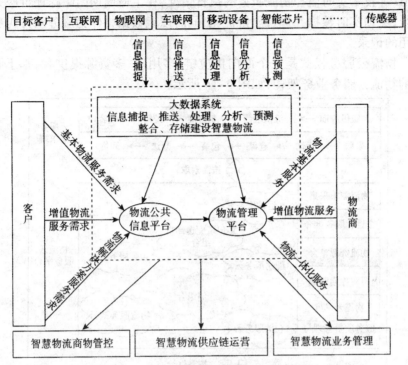

图 9-13　基于大数据的物流服务架构

（1）为客户提供个性化、专业化、便捷的物流服务,提升客户服务价值

物流云服务平台根据客户的自身特点、独特需求和历史交易数据(如物流运输过程中对某条运输线路的偏好),为客户提供最适合的服务内容和服务方式,同时能够根据客户的需求变化快速调整服务方案。服务的实现对用户透明,提升了客户对服务的使用价值、享用价值和规模价值;同时对服务提供商而言,物流云服务平台将充分考虑其提供物流服务的个性化、便捷性和规模化。

（2）整合物流服务提供商和客户各类资源形成物流云

物流云服务平台将物流服务提供商提供的大量分散物流资源进行整合并虚拟成各种物流云,根据客户需求在平台上进行统一、集中的管理和调配,按客户所需,为多个客户提供不同的物流服务,体现了多对多的物流服务模式。

（3）面向物流服务全生命周期的服务质量全程监控与管理,物流云服务更加注重服务质量管理

物流云服务系统建立物流服务的质量体系,定义服务质量指标体系及评价方法,加强事前的主动定义和服务的参数设计,通过 GPS、GIS、

RFID 等技术实时监控物流服务的执行情况,在生命周期内跟踪评价服务质量,反馈实时数据并进行质量优化,同时以上数据将作为服务双方历史信用的记录。

物流云服务模式是一个面向供应链、多用户、多资源提供者、基于服务的物流云服务业务架构,如图 9-14 所示。

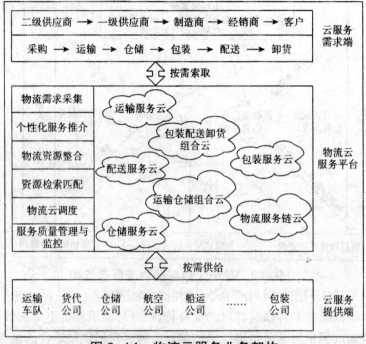

图 9-14 物流云服务业务架构

从业务的角度,物流云服务模式主要由三部分组成:物流云服务需求端、物流云服务提供端、云服务平台。物流云服务需求端是指物流云服务使用者,这里指的是整个供应链或供应链上个别成员;物流云服务提供端是指提供物流服务资源的运输车队、货代公司等,它主要向云服务平台提供各种异构的物流资源和物流服务;云服务平台充当二者之间的桥梁和枢纽,负责建立健壮的供需服务链。物流云服务需求端通过云服务平台提出个性化服务需求,云服务平台对物流云服务提供端提供的物流云进行整合、检索和匹配,建立适合客户的个性化服务解决方案并进行物流云调度,同时在服务过程中对服务质量进行管理和监控,为双方创造不断优化的服务质量和服务价值。

物流云服务提出了一种面向供应链的物流服务新模式,该模式将现有的物流服务模式、云计算、云安全、服务工程、物联网、RFID 等技术融于一体,为物流业中诸多需求提供了新的思路和解决方案。

参考文献

[1] 胡海清. 现代物流管理概论 [M]. 北京：机械工业出版社, 2018.

[2] 林勇. 物流管理基础 [M]. 武汉：华中科技大学出版社, 2018.

[3] 毕新华. 现代物流管理 [M]. 北京：科学出版社, 2018.

[4] 李严锋, 冉文学, 宋志兰, 等. 物流质量管理 [M]. 北京：科学出版社, 2017.

[5] 魏际刚. 迈向物流强国：中国物流业中长期发展战略 [M]. 北京：中国发展出版社, 2017.

[6] 燕鹏飞. 智能物流链接"互联网+"时代亿万商业梦想 [M]. 北京：人民邮电出版社, 2017.

[7] 朱伟生. 物流成本管理 [M]. 北京：机械工业出版社, 2017.

[8] 孙韬. 跨境电商与国际物流：机遇、模式及运作 [M]. 北京：电子工业出版社, 2017.

[9] 林庆. 物流 3.0 "互联网+"开启智能物流新时代 [M]. 北京：人民邮电出版社, 2017.

[10] 蒋玉石. 循环递进 [M]. 成都：西南交通大学出版社, 2017.

[11] 王秦. 物流管理 [M]. 北京：北京大学出版社, 2017.

[12] 高柏. 中欧班列：国家建设与市场建设 [M]. 北京：社会科学文献出版社, 2017.

[13] 孙启鹏. 丝绸之路经济带国际运输通道研究 [M]. 西安：西安交通大学出版社, 2016.

[14] 李创, 王丽萍. 物流管理 [M]. 北京：清华大学出版社, 2016.

[15] 王喜富. 大数据与智慧物流 [M]. 北京：清华大学出版社, 北京交通大学出版社, 2016.

[16] 张宇. 智慧物流与供应链 [M]. 北京：电子工业出版社, 2016.

[17] 王先庆. 互联网+物流 [M]. 北京：人民邮电出版社, 2016.

[18] 傅莉萍. 中小企业物流管理 [M]. 北京：清华大学出版社, 2016.

[19] 冉文学. 物流质量管理 [M]. 北京：科学出版社, 2016.

[20] 钮建伟. 物流质量管理 [M]. 北京：北京大学出版社, 2016.

[21]（美）约翰·J.科伊尔.供应链管理：物流视角 [M].宋华,译.北京：电子工业出版社,2016.

[22] 程世平,刘葆.物流管理 [M].合肥：合肥工业大学出版社,2015.

[23] 孙家庆.物流风险管理 [M].大连：东北财经大学出版社,2015.

[24] 王燕.供应链风险管理 [M].北京：中国财富出版社,2015.

[25] 吴健.电子商务与现代物流 [M].北京：北京大学出版社,2015.

[26] 冯湛青.国际物流与风险管理 [M].北京：北京大学出版社,2014.

[27] 章竟,汝宜红.绿色物流 [M].北京：北京交通大学出版社,2014.

[28] 王宏新.物流园区：规划·开发·运营 [M].北京：清华大学出版社,2014.

[29] 董千里.现代企业物流管理 [M].北京：首都经济贸易大学出版社,2014.

[30] 王喜富.物联网与现代物流 [M].北京：电子工业出版社,2013.

[31] 梁晨,杨洋,王晓春.物流园区规划 [M].北京：中国财富出版社,2013.

[32] 但斌.供应链管理 [M].北京：科学出版社,2012.

[33] 马丁·克里斯托弗.物流与供应链管理 [M].北京：电子工业出版社,2012.

[34] 王长琼.绿色物流 [M].北京：中国物资出版社,2011.

[35] 乔志强,程宪春.现代企业物流管理 [M].北京：北京大学出版社,2011.

[36] 郑凯,朱煜,汝宜红.低碳物流 [M].北京：北京交通大学出版社,2011.

[37] 张余华.现代物流管理 [M].北京：清华大学出版社,2010.

[38] 隋鑫.企业物流管理 [M].北京：中国物资出版社,2010.

[39] 靳伟.物流的内涵和物流战略管理实践 [M].北京：中国物资出版社,2010.

[40] 李严锋.物流管理概论 [M].北京：科学出版社,2008.

[41] 韦霞萍,何晓明.互联网背景下供应链金融的发展与前景探析 [J].计算机时代,2018（1）：23-26.

[42] 林凯琼,戴晓震.我国物流标准化建设现状问题及对策 [J].现代商贸工业,2018（7）：26-28.

[43] 宗辉,徐伟,宁淑静.物流标准化与包装标准化建设策略分析 [J].中国标准化,2018（8）：26-27+30.

[44] 赵睿.工业 4.0 时代商业大数据技术智能供应链的模式研究 [J].商业经济研究,2018（6）: 30-33.

[45] 崔艳萍.中欧国际铁路运输通道概念内涵与系统构成 [J].中国铁路,2017（6）: 7-11.

[46] 黎思.新形势下贸易中的物流风险与控制思考 [J].纳税,2017（3）: 67.

[47] 聂晶晶.供应链管理环境下的物流管理及其战略分析 [J].科技经济导刊,2017（2）: 239.

[48] 赵鸣,张建民,林备战.江苏"一带一路"国际物流运输大通道的再构与发展 [J].港口经济,2016（5）: 22-24.

[49] 张志伟,唐立新.物流战略管理研究 [J].改革与开放,2009（5）: 84+86.

[50] 黄福华.现代企业物流质量管理的理论思考与途径分析 [J].科技进步与对策,2001（9）: 95-96.

[51] 梁擎宇.质量管理在物流公司中的应用 [D].大连:大连海事大学,2013.

[52] 王西.基于熵权—双基点法的现代物流企业服务创新绩效评价研究 [D].长春:吉林大学,2013.

[53] 傅淞.基于质量管理的物流企业绩效改进 [D].天津:天津财经大学,2007.